建国に際して出されたポスター

万里の長城・山海関に建てられた碑

1932年２月16日建国会議。前列右より臧式毅、熙洽、本庄繁関東軍司令官、張景恵、馬占山。後列右より、片倉衷、５人目三宅光治参謀長、６人目石原莞爾、８人目駒井徳三

新京の関東軍司令部

(上)1934年3月1日、皇帝即位に際し郊祭の儀に臨む溥儀

(左)1935年、訪日時の溥儀と昭和天皇

満洲国行政の中枢・国務院

1940年7月、建国神廟鎮座祭における溥儀

中公新書 1138

山室信一著

キメラ——満洲国の肖像

増補版

中央公論新社刊

目次

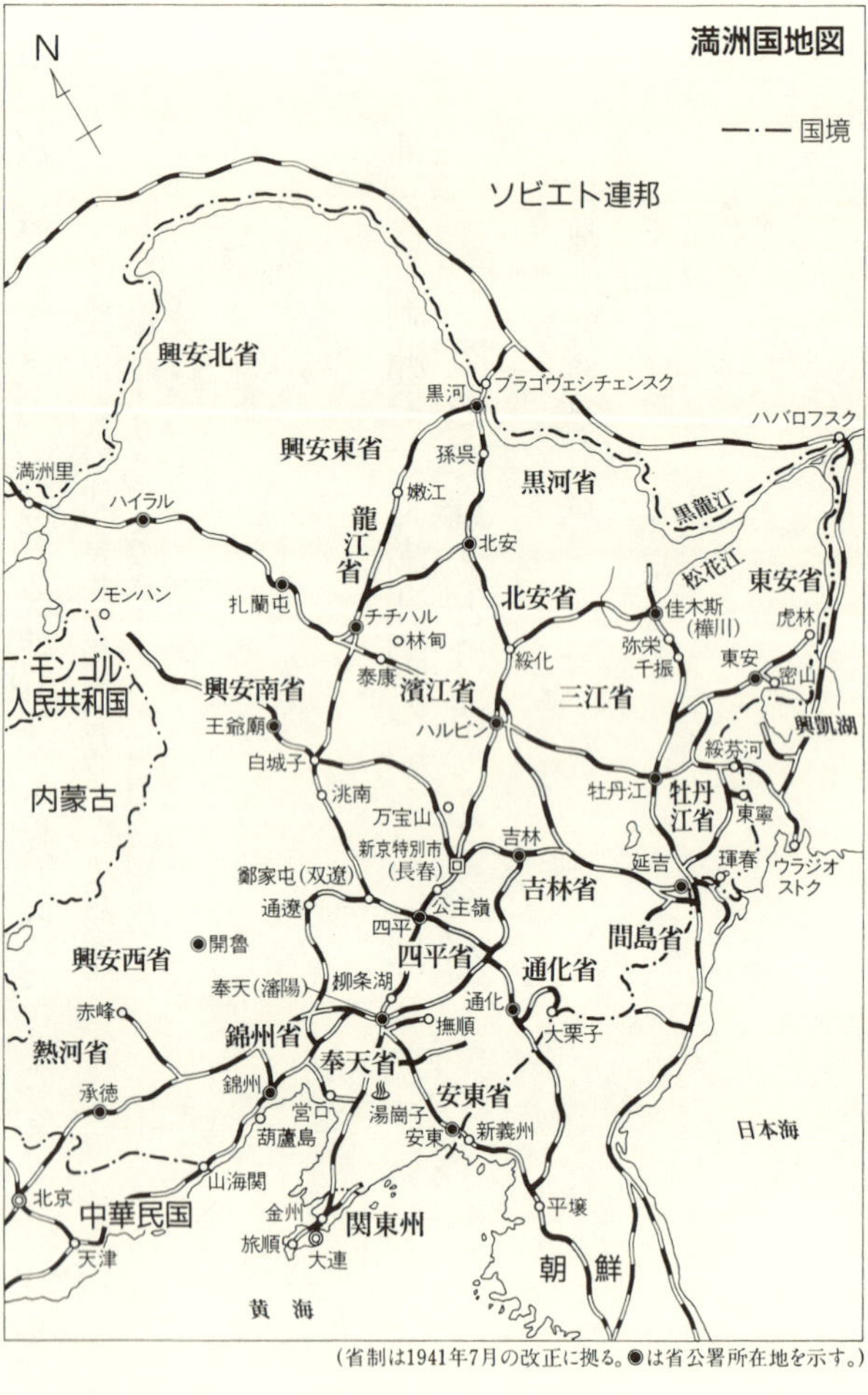

満洲国地図

（省制は1941年7月の改正に拠る。◉は省公署所在地を示す。）

キメラ——満洲国の肖像

「義なる者たちは地を所有し、そこに永久に住むであろう」

『聖書』（詩篇、三七―二九）

死者、生者を捉え、その死せる意味を問わす。

序章　満洲国へのまなざし

満洲国の影

かつて満洲国という国家があった。

一九三二年三月一日、中国東北地方に忽然《こつぜん》として出現し、一九四五年八月一八日皇帝溥儀《ふぎ》の退位宣言をもって卒然として姿を消した国家、満洲国。その生命は、わずか一三年五ヵ月余にすぎなかった。

しかし、そこに生きた日本人にとって国家の終焉《しゅうえん》こそ、むしろ真の満洲国体験のはじまりであったといえるかもしれない。ソ連軍の侵攻、引き揚げ、あるいはシベリア抑留——その生死の境をさまよう筆舌に尽しがたい凄惨《せいさん》な体験を経て、満洲国とは何であったのか、それに自らはどうかかわっていたのか、がそれぞれの人々の中で問い返され、さまざまな満洲国への想いとして形作られてきたのである。その人びとの記憶の中に生きつづける満洲国の多種多様な像の断片は、おびただしい数の手記や回想録にちりばめられ、今も私たちはそれをうかがうことができる。

そして、わずか一三年半という満洲国の存続期間に数倍する歳月を経た現在、すでに国民の大多数の人々にとって満洲国は、時折、耳にしても何らイメージを思い浮かべる手だてさえない歴史的名辞にすぎなくなっている。

たしかに、半世紀におよぶ時間は、多くのことがらを体験から記憶へ、記憶から歴史へと変えるに十分な長さである。辛酸をなめた体験さえ郷愁に醇化し、目をおおう罪業さえ白日夢として忘れ去らせるにあまりある長さかもしれない。だが、日本にいる日本人が、満洲国をいかに追憶の中に閉じこめ、忘却の淵に沈めようとも、そしてまた無知であることが常識となろうとも、満洲国の遺した傷跡は、あるいは中国「残留」孤児問題として、あるいは残留婦人問題として、今なお彼の地で現に生き続けている。満洲国が消滅しても、その地に生き続けている人々にとって、満洲国がつけた傷は、うずきつづけて消え去りはしないのである。

いや、爪痕《つめあと》の問題をいうなら、日本人だけにとどめてはならないであろう。むしろ、満洲国に生きた中国人や朝鮮人にとって、より大きな傷痕や軛《くびき》となって重くのしかかってきたはずである。反満抗日の「匪徒」として「討伐」された人々の遺族や東亜勧業、満洲拓殖公社などに土地を奪われた人々にとってはもちろん、満洲国に参与したり、親日的であったという理由で折あるごとに——とりわけ文化大革命期に——同胞から迫害を受けた人々にとって、満洲国の影は一生つきまとって離れることはないであろう。さらに、日本と満洲国の開拓移民政策にそって、なかば強制的に満洲国に移住させられた朝鮮半島の人々の中には、関東軍に動員されてシベリアに抑留された人もいれば、満洲国消滅後ひたすら帰国を希望しつつ経済的理由もあって残留し、望郷の念をつのらせている人々も少なくないといわれている。

満洲国は、その色濃い影を長く今日にまで曳いているのである。きわめて陳腐な表現を許してもらえば、私たち日本人が満洲国を忘れても、満洲国は日本人を忘れはしないであろう。

傀儡国家・満洲国

こうして、満洲国はいま、その存在さえ知らない人々が日々増えている一方で、突きささったまま取れないトゲのように間断ない疼きをともなって、なお日本、中国、朝鮮その他の民族の人びとの心の中に黒い澱《おり》のようなわだかまりを残している。

そして、この満洲国を同時代として知らない人々が大半となるには十分な、しかし、同時代として生きた人々にとっては忘れ去るにはあまりに短い時間の経過のなかにあって、満洲国についての評価は、それがきわめて人為性の色彩の濃い国家であったことも手伝って、大きな振幅をもって今日まで揺れ続けてきているといっても過言ではない。

もちろん、辞書や歴史辞典の類においてみれば、その位置づけはほぼ確定しているといえるであろう。たとえば、満洲国――一九三一年九月、満洲事変を起こして中国東北部を占領した関東軍が、翌年清朝最後の皇帝溥儀を執政（三四年皇帝に即位）に立てて作りあげた国家。国防、政治の実権は関東軍が掌握し、日本の大陸進出の軍事的・経済的基地となった。一九四五年、日本の敗戦により崩壊した――といったところが、ほぼ通説的な叙述であろう。また、日本ないし関東軍の傀儡《かいらい》国家と規定するものも少なくない。

これに対し、中国の歴史書や辞典などでは、――日本帝国主義が東三省を武力侵占した後に捏《ねっ》

反満抗日運動に対する「治安粛正工作」（1937年1月4日，チチハル市北大営。土屋芳雄氏提供）

造《ぞう》（炮制《ほうせい》）した傀儡政権。日満議定書により中国東北の政治、経済、軍事、文化など一切の大権を日本帝国主義が操《あやつ》り、日本の植民地として中国侵略の手段（侵華工具）となった。一九四五年、中国人民の抗日戦争の勝利により破砕（摧毀《さいき》）された——とし、その傀儡性や反人民性を示すために偽満洲国《ウエイマンチョウグオ》あるいは偽満《ウエイマン》と称しており、その組織や官職、法令などについても偽国務院、偽立法院長、偽政府組織法などと表記するものが多い。この点は中国本土だけでなく、中華民国（台湾）で出版されたものでも同じである。

以上のいわば当事者の国で書かれたもののほか、英語などでの満洲国についての叙述は、Manchukuo（Manchou-kuo）——日本が中国東北に一九三二年に建てた傀儡国家（puppet state）。溥儀を名目上の統治者としたが、すべての実権を日本の軍人、官吏、顧問が独占した。これにより、日本は、ほぼ半世紀にわたって中国、ロシア（ソ連）の双方と競った満洲（Manchuria）の征服を成し遂げた。数多くの国が承認したにもかかわらず、その本質は傀儡国家であり、第二次大戦における日本降伏とともに潰滅した——などと説明されることが多い。

独立国家の形式をとりながら、その政府が自国民の利害のためでなく、他国の意思にしたがって統治を行なうことをもって傀儡国家とするならば——誰が誰をどのように操って統治したかの実態はひとまず措いて——満洲国が傀儡国家であり、国家形態をとる植民地支配の統治様式のひとつであったことは否定できないであろう。とくに、永い歳月をかけて耕した土地や爪に火をとぼすようにして蓄えた財産を容赦なく奪われ、塗炭の苦しみを強いられた人々にとって、いかにその国家の理念が美しく高邁《こうまい》な言葉をもって語られようと、自らの生命と生活を脅かすという、まさにその一点において国家としての正当性なぞ、とうてい容認できなかったはずである。

たしかに、傀儡国家とひとくちに言っても、その態様や実質には、さまざまな差違があり、満洲国の傀儡性の程度をどうみるかは人によって異なることもあるだろう。しかし、日本人にとって強すぎると感じられるかもしれない偽国家、傀儡国家という概念さえ、中国・長春市にある偽満皇宮陳列館やハルビン市にある東北烈士記念館、侵華日軍第七三一部隊罪証陳列館、撫順《ぶじゅん》市の平頂山殉難同胞遺骨館などに示されている酸鼻をきわめる陳列物や写真などを目にされたとすれば、むしろ満洲国での統治の実態をいかほどもすくいとってはいないのではないかと誰しも思われるのではないだろうか。

さらに、一九三九年からの北辺振興計画による犠牲者数約百万人説や各地に散在しているといわれる万人坑、あるいは鉄板上で人体を焼いて脂をとったという煉人炉《れんじんろ》などの実態についてはなお検討の必要があるとはいえ、一般監獄や矯正輔導院における強制労働がほとんどの場合において死につながったこと、そして、その逮捕自体がまったく恣意的なものであったことに思いを致すとき、満洲国を傀儡国家というよりも、アウシュビッツ国家、収容所国家とでも概念づけたい慄然《りつぜん》たる衝動に駆られるのもまた自然な心の動きといえるであろう。

理想国家・満洲国

しかし、にもかかわらず、こと満洲国に関するかぎり、それはけっして単なる傀儡国家、植民地国家ではなく、欧米の帝国主義支配を排してアジアに理想国家を建設する運動の場であった、満洲国建設は一種のユートピア実現の試みであった、とする見方が、一九四五年以降も牢固として存在しつづけてきたこともまた紛れもない事実である。

林房雄は「この短命国家の背後には、二百年にわたる西洋諸国のアジア侵略史があり、それに対するアジア最初の効果的抵抗として明治維新があり、この抵抗線の延長上に満洲国が出現した。……これを西洋政治学のプペット・ステート（傀儡国家）の概念でかたづけることはアジアの歴史そのものが許さぬ。満洲国はまだ世界史の進展に生きつづけている」（満洲国史編纂刊行会編『満洲国史・総論』）として、満洲国の評価は百年後に定まるであろうと書いている。また、満洲国総務庁次長を務め、戦後総理大臣となった岸信介は、満洲国建設においては、「民族協和、王道楽土の理想が輝き、科学的にも、良心的にも、果敢な実践が行なわれた。それは正しくユニークな近代的国つくりであった。直接これに参加した人々が大きな希望のもとに、至純な情熱を傾注しただけでなく、日満両国民は強くこれを支持し、インドの聖雄ガンヂーも遥《はる》かに声援を送った。当時、満洲国は東亜のホープであった」（満洲回顧集刊行会編『あゝ満洲』）と回想している。

さらに満洲国の終焉に総務庁次長として立ち会った古海忠之は、「満洲国の建国育成は、歴史上前例のない一つのトライアルであった。……侵略、植民地化万能の歴史的時代にあって、満洲の地に民族協和する理想国家を作ろうとしたことは、日本民族の誇りであり、当時の日本青年が名利を超越して理想に邁進《まいしん》努力したことは日本青年の誇りでもある」（「満洲国の夢は消えない」『挫折した理想国』）と確信し、民族協和の理想すなわち満洲国建国の理想は歴史の発展とともにますます輝きを増し、永く生きつづけていくであろうことを信じて疑わなかったのである。このほか、満洲国建国を推進した関東軍参謀片倉衷《かたくらただし》は、満洲国を王道楽土と民族協和の高き理想を掲げたヒューマニズムの発露として、「何《いず》れも東亜の安定への礎石として、実りある開花でもあった」（『回想の満洲国』）と断言し、総務長官を務めた星野直樹は、満洲国建設を「ひとり主導的地位に立った日本人のみならず、ひろく東亜諸民族が力をあわせて開発・発展せしめ、その恵福をひろく等しく各民族の間に分かち、ここに新たなる楽天地を作りあげよう」（『見果てぬ夢―満州国外史―』）としたものと讃えてやまなかったのである。星野はまた、満洲国を回想する一文に「二

民族協和の建国理念を示す絵画（岡田三郎助作。国務院総務庁玄関に掲げられていた）

十世紀のアトランティス」（前掲『あゝ満洲』所収）との標題を付している。アトランティスとはプラトンの対話篇『ティマイオス』、『クリティアス』に描かれたジブラルタル海峡の西方にあったとされる遠古の理想社会である。星野自身は、標題に掲げたのみでアトランティスの内容についてはまったく言及していないために、満洲国をいかなる意味で「二十世紀のアトランティス」になぞらえたのかは不明である。しかし、海峡の向こうにあって、整然たる都市計画と強力な軍事組織を備え、協和一心の国制のもと、ヨーロッパとアジアを制覇しようと企てたがアテネ人戦士の反攻にあい、大地震と大洪水によって一昼夜にして海中に没し去った——というその幻の国家のプロットは、逐一、満洲国との奇妙な暗合をにおわせているようにも、今にして思えるのである。しかし、はたして、満洲国が幻の楽土アトランティスの伝説のように幾世紀にもわたって語り継がれ、はるか後世においてF・ベイコンの『ニュー・アトランティス』（一六二七年）として再生したような歴史的位置を占める日が訪れることがあるのであろうか。

　それはともあれ、二万冊を優に超えるといわれるアトランティス伝説に比ぶべくもないとしても、理想国家・満洲国の像は連綿として描き継がれてきた。その理由の一半として、解体後の体験があまりに悲惨であり、辛酸をきわめたものであっただけに、その労苦を無にしたくないという心理的補償行為が翻《ひるがえ》って消えた国家に仮託されたということも十分に考えられる。

　しかし、諸民族の共存共栄をめざした満洲国だけは他の植民地と質的に違うという主張は、けっして右に掲げたような指導的立場にあった人びとだけの例にとどまるものではない。おそらく、それは県参事官や合作社員などとして現地の人びとと直《じか》に接した人たちはもちろん、さらには移民や満蒙開拓青少年義勇隊などなんらかの形で満洲国の形成や運営にかかわったほとんどの日本人の間に、いかほどかは共有された主張や感情であるに違いないであろう。あるいは、その胸奥の自負を支えとして戦後を生きぬかれた方々もけっして少なくないはずである。だとすれば、私たちは、声高に発せられる理想国家論の背後にあって低くふりしぼるように発せられる声にも耳を傾け、また生死を賭してめざされた理想の内実がはたしていかなるものであったのか、を日本人のみならず中国人についても確かめていく努力を重ねていくことが必要なのではないだろうか。

　さらに、これに加えて、戦後の研究においても、満洲国の侵略的側面だけでなく、その達成面についても正当に目を向けるべきではないかとの主張が繰り返しなされてきていることにも留意しておく必要があるだろう。すなわち、満洲国の短い歴史の中には、産業の開発・振興、教育の普及、交通の発達、行政の整備など中国東北地方の近代化に大きく寄与した「満洲国の遺産」が認められるということ、また民族協和という指導理念の下でなされた政治や行政には、今日から見ても評価に耐えるものがあるだけでなく、その方法には将来異民族との協力の場で適用可能な「未来の実験」としての意義があるといったこと、などが強調されているが、果してそれは正当な主張とみなせるのであろうか。

このように、理想国家論からはじまり、満洲国の遺産論におよぶ満洲国のプラス面に重きを置く論調が他の国の人々にどう響くか、また私たち日本人がこれをどう受け止めていくのか、その結果だけでなく、その、〝播かれた種子〟への評価をも迫ってくるところに満洲国の問題性がけっして過ぎ去ってしまったものではなく、すぐれて今日的な側面をはらんでいるという特性が認められるのである。

キメラとしての満洲国家

思えば、ゲーテが『ファウスト』において暗示したように、建国ないし国づくりという言葉の響きほど、人の夢と熱情を駆り立てるものはないのかもしれない。とりわけ、確乎たる形態を整えた日本帝国が威圧的に個人の前に屹立し、人々が閉塞感や不安感にとらわれていた昭和初年——ちなみに芥川龍之介が「漠然たる不安」の言葉を遺して自殺したのは一九二七年のことであった——当時の日本人にとって建国や国づくりという言葉には、ある種の解放感を与え、使命感を奮い立たせる独特の魅惑的力が秘められていたのかもしれない。それゆえ、多くの日本人を「満洲に引っぱってきたものは、けっして利欲ではない、名誉でもない。新しい天地を開き、新しい国づくりに参加せんとする純粋な心持であった」（星野『見果てぬ夢』）という証言もまったくの虚偽意識として否定しさることはできないようにも思われるのである。主観的心情においては本心からそう確信していたとしても不思議ではない。しかし、無私、無償の主観的善意が必ずしも結果における善行を保証するものではない。善を行なわんと欲しながら悪を為すこともまた政治の世界の避けがたい宿業でもある。また、結果責任こそが問題となる政治の世界においては、その行為がいかに至純な情熱に発していたにせよ、それによって負うべき責を免れられるわけではない。自己の理想が、相手にとっては耐えがたい偽善であり、圧迫とみなされることもあるであろう。いかに自らにとって利欲や名誉を離れた理想の追求であっても、それが行なわれた時と場所によっては、侵略や抑圧とみなされることも当然あるに違いない。

はたして、いかなる意味で満洲国は日本の傀儡国家、植民地国家であったのか、それともそうした見方自体、戦勝国の独断的見解とそれに迎合した「ポツダム宣言史観」ないし「東京裁判史観」による曲解にすぎず、多民族共存の道義国家建設こそ満洲国の歴史的実相であったとみなすべきなのか。あるいは、賀川豊彦が述べたように「日本が行なった侵略のうちで、満洲国だけはロマンをもっています」（武藤富男『私と満州国』）というべきなのであろうか。

その評価を急ぐまえに、私たちはまず満洲国がなぜ建設され、その目的は何であったのかという建国理由に立ち返り、その軌跡をたどり返すことからはじめる必要があるだろう。

いったい、なぜ中国東北部に満洲国という国家がこの時期、日本人の主導によって作られなければならなかったのか。その国家形成の過程はいかなるものであり、それに日本人や中国人はどうかかわったのか。また、形成された国家は、いかなる統治構造や国家理念をもち、その実態はどうであったのか。さらに、満洲国と中国と日本との間には、国制や法制、政策や政治思想などにおいていかなる相互交渉が生じていたのか、総じて、その国家としての特性はどこにあり、近代世界史のうえでいかなる位置を占めていたのか、——こうした問題の検討を通して満洲国という国家の肖像を描くこと、それが本書の課題である。

このような課題を設定するのは、満洲国についての評価が揺れ動いてきたひとつの理由として、傀儡国家とみる立場からは国家機構や国家理念が軍事支配の本質を隠蔽、偽装するにすぎないものとして軽視され、理想国家・道義国家とみなす立場からは建国の背景や統治機構、統治の実態よりも国家理念にこそ本質があるとして、それだけが重視され、ともに国家像としてはある側面だけが強調されてきたことが挙げられるように思われるからである。

しかし、もとより、いかに短命であったとはいえ、ひとつの国家の相貌を総体として過不足なく描き出すということは、きわめて困難な課題である。なにより、私自身の知識の量と歴史的想像力において欠けるところがあまりに多く、独断と偏見に陥っているおそれがある。また、満洲国については戦後に書かれた手記や回想録の類こそ膨大な数にのぼるものの、満洲国時代のいわゆる第一次史料は解体時にほとんど焼却され、消失したこともあって史料的に致命的な欠落があるというのが実情である。加えて、紙幅の制約もある。

そこで以上のことに鑑みて、一面の肥大化と一面の粗略という弊を免れないであろうが、本書では、あくまで国家としての満洲国に焦点を絞り、私なりの満洲国の肖像を描き出すことに努めたい。もちろん、それは平板な素描《デッサン》にすぎず、陰翳に富むものでもないが、私がここで企図していることは満洲国の肖像をギリシア神話の怪物キメラ（Chimera）になぞらえて描くということである。T・ホッブズは「人工的人間」としての国家を旧約聖書・ヨブ記に登場する怪獣リヴァイアサンに象徴させ、同様にF・ノイマンはナチス第三帝国に怪獣ビヘモスの名を与えたが、その顰《ひそみ》に倣って私は、満洲国を頭が獅子、胴が羊、尾が龍という怪物キメラと想定してみたい。獅子は関東軍、羊は天皇制国家、龍は中国皇帝および近代中国にそれぞれ比すが、そこにこめた含意は行論のうちに明らかになっていくことと思う。

なお、本書における叙述のしかたにつき、あらかじめ以下の点について御了承賜わりたい。

まず、満洲国の指称については、それが元来そこに生活していた人々から承認されたものではなかった、つまり正当性を欠く国家であったこと、また、中国では満洲国があった地域は当時「東三省」「東北」と呼ばれており、満洲とは日本での呼称であったこと、さらに国制上は共和制と立憲君主制との時期によって国号としては満洲国と満洲帝国との二つがあったこと、などの問題がからみあって、現在まで必ずしも歴史用語として定まってはいない。そのため、多くの場合、「満洲国」とカッコ付きで記されることが多い。しかし、当時は満洲国、満洲帝国という表記がなされており、あくまで歴史的用法としてそこに当時の日本人のイメージ等が反映されていることと、カッコ書きにすることは煩雑であること、などの理由から本書では当時の慣用にしたがって、たんに満洲国ないし満洲帝国と記すこととした。また、満洲国時代には遼寧省が奉天省に復し、長春が新京と改められるなど中国固有の名称が封じ込められていた例が少なくないが、これもまた歴史の実相を示す意味から本書ではその当時使用された地名をそのまま用い、それにとくにカッコを付けることなどはしなかった。また、本来、中国・朝鮮・モンゴルなどの人名、地名などについては原音を付すべきであるが、本書では特に必要と思われるもののみ初出時にこれを記し、その他についてはこれを省略した（なお、中国語のカタカナ表記については、京都大学人文科学研究所中国近代班の成果発表のため竹内実氏が考案された発音表記案にしたがった）。以上の処理はたんに煩雑さを避けるためで、特定の価値観をこめたつもりはない。

ただ、書名や史料、論稿および法令などからの引用にあたっては、カッコ等を含め、原文のままとした。そのため、引用文中、明らかに不適切と思われる「支那」「支那人」などのほか「満系」「満人」「鮮系」「鮮人」さらに「不逞鮮人」などの表記についてもあえて原文通りとし、特に修正を施さなかった。これは、満洲国の建国と統治において中国や朝鮮についての国家観や民族観が最大の焦点となっており、それを今日の視点で勝手に修正することは、かえって実態を歪め、満洲国評価の目を曇らすことになりかねないと判断したためである。この措置もあくまで史実を正確に再現したいためであり、御寛恕賜われれば幸いである。なお、引用に際しては、読みやすさを最優先して、カタカナ文をひらがな文とし、句読点を付し、難漢字をかなとするなどの措置をとり、筆者による注記は（　）で示した。また、引用史料については、本文中に必要と思われる事項のみを記した。なお、紙幅の関係もあり、満洲国全般に係わり、読者も利用可能と思われる主な文献については、巻末の引用文献一覧に初出順に示すという方法を採った。また、雑誌論文については掲載誌の発行年月（日）を主として示した。

第一章　日本の活くる唯一の途

——関東軍・満蒙領有論の射程

一九二〇年代満蒙における日本の「特殊権益」は中国ナショナリズムの高揚と激しく衝突し、満蒙問題の解決は日本の死命にかかわる焦眉の課題として喧伝《けんでん》されていた。その満蒙の地へ石原《いしわら》莞爾《かんじ》が関東軍作戦主任参謀として赴任したのは、一九二八年一〇月、張作霖（チャンツゥオーリン）爆殺事件の余燼まださめやらぬころであった。

石原の胸奥には、すでにドイツ留学以来の戦争史研究と日蓮宗の教義解釈から導き出された特異な世界最終戦論に基づく満蒙問題解決のプランが抱懐されていた。

石原の登場によって、日本の満蒙に対する方策は、特殊地域化工作の延長上にありながらも、その目的、その手段において根底的《ラディカル》な転換がはかられることになる。ここにおいて満蒙問題の解決は、日本の満蒙における特殊権益とは何か、それをどう擁護していくか、といったレベルで処理されるのではなく、なぜ満蒙が必要か、その必要を満たすにはいかなる手段が最も効率的か、というレベルに設定しなおされることとなった。それまでの満蒙問題への解決案が国際条約や内外の政治情勢に規定されて身動きできない袋小路に押し込められていたのに対し、張作霖爆殺後の東三省の中央化という剣ヶ峰に追いつめられたことを逆手に取って、まさに世界の最終局面からの逆思考によって満蒙問題に対処したのが石原であり、その解決策が満蒙領有論であった。

この満蒙領有論によって満洲事変が惹き起こされたものの、その企図は結局実現せず、満洲国建国という形態を採ることとなった。しかし、その形態がいかなるものとなったにせよ、満洲国というキメラの骨格を形作った関東軍の意図は、むしろこの満蒙領有論の中に明確に示されており、それが第一義的に満洲国の性格を決定したといっても過言ではない。

そこで、本章では石原が主唱した関東軍の満蒙領有論の構造とそのめざした射程をみることによって、関東軍が満洲国を建てた意味を探ることとしたい。それこそが、満洲国がなぜ建国され、いかなる存在理由《レーゾン・デートル》をもっていたのか、という疑問に最も直接的に答える方途であるに違いないと思われるからである。

満蒙―ゴルディアスの結び目

日本列島の脇腹に突きつけられた匕首《あいくち》にも擬せられる朝鮮半島とその後背にある満蒙の大地――そこで日本は国家の命運を賭して日清、日露の二つの戦争を闘い、辛くも勝利を収めた。満蒙は「十万の生霊、二十億の国帑《こくど》（国庫金）」によって購《あがな》われたかけがえのない大地と目され、その開発と経営は「明治大帝の御遺業」を継ぐ国民的使命とさえみなされたのである。そこはまた朝鮮併合以来日本と国境を接する接壌《せつじよう》地域として国防上の要地であるとともに、その大地に眠る豊富な天然資源は日本の経済的発展を約束するものと目され、満蒙こそ日本の死活を決する特殊地域として認識されるにいたったのである。

しかし、言うまでもなく満蒙は中国の主権下にある土地であり、中国人にとってもまた自らの経済生活の希望をつなぐ大地として一九二〇年代に入ると毎年ほぼ八〇万から一〇〇万の人々が長城を越えて移住してきており、一九二三年から三〇年までの純増加人口数約二七八万人、中国人の総計約三〇〇〇万人に達していた。これに対し、一九三〇年当時の在満日本人数は関東州を含め多く見積っても二四万人を数えるにすぎず、中国人との経済的競合においても次第に劣勢となってきていた。そこにはまた朝鮮、ロシア、蒙古のほか多くの少数民族が錯綜して、政治、経済、文化、宗教、イデオロギーなどの諸側面において対立軸を構成し、これにアメリカやイギリスなどの思惑が絡んで諸民族の闘争場《コックピット》とみなされ、民族問題の十字路、アジアのバルカン、東方のアルザス・ロレーヌ、極東の弾薬庫などと様々に呼ばれていたのである。

そして、アメリカの中国学者オーエン・ラティモアによって「紛争のゆりかご」(Cradle of conflict)」と名づけられた満蒙において一九二〇年代、最も尖鋭な対立の局面を形成したのが、言うまでもなく、日本と中国であった。なぜなら、日本が満蒙に対して採った政策は、満蒙を特殊地域として中国本部から分離し、そこに日本の排他的権益を認めさせようとするものであった。それに対し、五・四運動以後急速に擡頭してきた中国民族運動がめざしたものは内における国家統合、外に対する国権回収とを一体とするものであり、日本の分離工作は中国の国家統合と、日本の特殊権益拡大化は中国の国権回収の要求と、それぞれ真向から衝突するものだったからである。中国の国家統合と国権回収とは満蒙からの日本の排除、すなわち排日によってしか達成できない性質をもっていたといえるであろう。そして満蒙、とりわけ焦点となる東三省をめぐる中国の国民運動としての排日運動は、一九二三年の旅大(旅順・大連)回収運動、二四年の関東州裁判権と満鉄附属地教育権の回収運動を経て、二五年の郭松齢《かくしょうれい》事件や二八年の張作霖の北京撤退に際しての関東軍の東三省治安維持通告と出兵などを契機に高まっていた。しかし、この運動の波が東三省内におよんで大きく逆巻きはじめたのは、やはり張作霖爆殺後のことである。

蔣介石《しょうかいせき》（ヂァンチェーシー）の南京国民政府は北伐の一応の完成をみるや一九二八年七月七日不平等条約改訂を宣言、同一九日には日華通商条約廃棄を通告するなど、外交による国権回収に着手するとともに、東三省の中央化をはかって張学良《ちょうがくりょう》（チャンシュェリアン）を東三省保安総司令官に任命。張学良が二八年一二月国民政府に合流して青天白日旗を掲げる易幟《えきし》に踏み切ったことにより、日本の満蒙特殊化工作は完全に破綻を迎えた。易幟後の一九二九年一月に成立した東北政務委員会は政務委員の国民党への入党式を挙行、三一年三月東北国民党党部が成立して、必ずしも一枚岩化していなかったとはいえ、ひとまず国家統合という課題は達成をみることとなった。これにより、東三省での政治課題は国権回収へと絞られることになった。一九二九年七月結成の遼寧省国民外交協会をはじめとして、東三省内に陸続として回収運動を目的とする団体が生まれ、その指導のもと日貨排斥などの排日運動が展開され、これと並行して三民主義にもとづく排日教科書が東三省内にあふれていった。

その国権回収運動において焦点となったのが、対華二十一箇条要求に基づいて一九一五年五月締結された「南満洲および東部内蒙古に関する条約」であった。この条約に対しては不当な圧力によって強制された条約として中国では締結時から無効、取消しの世論が絶えることはなかった。

そして袁世凱《えんせいがい》（ユアンシーカイ）政府が二十一箇条要求の最後通牒を受諾した五月九日は国恥記念日とされ、

一、五月九日　五月九日　嗚呼我が国辱
　二十一箇条を承認せしめんと大なる無理を要求せり
二、五月九日　五月九日　国辱何たる苦痛の極《きわみ》ぞ
　韓（朝鮮）を亡ぼせし手段を我に加う　我誓って両《なら》び立たず
三、五月九日　五月九日　国辱終に須《す》べからく雪《そそ》ぐべし

と「国恥歌」（『三民主義唱歌課本』第九）に歌われていたのである。その条約第一条は、旅順、大連の租借期間九九ヵ年延長を規定していたが、条約が無効であるとすれば、ロシアから継承した租借権は本来一九二三年三月で期限切れとなるはずであり、旅大回収運動もこれを根拠として繰り広げられたのである。

また、同条約は第二条で南満洲における日本人の土地商租権を、第三条で居住・往来、営業の自由権を承認していたが、これを否認する動きも熾烈《しれつ》なものとなっていた。そもそも「土地商租」という概念については日中両国間に解釈の相違があり、日本側ではこれを永久に租借しうる権利すなわち事実上の土地所有権と理解したのに対し、中国側は地主の自発的合意により租借することであり使用収益権にすぎないと解釈していた。日本側はこれにより南満洲全域に自由に雑居しうる権利を獲得したとみなしたが、中国側はこれを日本の中国侵略の手段であり領土主権の

侵害と目し、日本人に対する土地貸与を売国罪、国土盗売として処罰する方針をとって対抗した。具体的には「懲弁国賊条例」（一九一五年六月公布）を適用したのをはじめ、国民政府の「土地盗売厳禁条令」（一九二九年二月公布）、吉林省政府の「商租禁止令」（一九二九年一月発令）などおよそ六〇にもおよぶ法令を発して、土地・家屋の商租禁止と従前に貸借した土地・家屋の回収をはかったのである。こうした中国側の土地・家屋商租の禁止と回収の運動は、一九二九年六月の奉天の榊原農場事件など日本人との対立を多く生んだが、これによってもっとも苦汁をなめたのが在満朝鮮人であり、その救済が満洲領有正当化の論拠のひとつともなされることとなった。

このほか、東三省における国権回収運動は、森林伐採権や鉱山採掘権などの否認や東三省における関東軍の駐兵権を条約上無効とする撤兵要求、満鉄の接収など日本の満蒙権益の根幹にもおよび、さらに積極的には一九二八年九月に設立された東北交通委員会において南満洲鉄道を中国鉄道によって包囲する省営鉄道網建設や、大連港に代わる錦州の葫《こ》蘆《ろ》島築港によって日本の満蒙権益を空洞化させる計画も進められたのである。日本の満蒙権益はしだいに追いつめられ、狭《せば》められつつあった。それだけにまた現地居留日本人の危機感はつのり、窮状を打破するには武力による解決もやむなしとの気運が陸軍ことに関東軍をおおっていった。

かくて、日中間の各種の条約上、慣行上の利権や民族間の対立抗争さらにワシントン体制による羈絆《きはん》などが絡み合って複雑に結ばれた満蒙問題というゴルディアスの結び目は、解きほぐされることなく、一刀の下に切断されることによって決着がつけられることとなった。そして、その軍刀を降り下したのが、石原莞爾その人であった。

ゴルディアスの結び目とは、フリュギア王ゴルディアスが結び、この結び目を解くものは全アジアの王になると言い伝えられたものであった。これを前にしたアレクサンダー大王は惑うことなく剣をもってこれを一挙に両断したといわれている。そして、まさしく石原もまた、満蒙を拠点として日本が「東洋の選手権」を握る狙いをその一刀にこめたのである。

満蒙領有計画の発進

一九一九年四月、武官制の関東都督府が廃止され、関東庁の設置と同時に独立の在満軍事機関として発足したのが関東軍である。関東軍の任務はポーツマス条約で譲渡された長春・旅順間の鉄道を守備することにあったが、単なる鉄道守備隊にとどまらず次第に在満軍事機関として在満権益を軍事力によって保護する役割を担い、あわせて対ソ戦略を遂行する主体としての性格を持つこととなった。そしてついには中国の主権下であるにもかかわらず、満蒙の治安維持を自らの任とするにいたっていた。

一九二七年国民革命軍の北伐の進行に対処すべく開かれた東方会議において田中義一首相が示した「対支政策綱領」では、万一動乱が満蒙に波及した場合、「その何《いず》れの方面より来るを問わず、之を防護し、かつ内外人安住発展の地として保持せらるる様、機を逸せず適当の措置に出づる」（第八項）こととされ、日本軍つまりは関東軍が中国の領土的主権を排しても満蒙防衛の衝に当たることが宣言されたのである。言うまでもなく、このとき、満蒙は日本の領土ではないし、本来満鉄の鉄道守備兵であった関東軍が関東州や満鉄附属地をこえて満蒙全体にわたって〝自衛措置〟を講ずることなどありえないはずである。にもかかわらず、満蒙地域の軍事的主導権——それはとりも直さず政治的覇権《ヘゲモニー》を意味するが——を関東軍が掌握し、それによって「内外人安住発展の地とする」ことが標榜されたのである。そして、武力の発動はすべての人に安住の地を与えるためである、という論理の構成のしかたにおいて、石原莞爾を経て満洲国建国に通底していく発想がここにすでに見出せるのである。関東軍は一九二七年の「対支政策綱領」に先立って「対満蒙政策に関する意見」（一九二七年六月一日）をまとめていたが、そこでも日本の認める適任者をもって東三省長官とし、「日支共存共栄を趣旨」として日本の権益を拡張していくことをめざし、張作霖がこれを承諾しない場合においては、他の適任者と代えることまで決定していた。こうした意識が関東軍に浸透するなかで関東軍高級参謀河本大作《こうもとだいさく》大佐らによって一九二八年六月、張作霖爆殺が決行され、一挙に満蒙問題の武力解決が画策された。しかし、計画は失敗に帰し、かえって日本の満蒙特殊化工作への反発が高まったのである。張作霖爆殺事件によって田中義一内閣のみならず日本の満蒙政策は決定的に挫折し、日本そして関東軍は深刻な危機に直面することとなり、新たな解決策が模索されることとなった。

そして、一九二九年五月、河本大作の後任として板垣征四郎が赴任するや新たな対応策を求めて関東軍情報会議が開催され、ここで満洲が一触即発の危機状況にあることを前提に、全面的軍事行動に備えて具体的方法の策定に着手することが決定された。この決定の背後には、錯雑した満洲問題を解決するに当って実質的に満蒙を支配する実力のない南京国民政府と交渉している幣原外交は完全に失敗しており、外交交渉で満蒙問題が解決しない以上、武力行使によってしか問題は解決できないとの判断があった。いずれにしろ、この決定をもって関東軍は、満蒙武力占領に向けて一歩踏み出したのであり、後年、石原は「昭和四年五月一日は満洲事変発端の記念日である」(伊東六十次郎『満洲問題の歴史』)と語っていたという。

この結論をうけて、七月には対ソ作戦計画を名目に北満参謀旅行が実施されたが、その途次、石原によって提起されたのが関東軍満蒙領有計画であった。石原は「満蒙問題の解決は日本の活《い》くる唯一の途《みち》なり」(「国運転回の根本国策たる満蒙問題解決策」一九二九年七月五日、以下「解決策」と略す。なお石原の論策の引用は主として角田順編『石原莞爾資料』に拠る)との認識の下に、「満蒙問題の解決は、日本が同地方を領有することによりて始めて完全達成せらる」との断案を下した。そして、これにより「支那本部の排日また同時に終熄《しゅうそく》すべし」との希望的観測を示したのである。

石原はすでに河本大作が張作霖を爆殺する半年前の一九二七年一二月の時点で「満蒙を領有せざるべからざるは絶対的」(「現在および将来における日本の国防」、以下「国防」と略す)との結論に達し、さらに中国本部の領有をも視野に入れた研究準備の必要性を強調していた。たしかに、日本軍が満蒙を直接に領有すれば、東北政権と中国本部政権との二重外交に煩わされることもなく、親日政権をいかに擁立し、いかに日本の権益を拡大していくかといった迂路をとる必要もなく、離反や背信に翻弄されることもなくなるであろう。満蒙支配の効率性というかぎりでだけ言えば、満蒙直接領有案は革新的なものであったかもしれない。しかし、それが軍事占領である以上、障害と抵抗もことのほか大きく、実効性を確保するためにはより綿密な計画を要するであろう。そのため関東軍では、佐久間亮三大尉に占領地統治の具体案の研究を委嘱し、石原自身は満鉄調査課の調査課長佐多弘治郎、ロシア係宮崎正義、法制係松木俠《まつきたもつ》らの協力を得て調査・研究を進めていった。佐久間は一年余を費して「満蒙に於ける占領地統治に関する研究」を一九三〇年九月に完成、この案をたたき台として三一年一月以降毎土曜日関東軍参謀全員と満鉄調査課員有志による満蒙占領地統治研究のための会議が開催されていった。この佐久間案はその一部分のみが残されているにすぎないが、のちの満洲国第一年度予算案はこれに拠ったともいわれている。

いずれにしろ、こうして石原を核として満蒙領有計画は関東軍参謀らによって練り上げられていき、一九三一年六月にはほぼその大枠を整えていたのである。それでは、この満蒙領有論とはいったいいかなる目的を達成するために構想されていたのであろうか。

排日運動によって満蒙の危機として問題となっていた「わが国正当なる既得権擁護」（「国防」）が掲げられていたことは言うまでもない。しかし、領有が達成されれば、自由に権益が設定しうるはずであり、既得権擁護という防御的な紛争処理の枠内での発想を拒否していたからこそ領有策にあえて転じていた以上、石原らにとってこの点はほとんど重視されてはいなかったであろう。むしろ、既得権以上の満蒙の資源を獲得することに領有論の意義は認められていたはずであり、そのことは「わが国情はほとんど行づまり、人口・糧食の重要諸問題、みな解決の途なきがごとし。唯一の途は満蒙開発の断行にあるは世論の認むるところ」(「国防」)と述べている点に明らかである。満蒙の開発によって当面の日本国内の窮状を打破し、さらに将来の経済的発展の基礎を固めるためにも満蒙領有が必要とされたのである。「満蒙の合理的開発により日本の景気は自然に恢復し、有識職業者また救済せらるべし」(「解決策」)といわれ、さらに世界的な経済不況が深刻な打撃をおよぼすなかで「満蒙の資源は……刻下の急を救い、大飛躍の素地を造るに十分なり」(「満蒙問題私見」一九三一年五月)と説かれていたように、満蒙領有は満蒙資源開発の第一ステップであり、満蒙の資源のみが日本の全般的危機を克服していくための鍵とみなされていたのである。もちろん石原も満蒙資源が無尽蔵であり、満蒙領有によってあらゆる問題に片がつくなどと短絡的には考えてはいない。「満蒙はわが人口問題解決地に適せず、資源また大日本のためには十分ならざる」(「満蒙問題私見」)ことも十分に承知していた。しかし、不十分ではあるにせよ、他に打開策が見出せない以上、賭けてみるしかないという断案もあったはずである。

だが、しかしまた軍人であった石原ら関東軍参謀そして陸軍中央部の将校たちにとって、以上のような経済問題や社会問題の解決が関心のすべてであったわけではないし、このことだけが問題であるならむしろ石橋湛山《いしばしたんざん》などが柳条湖事件後に批判したように「敢て満蒙にわが政治的権力を加うるに及ばず、平和の経済関係、商売関係で、優々目的を達し得る事である。否、却ってその方が、より善く目的を達し得るであろう」(「満蒙問題解決の根本方針如何」『東洋経済新報』一九三一年一〇月一〇日号）というのが至当な処理方法であったに違いない。

おそらく石原らにとって、満蒙領有が不可欠と考えられたのはそれによってのみ解決できるはずの切実な懸案があり、それがまた日本の国運を左右しかねないとの判断が働いていたのであろう。それでは、なにが日本の国運を決する課題であったのか。その一つとして挙げうるのが総力戦遂行のための自給自足圏の確立という課題であり、これは当然に日本の国家改造と連動していた。そして第二に挙げうるのが国防、戦略上の拠点の確保という課題であり、これはまた朝鮮統治と防共というイデオロギー上の問題とからんでいた。もちろん、この二つの課題は関連しており、一連の問題ともみなしうるし、そのため満蒙領有を達成すればこれらの課題が一挙に解決されると考えられもしたのである。そして、そこにはまた「国内の不安を除くためには、対外進出によるを要す」(「解決策」)との判断も大きく働いていたのである。

自給自足圏形成と国家改造

一九一四年に勃発した第一次世界大戦は、毒ガス弾、戦車、潜水艦、航空機などの新兵器の出現と膨大な量の砲弾や武器の消費とによって従来の戦争形態に根本的転回をもたらした。四年余にわたる長期戦のもとで、大消耗戦を勝ち抜くためには装備の革新と補充を支える工業力と国民動員力とが不可欠となり、国家のあらゆる要素が戦争遂行に直結する「総力戦（Der totale Krieg）」へと質的に転化していたのである。ドイツ参謀本部のルーデンドルフが強調したように、平時における国家の物的・人的資源の動員体制の成否こそが勝敗を分ける決め手となった。列国はこの新たな事態にいやおうなく適応せざるをえなくなり、日本においても、このことが第一次大戦中から国家目標の設定とからんで大きくクローズ・アップされることとなった。

一九一七年、千賀鶴太郎は「日本の欧州戦乱に対する地位」（『太陽』一九一七年九月二七日号）という論稿で次のように書いている。

今次の大戦争において絶好の教訓を得たのは、人口や金の豊富なばかりでは、戦争に終局の勝《かち》を得ることは覚束ない、必ず軍需品が自国で自給せらるるまでに機械だけでなく物資までも皆独立して内国で得らるる事にならねば駄目である。今日のままでは未来の戦争に日本は全く無能力たるを免れない。先ず日本には鉄が無い石炭も少ない。鉄が無くては未来の戦争は出来ない。そこで日本の急務は、鉄と石炭とを十分ならしめ、軍需品を独立せしむる制度と経済組織とを完成せしむるに在る。

以上の認識から千賀は、その具体的対応策として日本と中国とが「国際法上の団体と成る、即ち連邦の体」になることを提言した。そうして「戦争の時には支那の土地をも鉄道をも物資をも日本の内地同様に使用できるようにする」ことが日本の生存の不可欠の要件となると説いたのである。これは、むろん対等の連邦ではない。だが、「自衛上已《や》むを得ず力づくで支那を圧迫しても一緒に成るようにせねばならぬ」とまで強弁する政論が民間の雑誌に現われるほどに資源小国日本の生き残りに対する危機感が生じていたのである。

まして、大規模な臨時軍事調査委員会を組織して第一次大戦の実態の調査・分析を行なった陸軍の受けた衝撃は民間の比ではなかった。分析結果は日本軍の装備がすでに前世紀の遺物に堕していたことを示していたからである。火器の威力や精度が比較を絶するほどに増大化し、歩兵の主力武器も機関銃へと移っていたにもかかわらず、日本陸軍は日露戦争型の三八式歩兵銃を主体とした装備にとどまっていたのである。

今や産業力の拡充とそれを支える鉄や石炭などの安定的供給こそが軍事力の雌雄を決する最大の要件となっていた。しかも、長期戦、大消耗戦に戦争形態が転化した以上、交戦国に頼ることなく資源を恒常的に確保しておくことが必須であり、それはおのずから自給自足圏の形成という課題につながる。その観点からするとき、日本にとってそれは中国にしか求めえないとみなされることになる。参謀本部支那課兵要地誌班長小磯国昭は「支那資源を等閑視する者は実に神州の破滅を意識せざる者」（『帝国国防資源』一九一七年）と論じ、参謀本部作戦部長宇垣一成《うがきかずしげ》も日本の「自給自足の経済範囲は大陸なかんずく支那に及ぼすの必要あり。日支を打って経済上の一単位となすこと肝要なり」（『宇垣一成日記』一九一八年一月）と記し、自給自足圏形成の必要から中国との一体化を重要課題としていたのである。そして、一九一八年には中国産の国防資源の搬来を前提に「軍需工業動員法」が公布をみた。しかし、一挙に中国全体を日本の自給自足圏に組み込めない以上、まず満蒙を領有し、次に中国本部を領有していくという順序が想定される。

石原の満蒙領有論もこうした思想の流れをくんでおり、満蒙領有ののちには「東亜の被封鎖を覚悟し、適時支那本部の要部をもわが領有下に置き……東亜の自給自足の道を確立し長期戦争を有利に指導しわが目的を達成す」（「解決策」）と主張していた。要するに満蒙を領有して日本の自給自足圏に収め、もしそれが新たな対外戦争を誘発すれば中国本部をも領有することで長期戦遂行を可能ならしめるというのが石原の総力戦構想であった。「戦争をもって戦争を養うを根本着眼とし、要すれば海軍に要する戦費の一部または大部もまた大陸の負担たらしむ」（「解決策」）とした石原にとって、まずもって満蒙を領有しないかぎり、なんら展望は開けず、したがって日本の生き残る術《すべ》も見出しえなかったのである。なによりも満蒙の資源だけでも「国防資源として必要なる殆んど凡《すべ》ての資源を保有し、帝国の自給自足上絶対必要」（板垣「軍事上より観たる満蒙に就て」一九三一年三月、小林龍夫他編『現代史資料・7・満洲事変』所収）であることは関東軍参謀たちにとっては自明のこととされたのである。

ところで、言うまでもなく総力戦の遂行のためには資源供給地確保とともに国内における産業構造の再編、国民動員体制の形成など国家のすべての要素を戦争遂行に直結させるための総動員体制の確立が必要となる。そして総動員体制を確立していくためには、強力なリーダーシップをもった政府の出現が要請される。しかし、第一次大戦の衝撃を真正面から受け止めた世代の軍人たちの間では、国際協調外交や軍縮政策を推進する一方で政治腐敗を露呈していた政党政治の統治能力に対する不満や不信感は次第に昂まっており、政党内閣を打倒して軍部政権を樹立する国家改造の必要性が叫ばれることとなった。満蒙領有と国家改造とは、総力戦遂行体制構築にとって表裏一体をなす課題として捉えられ、その解決が急務とみなされたのである。

一九二七年一一月結成された木曜会（国策研究会）においても軍装備の革新や満蒙問題についての研究討議が進められ、その会合において石原は、日米決戦に備えて中国に進攻し根拠地とすることを提言していた。そして一九二八年三月、木曜会では「帝国自存のため満蒙に完全なる政治的権力を確立するを要す」との方針が決定されている。完全なる政治的権力の確立とは満蒙領有の意味であった。また、木曜会と二葉会が合同して一九二九年五月に結成された一夕会でも軍部の刷新とともに「満蒙問題の解決に重点を置く」ことが決議されており、中堅将校の横断的結合によって満蒙問題の武力解決が日程に上ってきていたのである。石原や板垣の関東軍への配置という人事も二葉会、木曜会、一夕会につながる人脈で行なわれたといわれている。

さらに一九三〇年九月には橋本欣五郎中佐らを中心に桜会が結成されたが、その国家改造計画でも「この貧弱なる一定の領土をもってしては、内部の改革するも国民の幸福にさして大なる期待をなしえざる」以上、満蒙領有を不可欠としていた。ただ橋本らは満蒙領有のためにもまず国家改造を行なわなければ満蒙問題の解決はできないという「内先外後」の方針を採っていた。これに対し、石原は「国内の改造を先とするよりも満蒙問題の解決を先とするを有利とす」（「満蒙問題私見」）という「外先内後」を主張して満蒙領有最優先の立場をとっていた。そして、一九三一年三月、橋本ら桜会の急進派によるクーデター計画が失敗（三月事件）したことにより「外先内後」の考え方が有力となっていき、同年五月に入ると石原は「謀略により機会を作製し、軍部主動となり国家を強引すること必ずしも困難にあらず」（「満蒙問題私見」）との判断に達していた。そして八月、関東軍司令官に着任した本庄繁は「本職深く期する所あり」と訓示し、九月に入ると「最後の解決の時期近づきつつある」と述べて軍事行動への秒読み段階へ入っていった。

かくて、満蒙領有計画には、自給自足圏の形成とともに国内改革に先行する「革新」の根拠地形成という位置づけもまた賦与されていたのである。

だが、石原ら陸軍将校たちにとって、満蒙領有の意義はたんに自給自足圏形成のための兵站基地および国家改造のための根拠地というに尽きるものではなかった。彼らにとって、是が非でも満蒙を確保しておかなければならない理由は、他にもあったのである。

朝鮮統治と赤化遮断

満蒙が日本の生命線といわれたのは、そこが植民地朝鮮と国境を接し、ソ連と中国に対する国防上の最前線と目されていたことが主たる理由であった。つまり、もしソ連ないし中国が満蒙に圧倒的勢力をもち、日本を駆逐することがあれば、日本の朝鮮統治そのものが危殆に瀕《ひん》する——

この懸念が満蒙に日本が勢力を有しつづけねばならないという強迫観念となっていたのである。

一九二四年五月の外務、大蔵、陸軍、海軍四省協定として作成された「対支政策綱領」が「満蒙における秩序の維持は、帝国において該地域に対する重大なる利害関係、殊《こと》に朝鮮の統治上特に重要視する所なるをもって、これがため常に最善の注意を払」うと定めたのもこのためであった。板垣もまた「一度《ひとたび》露国が国境を越えましたならば、朝鮮の領有は時日の問題」（「軍事上より観たる満蒙に就て」）となるとソ連の脅威を強調し、朝鮮防衛のためにも満蒙領有が不可欠であることを力説してやまなかったのである。

だが、石原ら関東軍参謀が「朝鮮の統治は満蒙をわが勢力下に置くことにより初めて安定すべし」（「満蒙問題私見」）として満蒙領有と朝鮮統治の緊密な関連性を強調したのは、けっして軍事的観点にとどまるものではなかった。これとともに、在満朝鮮人問題とそれに伴って生じてきていたイデオロギー上の問題がより切実な課題として捉えられていた。それはまた日本と朝鮮、朝鮮と中国、中国と日本の間の利害対立、政治的競合、イデオロギー抗争、民族間の反目といったさまざまな要因が複雑にからみ合って生じたものであり、満蒙問題の中心的局面をなしていたものであった。

朝鮮人の満洲への流入、移動が本格化したのは、日本による朝鮮併合以後であり、間島および東辺道地方を中心に一九三〇年にはその数八〇万ともいわれていた。そのほとんどが日本の朝鮮統治における土地調査事業や産米増殖計画によって土地を失い、食糧を奪われて流浪、移住した人々であったが、また日本の支配に反対し独立を求めて闘う抗日運動家も少なくなかったのである。こうして満洲は「反日運動の策源地」とみなされることとなり、朝鮮統治に対する脅威となっていた。しかし、朝鮮総督府は過剰人口圧力が日本内地へ向かうのに対しては厳重に統制を加えたのに対し、満洲移住は自然の流れとして放置していた。在満朝鮮人が存在することによって一方で「善良なる日本臣民」たる朝鮮人農民を保護し、他方で「不逞《ふてい》鮮人」たる抗日運動家を取り締るとの名目をもって日本の警察権を租借地外におよぼす契機となりえたからである。

これに対し、中国側は「鮮人の背後に日本人が居り、日本人は鮮人保護に藉口《しゃこう》して（かこつけて）その警察官を満洲内地へ侵入せしむる」（佐藤安之助「満洲問題」那須皓編『上海に於ける太平洋会議』一九三二年）として警戒感を強め、在満朝鮮人をもって日本の満洲侵略の尖兵とみなし、在満朝鮮人に対する小作契約や居住の制限を強めたほか、より直接的に一九三一年二月の国民党会議では朝鮮人の満蒙移住厳禁を決議し、また「鮮人駆逐令」などを発して朝鮮人を満洲から追放する方策を推進したのである。また、これとは別に中国側は朝鮮人に中国籍への帰化を奨めて事態の解決をはかろうとしたが、帰化権容認条項を含む日本の国籍法が朝鮮には施行されなかったため、中国が正式に帰化を認めた朝鮮人に対しても二重国籍者として日本の警察権がおよぶこととなり、かえって日中両国の警察権行使をめぐる争いを激化させることとなっていた。

このような中国の民族運動・排日運動の一環としての在満朝鮮人排斥運動は、次に指摘されたような日・朝・中三民族間の対立と怨嗟《えんさ》の連鎖を生んでいた。

日本が支那に与えたる政治的打撃は必ず鮮人が頭上に支那人の圧迫となりて現われ、その結果は鮮人の排日・怨日の思想増大または運動助長となり、これを取締らんとして支那側に注文を発すれば、また必ず逆用されて鮮人圧迫の火の手あがる。（満鉄社長室人事課編『在満鮮人圧迫事情』一九二八年）

この対立連鎖をひき起こす要《かなめ》となっていたのは、当然のことながら日本であったが、現実の場面では農業に従事する在満朝鮮人と中国人との対立、紛争として多く現われ、一九二八年から三〇年にかけての各種圧迫事件は表面化しただけでも百件にのぼり、そのうねりの頂点において万宝山事件（一九三一年五月—七月）が発生したのである。長春近郊万宝山での中国人農民と在満朝鮮人の衝突は、それ自体よりも、その後の虚偽報道による朝鮮各地での中国人に対する報復襲撃によって惨劇を生んだ。中国側発表をもとにした『リットン報告書』によれば、死者一二七人、負傷者三九三人にのぼったとされている。

この事件は中村震太郎大尉殺害事件とともに満蒙問題強硬解決の世論を煽り立て、満洲事変をひき起こす恰好のきっかけとして利用されたのである。

ところで、在満朝鮮人をめぐる問題は、民族問題というにとどまらず、日本に対する抵抗運動として、また朝鮮人と中国人との共同による共産主義運動として思想問題、治安問題という性格をもっていた。

一九一九年の三・一運動以後、間島地方においては洪範図《こうはんと》（ホンボムド）ら民族主義者が独立軍を組織し、抗日闘争を展開していた。また、一九二〇年一〇月には琿春《こんしゅん》の日本領事館が襲撃されたのをきっかけとして「不逞鮮人および匪徒襲撃の禍根を一掃し、もってわが接壌地帯に対する脅威を芟除《せんじょ》する」(「間島出兵声明」)との名目で間島出兵が行なわれ、多数の朝鮮人住民が虐殺されるなど一九二〇年代を通じて抗日闘争とそれに対する弾圧はとみに熾烈の度を加えていったのである。

他方、これと併行して朝鮮および満蒙に共産主義運動が普及していた。一九二五年に組織された朝鮮共産党は満洲亡命活動家をもって翌年間島に満洲総局を置き、在満朝鮮人の間に影響力を広げていった。一九二八年朝鮮共産党解散以後も満洲総局は独自の活動を続けていたが、一九三〇年ごろにはコミンテルンの指示にしたがって満洲総局を解消して中国共産党満洲省執行委員会の指導下に入ったといわれている。こうして満洲を舞台に中朝共産主義者の共闘が成立し、中国共産党の李立三《りりつさん》路線に沿って活動することとなった。一九三〇年五月三〇日には朝鮮人共産主義者によって朝鮮人農民が組織され、「打倒一切地主、打倒日本帝国主義」のスローガンを掲げた大規模な武装蜂起が起こされた。五・三〇間島決起である。この決起は鎮圧されたものの、その後も各地で蜂起が続き、満洲のみならず朝鮮における治安の維持にとって重大な問題となっていたのである。満洲事変において朝鮮軍が奉勅命令を待たずに独断越境し、満洲へ出兵したのも、このように満洲における抗日共産主義運動が朝鮮統治の屋台骨を揺るがしかねないとみなされたためであった。朝鮮軍参謀であった豊嶋房太郎は、満洲事変直前の満洲についてそこを「根拠として日本の警察力の及ばない国境線の彼方から朝鮮の治安を攪乱しようとする者も少なくなかった。……満洲における排日・侮日の思い上りが強くなるに従って朝鮮内においてもこれに符節するような言動が日を追って激しくなるような状況であった」（「朝鮮軍越境進撃す」『別冊知性』一九五六年一二月）と述べ、満洲への越境出兵の必要性を次のように認識したという。

この見地からしても満洲問題を速やかに解決するということは、これによって日本の威信を昇揚し、朝鮮民衆の信頼感を繋持《けいじ》してその統治上にも裨益《ひえき》せしめるということが期待出来るのである。……それであるから朝鮮軍としては他人事に御義理の付合いをしているのではなく、同時に自分の頭の上に降りかかって来る火の粉を払うのだ。

このように満蒙領有は朝鮮統治の安定化のためにも断行せざるをえないと考えられていたのである。そして、すでに述べてきたことからも明らかなように、満蒙領有による朝鮮統治の安定ということには、日本の威信の回復と「赤化防止」との二つの側面が含まれていた。

板垣が満蒙問題を放置していることにより朝鮮人の「民族心理も自然に悪化し、日本頼むべからずとの結論に到着しております。従って朝鮮統治にも重大なる影響を与え憂慮すべき形勢にありまして、結局満蒙問題を解決するに非ざれば真の朝鮮統治は期し難い」（「満蒙問題に就て」一九三二年五月、稲葉正夫他編『太平洋戦争への道・別巻・資料編』）と述べているのは、威信回復にウェイトがかかっている。そしてまた「満蒙の赤化は直ちに朝鮮の治安を紊《みだ》り、朝鮮の治安紊るれば日本内地の治安もまた切実なる影響を蒙《こうむ》らざるをえず」（外務省編『日本と満蒙』一九三二年）

と説いているのは、満蒙領有によって朝鮮ひいては日本への共産主義の波及・浸透を防ごうとの意図に発するものであった。満蒙治安維持を自ら任じていた関東軍においても「満蒙の赤化」は抗日運動を養成する温床となる由々しき事態と目され、「満蒙の浄化」によって朝鮮や日本への「不良外来思想の浸潤」を防遏《ぼうあつ》することが満蒙領有の目的の一つに挙げられたのである。関東軍にとって満蒙は中国共産党そして革命の総本山ソ連に対峙する最前線であった。そして、とりわけソ連こそ「わが国厄に乗じ、ただに満蒙赤化のみならず、帝国内部の破壊の企図」(「関東軍参謀部意見」一九三二年)をもつ災厄の元凶とされたのである。ソ連に対する思想的防波堤とし、赤化遮断地区とすること――この目的のためにも満蒙領有は必須とされたのである。

満洲国が反共を建国理念の一つに掲げたのも当然であったといえよう。

対ソ戦略拠点

しかしながら、在満軍事機関としての関東軍にとって共産主義思想以上に脅威とされていたのは、言うまでもなく、その軍事力であった。北に向けられた軍隊といわれた関東軍にとって、満蒙は何よりもまず対ソ戦略の拠点であり、満蒙領有もそこに大いなる意義を有していたのである。

一九一七年のロシア革命とその後の干渉戦争によって極東軍がいったんは崩壊したとはいえ、ソ連は東支鉄道に拠って北満洲に隠然たる勢力を扶植していたし、一九二九年に新設されたばかりの特別極東軍は同年の東支鉄道をめぐる中ソ紛争において装備の近代化を進めていた張学良軍を圧倒する軍事力を示していた。「もしも日本が満蒙においてなんらの勢力を有していなかったならば、露軍は恐らく些《いささか》の躊躇なく北満一帯はおろか南満洲の武力占領をも敢《あえ》て辞せなかった」（板垣「軍事上より観たる満蒙に就て」）との観察もあながち杞憂とばかりはいえなかったであろう。一九二八年から始まったソ連の第一次五ヵ年計画によって従来ソ連のアキレス腱といわれていた西部シベリアへも開発の力が注がれ、極東シベリアを守備範囲とする特別極東軍も次第に整備されてきていた。世界恐慌にまきこまれて不況にあえいでいる日本と、第一次五ヵ年計画が着実に進捗しているソ連との軍事力の格差が拡大していくことは、火を見るより明らかなことであった。

一九三一年四月、師団長会同席上における建川美次《たてかわよしつぐ》参謀本部第二部長による国際情勢判断では、ソ連の現勢はいまだ日本の国策遂行上障害とはならないが、「五年計画完成の暁には国力の増大と、独裁政治により政策の遂行自由なるとにより、時日と共に帝国のため一大脅威たるべし」との見通しを立てていた。そして「国際情勢を総合観察するに満蒙に対する帝国の積極的進出は、速にこれを決行するにおいて我に有利にして、時日の遷延するにしたがい益々不利を増加するものあり」との結論を出していたのである。この満蒙に対する積極的進出ということの真意は、「海外に領土を獲得する」という領有論であり、その範囲は「満洲および東部内蒙古さらに進んでは極東蘇領」とされ、ソ連領の領有も想定されていたのである。

こうしたソ連軍末恐るべしという警戒感は当然、現地軍である関東軍ではより緊迫していた。

ソ連の「国力の充実に伴い、極東方面に対し積極的企図を実行しうるに至る可能性」（板垣「満蒙問題に就て」）、すなわち満蒙奪回作戦に出る可能性があると予測されており、「満蒙問題の解決は右の関係から申上げましても成るべく早くを可とする」と切言されていたのである。そしてまた東三省についてみても張学良軍が一九二九年の中ソ紛争で受けた打撃から立ち直り、増強される前に満蒙領有の挙に出ることが有利との判断も当然に働いていた。いずれにしろ、対ソ戦の観点からの満蒙領有の狙いは、ただに日本が特殊権益を持つとされる南満洲、東部内蒙古にとどまらず北満洲からソ連を追い、日本の国防線を黒龍江から大興安嶺にわたりホロンバイルを前線として設定することを指しており、次の段階では沿海州にもおよぶものであった。これにより「露国の東進を掣肘《せいちゅう》し、対露作戦を容易ならしむるのみならず、軍備不完全なる支那の死命を把握」（板垣「満蒙問題に就て」）することができると考えられたのである。

石原もまた「露国に対する東洋の保護者として国防を安定せしむるため、満蒙問題の解決策は満蒙をわが領土とする以外絶対に途なきことを肝銘するを要す」（「満蒙問題私見」）として、ソ連の復興が達成されないうちに北満を含めた満蒙領有を断行することを力説していた。石原にとっても興安嶺、ホロンバイル地帯は「戦略上特に重要なる価値を有し、わが国にして完全に北満地方をその勢力下に置くにおいては、露国の東進はきわめて困難となり、満蒙の力のみをもってこれを拒止すること困難ならず」とみなされていたのである。満蒙を領有することによって朝鮮さらに日本へとソ連の東進政策がおよぶことをおしとどめることができるという点で、満蒙はきわめて重要な戦略拠点であるに違いなかった。

しかしながら、石原の場合、建川や板垣のように満蒙統治安定のために満蒙のみならずソ連領をも領有するという北進論の立場をとっていたわけではない。むしろ、満蒙領有が達成されることによって日本が「ここに初めて北方に対する負担より免れ、その国策の命ずる所により、あるいは支那本部にあるいは南洋に向い勇敢にその発展を企図する」ことができるという意味において「満蒙はまさしくわが国運発展のため最も重要なる戦略拠点なり」と考えられていたのである。石原にとって満蒙領有は、対ソ戦略に関するかぎりソ連の東進を抑止することでひとまずその目的を達すると思料されていたのであろう。「極力露国との親善関係を継続することを勉《つと》む」（「満蒙問題解決のための戦争計画大綱」一九三一年四月）というのが石原の対ソ戦略の基本姿勢であり、開戦のやむなきにいたった場合でも満蒙の域外へは兵を進めることなく、ソ連の領土内で反ソビエト宣伝を行なって崩壊を促すというにとどまっていた。ただ、一九二四年にモンゴル人民共和国が成立していたこともあり、外蒙古に対する工作の必要性については「満蒙領有後は適時外蒙人の懐柔、その産業の復興、武力団隊の編成に力を用い、対露戦争に際しては十分その威力を発揮せしむる」ことを強調していた。

石原がこうした対ソ戦略をとった背景には、一九二三年二月に改定された「帝国国防方針」があったと考えられる。この改定においてそれまでの「仮想敵国」「想定敵国」という用語に代えて「目標」という語が用いられることになったが、それにともなってソ連がそれまでの「想定敵国」第一位からはずされ、「親善を旨としてその利用をはかるとともに、常に威圧する実力を備える」との方針への転換が図られていたのである。この方針転換は、一九二五年一月に締結された日ソ基本条約によって「互いに平和および友好の関係を維持すること」が定められ、軍事的にもソ連には対外軍事行動をとる余裕がしばらくの間はないとの判断によってなされたものであろう。確かに、満洲事変の際、関東軍が北満進出を企図したのに対し、陸軍中央部はソ連の武力介入さらには中ソ連合作戦を誘発する危険性があるとして反対したが、結局チチハル、ハルビン占領についてもソ連は干渉することなく終わっている。この局面に関するかぎり、対ソ脅威論は取り越し苦労に終わった。そして、このことが北満への独断派兵にもかかわらず関東軍の発言力を高め、現地解決方式をなしくずしに認めていく一因ともなったのである。

しかし、ソ連は満洲事変に対し武力介入はしなかったものの、一九三一年一一月ごろから特別極東軍の増強に入っていく。満洲国建国後の一九三二年四月には極東海軍の編成（三五年、太平洋艦隊に改編）、同年一二月の中ソ国交の回復（三七年、中ソ不可侵条約調印）などによりソ連の対満洲国に対する戦備体制は着実に強化されていった。その意味では、大きな軍事衝突もなく満洲国が建国されたのは、ソ連が経済復興に専念せざるをえないという限られた時期においてはじめて可能となったものであった。いや、石原らはこうした状況を知っていたからこそ、「露国の現状は吾人に絶好の機会を与えつつあり」（「解決策」）と判断し、一九三一年九月、満蒙領有のための軍事行動に踏み切ったのである。しかし、ソ連の武力介入もないままに満洲国の建国に成功したことは、逆にソ連軍の軍事力や戦闘意思に対する関東軍の判断を誤らせる原因にもなった。この侮りが、のちの張鼓峰事件（一九三八年）やノモンハン・ハルハ河事件（一九三九年）などの戦闘において惨敗し、多数の死傷者を生むことにつながったのである。

いずれにせよ、対ソ戦略拠点としての満蒙の確保という狙いは満洲国建国後、「日満共同防衛」の名目において関東軍が実質的に満洲国全土の国防を担うことにより達成された。しかし、それは「北方に対する負担から免れる」という石原の思惑とはうらはらに長大な国境線をはさんでソ連と直接に対峙し、否応なくソ連やモンゴル人民共和国との国境紛争にまきこまれ、兵備の強化をはからざるをえない状況へと追い込まれることとなっていった。

しかし、それではなぜ石原はすぐにでも想定されるソ連の軍事力増強とそれによる日ソの緊張の高まりをことさらに楽観視し、中国本部や南方に向かうための戦略的拠点としての満蒙を重視したのであろうか。実は石原にとってはソ連よりも仮想敵国としてははるかに重要で早急に開戦準備を進めるべき「目標」が存在しており、満蒙領有もまさにその相手との対戦を最大眼目として企図されていたのである。そして、石原にとって「目標」とされたのが、アメリカであった。

日米戦争と世界最終戦論

石原が日米戦争の必然性を確信したのは一九二七年のことであり、真珠湾攻撃によって日米が交戦状態に入ったのは一九四一年一二月八日のことであった。現実の開戦よりも一四年も以前に日米戦争が必然視され、さらにそれが満蒙領有の目的と緊密に結びつけられていたと書けば、今日では訝《いぶか》しく感じられるむきがあるかもしれない。しかし、当時においてそれは必ずしも奇異なことではなかった。

さきに一九二三年の「帝国国防方針」改定にともないソ連が「想定敵国」の第一位からはずされたと述べた。それは日露戦争以来一貫して日本の国防上の脅威と目されてきたロシア（ソ連）より以上の脅威を日本に与え、交戦の可能性のある国家が出現したことを示すものにほかならなかった。そして、このときソ連に代えて日本陸海軍の第一の「目標」とされたのが、アメリカだったのである。もっともアメリカについては一九〇七年四月裁可の「日本帝国ノ国防方針」において「友邦としてこれを保持すべきなりといえども……他日劇甚なる衝突を惹起《じゃっき》することなきを保せず」としてロシアにつぐ仮想敵国とされており、海軍兵備のうえでは「米国の海軍に対し東洋において攻勢を取るを度《のり》とす」として対米戦に備えることが定められていたのである。そして、すでに一九一九年以降、海軍は対米戦を想定した潜水艦作戦の準備に着手していた。

これに対し、アメリカも日露戦争後には日本を仮想敵国とした「オレンジ作戦計画（Orange Plans）」を練り上げてきており、太平洋をはさんで日米は相互に来たるべき衝突を予測してそれに備えていたのである。また、一八九〇年代から高まっていたアメリカの排日移民運動は、一九二〇年カリフォルニア州で第二次排日土地法が成立するやアメリカ諸州に波及していった。二四年には排日条項を含む移民法がアメリカ議会で可決されるなど日本人排斥が進むにつれ、日本国内でも反米抗議集会が各地で開かれて対米開戦が叫ばれ、佐藤鋼次郎『日米若し戦はば』（一九二〇年）、石丸藤太『日米戦争・日本は破れず』（一九二四年）、川島清治郎『日米一戦論』（一九二五年）などが続々と刊行されるなど反米感情が醸成されていった。

こうして対立の度を深めていた一九二〇年代、日米両国にとって問題の焦点となってきたのが中国問題とりわけ満蒙問題であった。

アメリカは一九〇五年の鉄道王ハリマンによる満鉄買収計画以来、一九〇九年国務長官ノックスによる満洲諸鉄道の中立化案提起、一九一〇年および二〇年における対中国国際借款団の結成をリードするなどの動きを通して満蒙を含む中国市場への進出には特別に深い関心を払ってきていた。とりわけ、第一次大戦後はワシントン体制によって中国における領土保全・門戸開放を認めさせて日本の膨張政策を規制したほか、国民政府による国家統一を支持し、満鉄並行線建設に投資するなど、日本の中国・満蒙政策の前にアメリカの存在が大きく立ちはだかってきていた。

チャールズ・ビアードは二〇年代の日米間の実質的争点は中国問題にあると指摘していたが、板垣も次のような見方を示していた。

近時太平洋問題は世界の視聴を集めておりますが、なかんずく満蒙問題はその焦点となっている……今や米国はその偉大なる経済力をもって支那本土は固《もと》より満蒙方面に対してもさかんに商権の拡張に努力しつつありますが、もし太平洋の波騒ぐ時ありとせば必ずや端を支那問題に発すべく、またもし帝国の満蒙問題に干渉するものありとせばそれは米国に他ならずと考えます。(「軍事上より観たる満蒙に就て」)

このように日米双方において、両国対立の焦点は中国問題ことに満蒙問題にあり、その紛糾次第では日米戦争もありうるとの観測が現われてきていたのである。そして、石原にとって「支那問題、満蒙問題は対支問題に非《あら》ずして対米問題なり。この敵を撃破する覚悟なくして、この問題を解決せんとするは木に拠りて魚を求むるの類なり」(「満蒙問題私見」)との認識はきわめて強く、ゆるぎない確信とさえなっていた。満蒙問題の解決には満蒙の軍事占領しかなく、それは必然的に日米戦争を誘発するとみる石原にとって、満蒙問題解決のためには対米戦争の覚悟が不可欠であり、「もし真に米国に対する能わずんば速に日本はその全武装を解くを有利とす」(「解決策」)とまで極言してやまなかったのである。

はたして、満蒙領有が日米戦争の直接の引き金となるのか。この点、同じく満蒙領有を主張していながらも一夕会などに集った将校たちのほとんどは、アメリカにとって満蒙が生存上不可欠の土地でない以上、そのために開戦にまで踏み切ることはないであろうし、極力アメリカとの戦争は避けるべきであるとの見解が多数を占めており、石原のそれとはかなりの距《へだた》りがあった。しかしながら石原においては、日米開戦は避けることのできない世界史上の必然であり、満蒙問題を含めて日本のあらゆる政策は日米戦争に備えて立てられるべきであることは毫《ごう》も疑念の余地ない鉄則であった。つまり、満蒙問題の解決もつまるところ日米戦争という至上課題のために行なうのであり、もし日米戦争を闘うつもりがないのなら、満蒙も必要でなく軍備も放棄してしまったほうが小手先で戦争回避の手段を弄するよりはるかに日本のためである、というのである。しかし、石原によれば今や日本は日米戦争を闘うという宿命から逃れることもできない。なぜなら、日米戦争はたんなる太平洋における政治的覇権をめぐる抗争ではなく、人類史上数千年にわたって進歩してきた東西両文明が、日本とアメリカをそれぞれのチャンピオンとして最後の雌雄を決するための戦いであり、「東西文明総合のための最後の闘争は刻々迫りつつ」（「国防」）あるとみていたからである。この考え方自体は東西対抗史観、東西文明対決論として、すでに萌芽的には岡倉天心に見られ、内藤湖南、満川亀太郎、長野朗などにより主張されたほか、とくに大川周明によって日本がアングロ・サクソンの世界制圧に対抗して世界新秩序の建設をめざしている以上、日米両国の衝突は不可避の運命として力説された議論と同軌のものとみなすこともできる。

ただ、石原においてはそれが戦争史研究と日蓮宗信仰の結合の所産でありながら、それが満蒙問題の解決策ともつながっているところにユニークさが認められるのである。石原は世界の戦争史を跡づけて持久戦争（消耗戦争）と決戦戦争（殲滅戦争）とが交互に繰り返されてきたとし、持久戦争であった第一次大戦以後の将来の戦争は決戦戦争となるとみた。しかも、一都市を一挙に破壊する大量殺戮兵器とそれを運搬する航空機が出現したことにより、次に来たるべき決戦戦争こそ世界最終戦争となるであろう、と考えていたのである。そして、この最終戦争こそ、日蓮が世界統一が実現するためにはまず「前代未聞の大闘諍《だいとうじょう》、一閻浮提《えんぶだい》（人間界）に起るべし」と喝破したところの未曾有の大戦争をさすはずであり、日米決戦がこれに他ならないとみた。これが石原の世界最終戦論であった。そしてこの世界の文明は統一され、「一天四海皆帰妙法」の境地に到達するはずであった。石原はこの世界最終戦を経て世界最終戦としての日米戦争という着想を信仰上の師、国柱会の田中智学から得ていた。しかし、日本はこの世界最終戦争を遂行しうる情況には未だなく、まず「東洋の選手権を獲得するために」(「満蒙問題私見」)中国さらには東アジアを兵站基地化することが不可欠であり、そのためには何よりも満蒙領有から着手しなければならないと説いたのである。その満蒙領有は日米戦争を招来するが、ただその戦争自体は決戦戦争ではなく、持久戦争にすぎない。かくて、「日本は先ず近く行なわるべき日米持久戦争により国内を統一して国運の基礎を固め、次いで行なわる決戦戦争により世界統一の大業を完成す」(「軍事上より観たる日米戦争」一九三〇年五月)るとの構想が描かれる。長期的かつ最終戦争としての日米決戦戦争があり、その準備過程であり中期的課題としての日米持久戦争がある。そして、この持久戦争の一環として、かつ決戦戦争の大前提として実行されるべき課題として満蒙領有計画がある——このように、長い時間の幅をもった三段階にわたる課題の連鎖として満蒙領有を位置づけたところに、石原の満蒙問題解決策の特異性が見出せるのである。

しかし、もし、この連鎖がきわめて緊密なものであり、飛び越えることができない質のものであるとすれば、日本が満蒙での武力行使を断念したり、アメリカが日本の満蒙領有に際して直ちに開戦しなければ——事実そうであったが——、日米決戦戦争は生じなくなる。この限りで、明らかに石原の論理は破綻を来すことになる。これは世界最終戦という命題がまず初めにあって、そこに満蒙領有論をはめこんだ因果関係の倒錯から生じたディレンマである。とはいえ、満洲事変以降の日本の中国に対する軍事行動が日米戦争開戦という大河へ注ぐ伏流水であったとすれば、一四年という時間を経て石原の想定が実現したといえなくもない。しかし、そもそも石原自身日米決戦戦争の勃発を一九三〇年の時点から「数十年後なるべし」とみていたし、敗戦後の一九四五年一二月においても「原子爆弾の出現を契機として、人類はわれらの唱導してきた最終戦争時代に突入せんとしている」(「新日本の建設」)と発言しており、世界最終戦争の勃発時点は確定していたわけではない。石原にとって太平洋戦争も世界最終戦争とはみなされていなかったのである。

このように石原の満蒙領有計画は必ずしも世界最終戦と直撃はしなかった。しかし、日米戦争をも射程に入れた石原の満蒙領有論は、それまで局地的で孤絶した案件と捉えられてきた満蒙問題にひとつの転換をもたらした。すなわち、アメリカを仮想敵国とする国防方針と連結させたことにより、ここに満蒙領有を日本のとるべき進路の一環に組み込み、その長期的見通しと世界史的意義づけを与えることとなったのである。それが既得権益の擁護という防禦的立場で満蒙問題武力解決を期していた関東軍にはじめて積極的で攻守所を替えた明確な指針を与え、満蒙領有に大きな弾みをつけたことは否定できないであろう。

しかし、一定の目的と見通しを与えることによって内部をまとめあげるだけでは、武力占領というむき出しの暴力の行使にともなう後ろめたさや背徳感まで拭い去ることはできない。そこに満蒙領有を正当な力の行使であると納得させ、集団内部の力の結集と効率化をはかるための論理が必要となる。たとえ、その論理によって他者はけっして納得することはないとしても、である。

満蒙領有の正当性根拠

石原の満蒙領有論のある種のユニークさは、国内外の常識を覆《くつがえ》して、他国の主権下にある地域の武力占領を正面切って正義と捉え直した点に求められるように思われる。

石原にとって満蒙領有は、「日本のために必要なるのみならず、多数支那民衆のためにも最も喜ぶべきことなり。すなわち、正義のため日本が進んで断行すべきものなり」（「解決策」）として正当化されたのである。なるほど、中国の主権を認めたうえで東三省人の自治という形態をとりながら、日本による実質的な満蒙支配の隠蔽をはかることは明らかに不正義といえるであろう。ただし、では翻って日本が直接に軍事力によって支配すれば正義となるか、といえば問題は自ら別の次元に属するはずである。

国際協調をスローガンとした外交官としての幣原喜重郎《しではらきじゅうろう》は、「正義の支配するところ、武器は無用である（Où règne la justice, les armes sont inutiles.）」との箴言《しんげん》を自らの外交の究極目標としていたといわれるが、軍人であり戦争史研究家でもある石原にとっては、「武器の支配するところ、正義は生まれる」というのがその軍事的リアリズムの教えるところであったのかもしれない。あるいは、それはローマの歴史家リヴィウスが述べたごとく、「戦争はそれを必要とするものにとっては正義」ということでもあったのだろうか。

ともあれ、石原や板垣らの関東軍参謀たちが満蒙領有を正義と主張したのは、「力こそ正義だ」というニヒリスティックな認識からだけではなく、むしろ彼らなりの中国および中国認識からもたらされたもののように思われる。すなわち、石原においては「支那人が果して近代国家を造り得るや頗《すこぶ》る疑問にして、むしろ我国の治安維持の下に漢民族の自然的発展を期するを彼等のため幸福なるを確信する」（「満蒙問題私見」）との信念が満蒙領有を正義と捉える裏付けとなっていたのである。

石原が後年回顧したところによれば、幼年学校時代から中国の新生と日中の提携協力を念願していた石原はひたすら中国の革命に希望を抱き、一九一一年、辛亥革命成功の報に接するや「かねてからの中国の新生に対する念願と革命後の中国の前途に対する希望の余り附近にある山の上に当時の自分の教えていた（朝鮮守備隊の）兵隊と共に登り、万歳を叫んで新しい中国の前途に心から慶びを示した」（「満洲建国前夜の心境」一九四二年）という。しかし、喜びはつかの間であった。孫文（スゥンウェン）の袁世凱との妥協、袁世凱による革命の理想の蹂躙、その後の軍閥の割拠と抗争――「この状態を見て私共は中国人の政治的能力に疑いを懐かざるを得ないようになった。漢民族は高い文化を持ってはいるが近代的国家を建設するのは不可能ではないか、という気持になって行ったのである。満洲事変の前までこの懐疑は続き、その気持の上から私共は当時満蒙問題解決の唯一の方策として満蒙占領論を唱え、漢民族は自身政治能力を有せざるが故に、日本の満蒙領有は、日本の存立上の必要のみならず中国人自身の幸福である、と強硬に主張していた」というのである。

他方、板垣も一九一七年八月雲南省昆明に駐在したのを振り出しに漢口（このとき石原も勤務）、北京（このとき本庄繁を輔佐）、奉天などに勤務したいわゆる〝支那通軍人〟であったが、彼もまた中国情勢について、「辛亥革命以来二十有余年、内乱に次ぐ内乱を以てし国内統一の問題のごときは前途遼遠であり……依然として軍閥の権力争奪の時代でありましてなんら民主的革命の実、すなわち人民の幸福を認むることができません」（「満蒙問題に就て」一九三一年）との判断をもっていた。したがって板垣もまた「真に支那民衆の幸福を図るためには……英雄が現われて徹底的に武力をもって職業軍権者、職業政治家を一掃する以外においては、治安維持を適当なる外国に托するほかに民衆の幸福を求むる道がない」との結論に達し、日本軍による満蒙領有こそが満蒙問題の解決と現住諸民族の幸福を保証すると力説してやまなかったのである。しかも、その根底には中国人にとっては「安居楽業が理想」であり、国家意識はまったくといっていいほど欠如しており、「何人《なにびと》が政権を執り、何人が軍権を執り治安の維持を担任したとてなんら差支えない」といった中国民衆観があった。軍事行動にさえ成功すれば満蒙領有そのものに対する反抗や混乱は生じないというのが板垣が長年の中国観察から導き出した確信であった。

かくて「在満三千万民衆の共同の敵たる軍閥官僚を打倒するは、わが日本国民に与えられたる使命なり」（石原「満蒙問題私見」）とのゆるぎない断定が導き出され、日本の満蒙領有のもとでの日朝中満蒙各民族の共存共栄が約束される。この日本軍による封建軍閥打倒と諸民族の楽土建設という正当化論理は、石原のほか在満日本人によって異口同音に唱えられたが、佐久間亮三の「満蒙に於ける占領地統治に関する研究」でも「占領地に善政を施し、治安を確保し、かつ産業交通の開拓を図り、もって支鮮蒙その他満洲在住各種民族の福祉を増進し、真の安楽境とし共存共栄を図る」ことが統治方針として掲げられていた。

しかも、この日本による満蒙領有の成果はたんに満蒙の地域にとどまるものではないとされる。なぜなら日本軍による満蒙統治という模範が出現することにより中国本部もまたその病根と進むべき方向を必然的に認識せざるをえなくなり、「斯《か》くして、我支那本部統治は支那人より衷心の歓迎を受け、我武力の真価を永く史上に留むるを得べし」（石原「満蒙問題解決のための戦争計画大綱」）と主張されるように、日本による中国本部の統治の正当化にまで論は及んでいた。いや、それにとどまらず、日本軍による満蒙領有は満蒙問題を解決し、中国全体の「統一と安定を促進し、東洋の平和を確保する」（石原「満蒙問題私見」）として「東洋の平和」の基礎が関東軍による満蒙軍事領有にあるとさえ論じられたのである。

しかし、そもそもなぜ満蒙という中国大陸の一部を他でもなく日本が領有することが正当化されうるのであろうか。この正当化論拠として持ち出されたのが満蒙は中国固有の領土ではないとする説であり、人種説であった。

満蒙は漢民族の領土に非ずして、むしろその関係我国と密接するものあり。民族自決を口にせんとするものは、満蒙は満洲および蒙古人のものにして、満洲蒙古人は漢民族よりもむしろ大和民族に近きことを認めざるべからず。現在の住民は漢人種を最大とするもその経済的関係また支那本部に比し、我国は遥《はるか》に密接なり。（石原「国防」）

満蒙がたとえ漢民族固有の領土ではないとしても、それを日本の領有とただちに繋げるには飛躍があるし、この論法でいけば逆に満洲、蒙古人が日本を占領しても抗弁できないはずである。しかし、もちろん石原の想定では経済開発と治安維持の能力からして、当然日本が占領すべきであり、日本の努力が減退すれば、満蒙も中国本部と同じ混沌状態に陥ることとなることは必定と考えられたのである。

こうした主張は、すでに石原の陸軍大学時代の教官であった稲葉岩吉のほか、矢野仁一や和田清らの東洋史学者をはじめとする多くの日本人によって強調されていたものであった。しかも、それが満洲事変以降もさかんに繰り返されたため、中国側では傅斯年《ふしねん》らが『東北史綱』（一九三二年）を著わして中国と東北の「同体不離」なることを論じて反駁をし、また国際連盟理事会においても顔恵慶《がんけいけい》（イェンホイチン）中国代表が「満洲を以て満洲人の土地というのは全く間違いである。……中国は今日五つの種族より構成され、満洲人はその一つである。今日では満洲人の大部分はもはや満洲にはいない。……従って満洲は純然たる中国である」（一九三二年二月一九日演説）との反論を展開していた。石原もこの事実を知っていたためでもあろうか、世界最終戦論を展開する文脈の中では、「日本国体をもって世界のあらゆる文明を綜合し、彼らにその憧憬せる絶対平和を与うるはわが大日本の天業なり」（「国防」）と強弁し、「世界人類を救済すべき偉大なる天職のためなり」とも揚言して日本の天職という観念をもって正当化の根拠としていた。

以上のように正当化の論拠が多方面から提起されたにもかかわらず、満蒙領有計画は満洲事変勃発後わずか四日にして独立国家案へと「後退」を余儀なくされていった。そのことは、結局、石原ら関東軍参謀たちが用意した正当化論理だけをもってしては諸外国どころか、同じく満蒙問題武力解決路線を採っていて立場的に最も近かったはずの陸軍中央さえ説得できなかったということを意味する。ましてや、排日・反日運動の燃えさかる中国やワシントン体制をリードするアメリカなどに対してはまったく無力であったろう。いかに論理として正当性を緻密に組み立ててみても、軍事占領が国際的に受けいれられる情勢にはなかったのである。

しかしながら、ここで示されたいくつかの論点は、領有と独立国家という形態の違いにもかかわらず、満洲国へ持ち込まれることによってさまざまな機能を果たしていった。たとえば、中国人に国家意識や政治意識が欠けているという論点は、ひとたびはこれを否定することによって東三省人には国家形成能力があり、中国本部から分離、独立した満洲国は東三省人の自発的意思の発現であるとの議論となって満洲国独立の正当化根拠とされた。しかし、満洲国建国後は、一転して東三省人には国家意識がなく、これに参政権を与えるのは妥当でないとして議会開設を否定する論理として用いられることになる。また、張軍閥を打倒して満蒙の治安の維持をはかることは日本軍の使命であり、そこにおいてはじめて在満蒙三千万民衆は真の共存共栄の理想境を実現できるという主張は、満洲国において日本軍に国防を一任することに転化し、善政主義、五族協和の楽土満洲国として喧伝されることに通底していったのである。

要するに、石原らが唱えた満蒙領有正当化論の根幹となっていたのは、日本人の指導によってのみ在満蒙諸民族の幸福が保護され、増進されるという考えであり、この幸福後見主義(Eudämonismus)が満洲国の理想と日本人がみなしたもの——すなわち日本民族を指導民族とする「民族協和」と、それによってもたらされる「王道楽土」——と最も緊切に結びついていくことになった。ただ、東三省人の自発的意思に基づく独立という形式を前面に打ち出した満洲国では、満蒙領有論が明確に示さなければならなかった目的論を正面切って主張することは憚《はばか》られ、正当化論は建国理念という形に転化して噴出してくるのである。しかし、それは関東軍の満蒙支配の目的が変わったということをいささかも意味しない。満蒙領有論で挙げられた目的とそのめざした射程、それらが満洲国が関東軍の指導下にあるかぎり払拭されるはずはなく、満洲国経営の基軸となり指針となっていったのである。

第二章　在満蒙各民族の楽土たらしむ

——新国家建設工作と建国理念の模索

石原らの満蒙領有構想は、当時の東アジア世界の国際秩序を規制していた中国に関する九ヵ国条約、太平洋に関する四ヵ国条約、不戦条約、国際連盟規約などを度外視し、また現実に日中間で係争中であった事案についてもそれを一応、埒外《らちがい》に置いたうえで発案されたものであった。それだけに従来の行きがかりに捉われることなく、石原や関東軍さらには陸軍内「革新」派が満蒙にいかなる要求を持ち、満蒙から何を引き出そうとしていたかがストレートに表白されていた。

しかしまた、それだけに関東軍による軍事占領、軍政実施というプランは、現実に実行するとなると国際情勢はもとより、軍事的補給、行政にあたる人材補充、財政基盤など、どの一つをとってみてもとうてい関東軍だけで処理しうるものではなかった。陸軍中央部の頑強な領有案反対にあった関東軍は軍事的勝利にもかかわらず独立国家建設案への転換を余儀なくされ、ここに満洲国建国への道を歩み出していったのである。

もちろん、軍事占領のみを想定してきた関東軍には独立国家についての用意があったわけではなく、満蒙領有計画を基礎としつつ、在満の中国人および日本人の協力を得て新たに独立国家としての国制構想と建国理念の模索が進められることになった。そこには当然のことながら現地の中国人の意向や中国東北部が置かれていた地理的、歴史的背景、さらには国際情勢がいやおうなく反映し、それがまた満洲国としての国家の性格を強く規定していくこととなったのである。

そして、この半年にも満たない建国への短い道程において日本人は歴史上初めて多民族複合国家を形成するという事態に直面し、そこに多民族共存のさまざまな夢がもりこまれ、多くの希望が語られた。民族間の角逐に疲れた在満の日中朝をはじめとする諸民族の人々によって争いのない平和な国が切望されたのは自然でもあった。むろん、その夢も希望も平和も、関東軍というダモクレスの剣の下のものにすぎなかったのだが……。

ともあれ、夢と民族の坩堝《るつぼ》――満洲国の胎動は始まったのである。

独立国家建設への転回

一九三一年九月一八日、関東軍は年来の満蒙領有計画を実行すべく柳条湖で満鉄線を爆破、これを「暴戻《ぼうれい》なる支那軍隊」によるものだとした関東軍は一斉に軍事行動を開始し、ここに満洲事変（中国では九・一八事変と呼ぶ）が勃発した。以後、約一万四〇〇〇の兵力をもって関東軍は奉天、営口、安東、遼陽、長春など南満洲の主要都市を占領。さらに独断越境した朝鮮軍約四〇〇〇の増援を得て、陸軍中央や政府の事変不拡大指示にもかかわらず、戦火を拡大して管轄外の北満へ進出、翌三二年二月のハルビン占領によって東北三省を制圧するにいたったのである。

関東軍の軍事行動がこのように比較的スムースに進んだ背景には、アメリカ、イギリスが経済恐慌から未だ回復せず、ソ連は第一次五ヵ年計画達成に余念なく中立不干渉を声明、蔣介石率いる国民党は「攘外必先安内」つまり国内統一を最優先課題として不抵抗主義を採り、全力を共産党包囲掃蕩作戦（囲剿《いそう》）に集中していたことがあげられる。また二五万の兵力を擁する東北軍の主力約一一万は張学良とともに長城線以南に結集しており、残留部隊も各地に散在していた。関東軍はいわば、その虚を計画的に突いたのである。加えて、北平《ペイピン》で病気療養中であった張学良が戦火の拡大を避けるため東北軍に不抵抗・撤退を命じたことが決定的要因となった。

しかし、こうした僥倖《ぎょうこう》ともいえる条件の下で緒戦の圧倒的勝利にもかかわらず、事変発生からわずか四日後の二二日、関東軍は三宅光治参謀長以下、板垣、石原、土肥原賢二《どひはらけんじ》大佐、片倉衷大尉らの幕僚による協議の結果、満蒙領有計画を断念し、満蒙に新たな独立国家を建設する案に転じている。

　我国の支持を受け、東北四省および蒙古を領域とせる宣統帝（溥儀）を頭首とする支那政権を樹立し、在満蒙各民族の楽土たらしむ

というのが、この時決定をみた「満蒙問題解決策案」である。文面からすれば独立政権樹立をうたっており、独立国家案とはいえない。しかし、片倉の「満洲事変機密政略日誌」（小林龍夫他編『現代史資料・7・満洲事変』所収。以下、引用に際しては「片倉日誌」と略）の注記によれば、独立国とは徹底せず「濁らすを可とす」としており、真意としては独立国家建立で決定をみていたのである。このとき、石原は領有案に固執し、土肥原は在満蒙五族共和国案を唱えたが、最終的には事変不拡大方針を採る陸軍大臣や参謀総長から独立政権案で支持を取りつけて軍費や兵員、兵器の補充を得、実質的に独立国家にまで持ち込み、押し切るしかないという結論に達したものと思われる。とくに、関東軍の軍事行動を察知した陸軍中央から〝止め男〟として派遣されながら、

元来、満蒙問題の軍事解決を主張して関東軍の行動を結果的に黙認した形となっていた建川美次作戦部長さえもが満洲領有案に激しく反対したことが、「軍年来の占領案より著しく譲歩」（「片倉日誌」）せざるをえないとの判断につながったのである。石原は、この二二日の方針案に対し、「九月十九日の満蒙占領意見、中央の顧る所とならず、かつ建川少将すら全然不同意にて到底その行われざるを知り、万コクの涙を呑んで満蒙独立国案に後退し、最後の陣地となしたるものなるも好機再び来たりて遂に満蒙領土論の実現する日あるを期す」との意見を記している。万斛《ばんこく》の涙をのんで後退し、機至れば宿志たる満蒙領有実現に転じるための最後の陣地、それが石原にとっての満蒙独立国家案であった。一九二八年以来、石原を中心に関東軍の中で練りあげられてきた満蒙領有論は、その実施のとば口において陸軍中央に容れられることなく、あえなく「後退」を余儀なくされたのである。しかも、最後の陣地であるはずの独立国家案さえ表面に出すことができず、親日政権樹立という形で進めざるをえなかった。それほどに関東軍と陸軍中央の間には、満蒙問題処理方針や国内外の情勢判断において大きな懸隔があったのである。

一九三一年四月、参謀本部は「昭和六年度情勢判断」を策定したが、そこでは満蒙問題解決策として、国民政府主権下の親日政権樹立（第一段階）、独立国家建設（第二段階）、満蒙占領（第三段階）の三つのレベルが想定され、陸軍大臣や参謀総長ら軍首脳部においては第一段階の解決策についてさえ反対の気運が強いという状況であった。こうした軍中央の意向を顧慮して建川は石原らに対し、「宣統帝を盟主とし、日本の支援を受くる政権を樹立するを得策とすべし」（「片倉日誌」）と強硬に主張したのである。ここに石原らは、まず占領地域を拡大して独立国家を建て、実質的に満蒙領有と同等の効果をあげる方針のもと、一〇月二日にはさきの九月二二日案をさらに具体化した「満蒙問題解決策」を決定した。そこでは国防を日本に委任し、鉄道・通信を日本の管理に委《ゆだ》ねることを条件として日本の保護下に満蒙を独立国家とすることとし、もし政府がこの方針を受け入れない場合、「在満軍人有志は一時日本の国籍を離脱して目的達成に突進する」（「片倉日誌」）ことが決議されている。併せて、これまでの「『既得権擁護』なる旧標語を『新満蒙の建設』に替え」、これを広く内外に宣伝することによって新国家建設の気運を醸成していくことも決定をみた。

こうして独立政権樹立の外装の下で遼寧（奉天）、吉林、黒龍江、熱河の東北四省と内蒙古を領域とする満蒙独立国家建設が推進されることとなり、中国側の受け皿となる勢力への働きかけが本格的に進められた。すでに九月二二日「満蒙問題解決策案」でも各地方の秩序統制をはかるために、吉林の熙洽《きこう》（シチアー）、洮南《とうなん》の張海鵬《ちょうかいほう》（チャンハイポン）、熱河の湯玉麟《とうぎょくりん》（タンユイーリン）、東辺道の于芷山《うしざん》（ユイジーシャン）、ハルビンの張景恵《ちょうけいけい》（チャンヂンホイ）らを起用することが掲げられていた。これら「従来宣統帝派にして当軍と連絡関係を有す」とみなされた人々に各地で独立政権を作らせ、これら諸政権の「自発的」連合をもって中国本部から分離した独立国家を建設するというのが関東軍の立てた建国プランであった。早くも九月二四日には袁金鎧《えんきんかい》（ユアンチンカイ）を委員長、闞朝璽《かんちょうじ》（カンチャオシー）、于冲漢《うちゅうかん》（ユイチュウンハン）を副委員長として奉天地方自治維持会（二六日、遼寧省地方維持委員会に改組）が組織されたのをはじめ、二六日には熙洽が吉林省長官公署を設立して南京国民政府からの独立を通電、二七日ハルビンで張景恵が東省特別区治安維持委員会を樹立するなどの動きが続き、このほか張海鵬、于芷山、湯玉麟、馬《ば》占山《せんざん》（マアチャンシャン）など去就が定まらない軍閥に対しては軍費、兵器、弾薬、被服などの供与による買収・懐柔工作が進められていった。とはいえ、熙洽や張景恵など関東軍が頼みとする勢力も軍事的に圧倒的優勢を誇っていたわけではなく、省内に多くの張学良系の反対勢力を抱え、その抵抗にあってきわめて不安定な状況にあった。また、「内面的策動」と称された懐柔工作にしても、そもそも「事変の性質、日支の抗争にして支那人の利用困難なり」（「片倉日誌」）という状態を脱しきれず、それだけにまた関東軍としては軍隊の派遣や威嚇による強引な帰順工作を行なわざるをえなかったのである。しかしながら、于芷山へ一〇万元、張海鵬へ二〇万元といった資金供与が功を奏してか、ともかくも一〇月一六日付『満洲日報』には、「宣統帝を擁立して独立国家建設か。東北各省の連繋成る」との見出しの下に「東北四省の主権者は結局宣統帝を擁して大総統となし、袁金鎧内閣を樹立して連邦共和の一大独立国家建設に落ち着くであろう」との観測記事が載せられるほどには見通しが立つに至ったのである。

他方、こうした現地における関東軍による性急なまでの建国工作に対し、若槻礼次郎内閣の幣原喜重郎外相は事変不拡大と関東軍の早期撤兵を国際的に表明していたため、独立国家建設はもちろん関東軍が独立政権樹立にかかわることにも強く反対し、満洲事変処理についても南京国民政府との交渉を主張していた。これに対し、それまで内閣の不拡大方針に同調していた陸軍中央部は九月三〇日満蒙に中国本部から独立した政権を樹立する方針を決定、「帝国は裏面的にこの政権を指導、操縦して彼より進んで帝国に信倚《しんい》せしむる」として幣原外交とは別のコースを歩みはじめた。そして、一〇月八日、国際連盟の動きを牽制すべく関東軍が張学良政権の移駐地錦州を爆撃したことにより、幣原のめざした早期撤兵や南京国民政府との交渉は窮地に立たされた。さらにこれに関東軍と呼応した十月事件とよばれるクーデター未遂事件が発覚、関東軍独立の情報などが流されて追い打ちをかけたことにより、軍中央部は関東軍に引きずられる形となり、一〇月二三日今村均参謀本部作戦課長は関東軍幕僚に対し「満洲において日本の意思通り動く政治中心」の作成を「一日も速に促進」するように伝えるにいたった。

翌一〇月二四日、国際連盟理事会は日本に対し一一月一六日までの期限付で満洲から撤兵する勧告案を一三対一をもって票決。関東軍はこれにあたかも挑むかのごとく、同日「満蒙問題解決の根本方策」を決定して、「新国家建設運動は表面あくまで支那人の手に依り行うも内面的には今一層強力なる支持を与え、これを促進」する方針を確認した。具体的には、関東軍の「内面的支持に依り迅速を旨として」、吉林、黒龍江、遼寧の三省による「連省統合を行い、ここにわが要求条件を容認する新国家の樹立を宣言せしむ」との手順をとることとしたのである。

この間、日本国内では「満洲事変のある時期に軍部が政府を引ずったように見えたのは、その実《じつ》輿論が政府よりも却って軍部を支持したからに外《ほか》ならぬ。軍部が政府を引ずったのではなくして、輿論が政府を鞭撻したのである」（橘樸編『満洲と日本』一九三一年）といった観察がなされるほどに、関東軍の行動を支持する声が高まっていた。こうした現象が生じた理由としては、まず一九二九年秋以来の世界恐慌によって、「資本主義日本の国民経済に行詰りを生じ」（同前、橘樸）ており、国民がその解決を満蒙に求めたという経済的背景があげられるであろう。また、ひとつには張作霖爆殺事件において満蒙問題を一挙に解決できなかった反省から軍部が「今後は必ず輿論の後援を必要とすることに気付き、いかにして輿論を喚起すべきかを研究し、組織的に目的を達することを期し」（林久治郎『満州事変と奉天総領事』）、きわめて精力的に世論操作を推し進めたことも一因であったに違いない。こうした世論の高まりの中、一一月には社会民衆党も満洲事変支持を決議、一二月一一日若槻内閣倒壊により幣原外交が終焉を迎えるなど事態は急転し、満蒙処理に関しては関東軍が主導権を掌握することとなった。

かくて一二月二三日、陸軍中央は「省部協定第一案」をもって満蒙を「差当り支那本土政府より分離独立せる一政府の統治支配地域とし、逐次帝国の保護国的国家に誘導す」ることを決定、それまで独立政権にとどまっていた段階から保護国化という形での独立国家案承認へと転じた。ここに至って独立国家建設の方針が最終的に確定し、「今後の建設は中央出先一致の歩調をもって善処する」（「片倉日誌」）ことに決したのである。ついで、一九三二年に入ると板垣の上京を求めた日本政府は一月六日、陸・海・外務三省協定案として「支那問題処理方針要綱」を提示、関東軍によって進められていた連省統合政権による独立国家建設工作が追認されたほか、南京国民政府との「直接交渉はできうるかぎり、これを遷延《せんえん》する」策を執り、既成事実として独立国家を作ることで「満蒙に対する一切の主張を自然に断念せしむるごとく仕向《しむ》くることをもって旨とす」る方針が確認された。

こうして関東軍の独断によって開始された満洲領有計画は独立国家案へと転化し、ついには国策として認定されることとなったのである。しかし、目を国際情勢に転じれば、柳条湖事件以来、中国各地で対日ボイコット運動や抗日闘争がいっそう激越化、アメリカの国務長官スティムソンが日本の行動を侵略として激しい非難を繰り返すなど国際的には日本が意図したように「満蒙に対する一切の主張を自然に断念せしむる」方針はきわめて実現困難な情勢にあった。そのため板垣は上海日本公使館付武官の田中隆吉少佐に依頼して上海事変をひき起こさせ、中国と列国の関心を満洲からそらした。この事件による死傷者約四万人、家屋の全半壊は約一六万戸に及んだという。それが建国工作から目をそらさせるために払われた犠牲であった。そして、この間に二月五日から十次にわたる関東軍幕僚による建国会議を開催して建国日程や国制の細目の詰めを重ねた。これをうけて二月一六日奉天に張景恵、臧式毅《ぞうしきき》（ツァンシーイー）、熙洽、馬占山、湯玉麟、斎黙特色木丕勒《チムトシムベロ》、凌陞《りょうしょう》（リンション）ら満蒙の有力者を集めて東北行政委員会を組織させ、一八日同委員名をもって「これより党国（国民）政府と関係を脱離し東北省区は完全に独立せり……これは一面に我東亜各種族人民のために幸福を求むるものなり」との宣言を発し、三月一日、東北行政委員会委員長張景恵邸において満洲国建国を宣言する運びとなったのである。

こうして東北各地で地域ごとに自治委員会や地域政権を結成して中央から分離させ、自治または独立を宣言させ（「分而治之」）、つぎにこれを統合して新たな政府を作りあげ、その間中央政権との直接交渉はできるだけ引き延ばして、既成事実を作り、いっさいの主張を自然に断念せしむるようにしむけるという方式によって満洲国は建国されたのである。

そして、この分断→統合手法が満洲国建国においてともかくも成功したことにより、一九三五年以降本格化していく華北、華中における占領地統治すなわち三五年一一月の冀東《きとう》防共自治委員会（河北省）、三六年五月の内蒙軍政府（察哈爾省）、三七年一〇月の蒙古連盟自治政府（三九年九月、蒙古連合自治政府）、三七年一二月中華民国臨時政府（北京）、三八年三月の中華民国維新政府（南京）の樹立などにおいてこの方式が踏襲され、最終的に、それらを統合する中央政権として四〇年三月南京中華民国国民政府が作られたのである。その意味において満洲国建国工作は日本の中国における占領地（中国では論陥区という）統治形態、いわゆる「分治合作」方式の祖型となったといえるであろう。

しかしながら、このことは満洲国建国工作がなんら抵抗を受けることなく、関東軍の企図どおりに運んだということを意味しない。むしろ、表面上のスムースな推移とはうらはらに内実においては関東軍と各地のさまざまな政治勢力との相互の不信感と政治的思惑がせめぎ合い、そのことがかえって独立国建設に拍車をかけたという背理がひそんでいたのである。

省政府独立工作と石原の転換

ところで、地域政権を中央政府から独立、分離させ、それらを統合していくという建国工作がまがりなりにも成立するためには、現地にこの要請にこたえる人材なり、政治勢力なりの受け皿の存在が不可欠であることはいうまでもない。満洲国建国の過程では、九月二二日「満蒙問題解決策」で名前が挙げられていたように、遼寧省の袁金鎧、吉林省の熙洽、東省特別区の張景恵などによって治安維持のための自治団体が次々と結成され、これらが連省自治による建国工作の凝集核として機能したのである。

もちろん、これらの地域権力が成立した経緯やそこにかかわった人々の思惑は一様ではなく、さまざまな志向や利害関係が絡み合っていたことは言うまでもないが、共通する条件もあげられる。たとえば、張学良政権によって任命された地方官吏が避難、逃亡したため地方行政や治安維持の機能が麻痺し、これに代わる機関として自治団体が要請されたということがある。戦乱による政治権力の空白期において地域ごとに自治団体を結成し、民生回復のための自衛策を講じるのは戦禍にしばしばさらされた中国の人々の処し方の常でもあり、満洲事変に際しても各地に治安維持会が簇出《そうしゅつ》している。橘 樸《たちばなしらき》はこれを「自療行為」と呼んだが、自治団体にとどまらずさらに進んで関東軍に同調し、張学良政権からの独立宣言を出すにいたるには、関東軍による強制とともに中国東北地方に固有の地理的条件や対外的・歴史的背景、そして当時の政治情勢についての現地勢力なりの判断が働いていることも見逃せないであろう。なぜ、張景恵らは関東軍に同調するのか、この点についてあくまで日本人の側からの観察ではあるが、大橋忠一ハルビン総領事は三一年一〇月四日付幣原外相宛電報で次の三点をあげている。すなわち、第一に、張景恵らは日露戦争以後の日本の実力を熟知しており、歴史的経過からしても張学良のように英米と結ぶよりも日本と経済上の共存共栄をはかるほうが弊害が少ないとみていた、第二に、彼らが中国東北を東北人の東北とする「一種の民族的ないしプロビンシャリズム(provincialism)を懐抱して保境安民主義に傾き、学良が満洲をも支那本部の純然たる一部とせんとする傾向に対し強き反感を有し」ていたため、関東軍の東北分離案に同調しやすかった、そして第三に、「ソ連の東方進出および支那の赤化に対し極端なる恐怖と憎悪を感じ居り、これが対抗上にも日本の援助を期待」せざるをえなかった(外務省編『日本外交文書・満州事変』)というのである。日本側と交渉のあった勢力が張学良政権の採る政策と相容れず、反目する立場にあるものが多かったこと、さらに張作霖時代から親日的であったために張学良の排日政策の下ではおのずから冷遇される傾向にあったこと、などから推して大橋の観察はまったくの的外れとはいえないであろう。

しかしながら、こうした条件の存在は関東軍への同調を必ずしも約束したわけではなかった。その同調の意図や態様も千差万別であり、関東軍が外部に向けて宣伝したほどに東北四省が一致して中国本部からの独立を望んでいたはずもなかったのである。たとえば、吉林の煕洽の場合、満洲族の旗人として清朝復辟《ふくへき》を望み、積極的に関東軍を利用する意図をもって動いていた。加えて、吉林には吉林モンロー主義といわれる地域独立の志向性が強かったこともあって張政権や国民政府からの分離・独立を進める関東軍の工作に応じやすかったという側面がある。だが、その吉林省臨時政府にしても「熙長官は我軍の手前已《や》むをえず臨時政府を造りたるものにして……どこまでも造り通す覚悟を欠く」のみならず、「失脚者は勿論、一般の人心早くも新政府より離反しつつあり」（一九三一年一〇月七日、幣原外相宛石射吉林総領事電報）との報告がなされる状態であった。また、黒龍江省の張景恵の場合、満蒙独立論の急先鋒ではあったもののこれに反対する馬占山や張作相《ちょうさくそう》（チャンツゥオーシアン）、萬福麟（ワンフーリン）などの軍閥に対して劣勢にあり、きわめて微弱な政治基盤の上に立っていたのである。

このような状況の中で関東軍が連省統合の中核として最も重視した遼寧省は、表面上は事変勃発後すぐに地方自治維持会が袁金鎧を委員長として組織されたものの、そこが張学良政権の本拠地であったことも手伝って関東軍の思惑どおりに事態は進行しなかった。委員長となった袁金鎧は、東北政務委員会委員や国民政府監察委員などを務めた奉天文治派の巨頭であったが、事変後文官は逮捕しないという関東軍声明に惑わされ、拘留されて委員長の地位に就いていた。そして、関東軍の独立宣明要求に対しても、「万一強要せば逃げ出すのみ。地方維持会は無政府状態の現状を暫定的に安定せしむる過渡的弁法に過ぎざれば、この意味にて自分もこれに関係し居るのみ」（三一年一〇月三日、幣原外相宛林奉天総領事電報）と語っており、消極的協力の態度をとっていた。むろん、袁金鎧も文治派として「東北は中国の内争に引込まるることを避くるため国民政府と分離し、民政を行いたい」（三一年九月三〇日、幣原外相宛林奉天総領事電報）との保境安民主義を希望してはいたが、独立政権構想については「錦州に政府あらば、事実上独立は出来ざるべし。無頼漢ならばとにかく知識階級には独立を考えるがごときなかるべし」（三一年一〇月三日、幣原外相宛林奉天総領事電報）ときわめて否定的見解を抱いていた。袁金鎧をはじめとして地方自治維持委員会委員の中に、関東軍の意向に反して独立政権構想を忌避する気運が強かったのは、兵力数において優位に立つ張学良軍が失地奪回して奉天に帰ることが十分に予想されていたためだけでなく、抗日運動の高まりの中で関内から同委員会委員を売国奴としてこれに誅戮を加えよといったラジオ放送やビラが届いていたことが心理的な抑制となっていたためでもあった。また、袁金鎧のみならず多くの人々が東三省の時局を収拾できるのは張学良か吉林省長であった張作相あるいは関東軍に軟禁されている臧式毅しかないとみており、この点でも張学良や張作相らの勢力を一掃しようとしていた関東軍との間に大きな距りがあった。

一〇月四日、関東軍が「関東軍司令部公表」を発して「今や政権樹立の運動各所に発生し、庶民斉《ひと》しく皇軍の威容を謳歌するも旧党首を推戴せんとするの風、微塵《みじん》も無し、蓋《けだ》し積年軍閥私欲の横暴に憤激せるの結果に外ならざるなり」と張学良を否認し、旧政権を徹底的に排除することを強調し、各地の政権をもって「満蒙在住三千万民衆のため共存共栄の楽土を速に実現せん」と強調したのは、遼寧省地方維持委員会のみならず、日本政府内にも根強かった張学良復帰待望説を葬り去り、独立国家建設を断固として推し進めるためであった。そして関東軍はこの意図を明確に示すため一〇月八日錦州爆撃を断行して張学良政権復帰の可能性を潰す挙に出たが、これによって日本が主張していた自衛行動という正当化は根拠を失い、アメリカ、イギリス、フランスなどは対日強硬姿勢に転じていったのである。

　こうして引き返し不可能なラインを越え出てしまった関東軍としては、遼寧省地方維持委員会に省政府を代行させ、これに張学良政権および国民政府との関係断絶を宣言させるしか選択肢はなかった。しかし、これについても国民政府との関係断絶を声明することは、「国民より売国奴の譏《そし》りを免れずとの議論多く」（三一年一一月六日、幣原外相宛林奉天総領事電報）拒絶する意向が強かった。そのため業を煮やした「軍司令部より袁金鎧に圧力を加えたる結果……軍側の要求どおり政権代行の布告中に張学良の旧政権および国民政府と関係を断絶する旨の字句を加するに決し」（三一年一一月七日、同前電報）、一一月七日正式発表に至った。このときの情況について「片倉日誌」には「袁金鎧、軍司令部に召致せらるるや身命の危険を感じ戦々兢々たり。容易に地方維持会に依る独立宣言を書する能わず、軍に於ても已むなくば之を軟禁すべく所要の手配を整えたり」とあり、参謀本部編纂『満洲事変史・満洲事変に於ける軍の統帥（案）』（以下、『満洲事変史』と略、小林龍夫他編『現代史資料・11・続満洲事変』所収）でさえ、「その真情を察せばむしろ一《いっ》掬《きく》の涙なき能わざるものありしが漸くこれを説得し」と記しているほどであった。もって当時の情況の一面をうかがうことができるであろう。

こうして遼寧省は独立した（一一月二〇日奉天省と改称）。しかし、袁金鎧は「依然として優柔、正式省長たるを欲せず一時省政代行の形を採」（『満洲事変史』）ることとなったが、このころアメリカ人ジャーナリスト、E・スノーと会談した袁金鎧は次のようにその心境を語っている。

私は満洲の支配者はおろか、この省の省長になりたいとも思わない。そんな地位は意味がないばかりか、迷惑千万なものだ。私は満洲が中国から分離しないことを心から願っている。私の署名のある独立宣言はにせものだ。それは日本軍部が起草したもので、私は軍の強制下に署名したにすぎない。（Edgar Snow, *Far Eastern Front*, 1934. 梶谷善久訳『極東戦線』）

このインタビューはアメリカに打電、公表されたために「袁金鎧は外国人に対し最近此種の不平を洩らす形跡あるをもって軍部に於ては一層監視を厳にし、悪宣伝を阻止する」（三一年一一月二〇日、幣原外相宛森島奉天総領事代理電報）扱いを受けることとなった。しかし袁金鎧はなお、ひそかに張学良と連絡を取り、将来張学良が奉天に復帰する場合を予想して正式省政府樹立に反対する態度をとりつづけていた。このため「新国家樹立のためには是非とも臧を起用し袁を排斥する」（三一年一二月一五日、犬養外相宛林総領事電報）ことが必要となり、臧式毅を省長として正式に奉天省政府を組織させることとなったのである。臧は一九一一年日本の陸軍士官学校を卒業、東三省兵工廠督弁、遼寧省政府主席を務め、事変発生から三ヵ月間監禁状態に置かれていた。臧が解放されるにあたっては、以後積極的に東三省政権を組織すること、東三省内に日本軍を駐在させて国防を委任し、その軍事費を負担することなどが板垣によって要求され、身の危険を感じて用意された文書に署名せざるをえなかったという（「臧式毅筆供」一九五四年八月九日、中央檔案館他編『九・一八事変』）。このうち日本軍駐在の条件は、のちの「日満議定書」において正式に規定されることになる。ちなみに、臧の母親は監禁中の息子に監視の目をくぐり抜けて飯碗の底にアヘンを付着させて送り、国に殉ずることを暗示したが、臧が投降して釈放されると知るや、首をくくって自殺を遂げたという（周君適『偽満宮廷雑憶』、鄭然権訳『悲劇の皇帝　溥儀』）。

　このような曲折を経て一二月一六日ようやく地方自治維持委員会を解散し、臧式毅を省長に就任させて奉天省政府独立の形態が整ったのである。同じ日、関東軍は「関東軍司令部公表」を発表、「今や奉天、吉林の両省各々自立の形態を整え、旧政権と絶ち、黒龍江省その陣容を更変し、熱河省ならびに内蒙古また恰もこれに響応するに似たり。在満蒙三千万の民衆皆ひとしく善政を渇仰《かつぎょう》し、帰結する何者かを庶幾《しょき》しつつあり」として、独立国家「建設の機運到るところ溌剌として躍動せるを看取し得るものあり」と高らかに宣言した。しかし、黒龍江省を関東軍が完全に制圧するまでにはなお二ヵ月を、熱河省を加えるにはさらに一年半近くを要したのである。

　ところで、こうした建国工作の進展にもかかわらず、万斛の涙を呑んで独立国家案への後退を余儀なくされた石原の念頭から満蒙領有構想が消え去ることはなかった。一〇月一日に起案した「満蒙統治方策」でも「日本の武力により東北四省の統一安定を確保し、その掩護《えんご》下に支那人に適する簡明なる政治を行わしむ」として、県・市レベルでは「真に漢民族の特性に合する制度」による自治に任すものの、中央には満蒙総督府を設けて実質的な軍事支配を行なうという方針を提起している。宣統帝溥儀《ふぎ》（プウイー）を元首とする独立国家の骨格がほぼ固まっていた一二月二日にいたっても「新満蒙の建設は最高支配を支那人に委《まか》しては遂に不可能と称すべく、出来上ったものは間もなく在来同様の弊害に悩まさるるに至ることが明《あきら》かである。故に百尺竿頭一歩を進め、中央政府はこれを完全に日本に委託すべきである」と断言しており、独立国家建設になお難色を示していた。

しかし、石原の満蒙領有論へのこだわりや執着にもかかわらず、奉天省が独立し、臧式毅を軸として熙洽、張景恵によって連省自治による独立国家建設が具体的日程にのぼってきた一二月末になると、満蒙領有論を捨てきれずにいたさしもの石原も満洲独立国家案に転換を遂げることとなった。

石原自身、この転換の理由を、のちに「満洲事変の最中における満洲人の有力者である人々の日本軍に対する積極的な協力と、軍閥打倒の激しい気持、そしてその気持から出た献身的な努力さらに政治的な才幹の発揮を眼のあたり見て」（「満洲建国前夜の心境」一九四二年、以下、「心境」と略）中国人の政治能力に対する懐疑を一掃したためであると説明している。「相手の民族に政治的能力が無いのであるならばいざ知らず、これが能力を認め、かつ信頼を置く以上、占領してこれを統治する必要はない」と判断したというのである。すでに述べたように、石原は満蒙領有を正当化する根拠のひとつとして、中国人の国家形成力や政治的能力の欠如をあげていた。この点についての認識を改めた以上、独立国家論に転じたとしても不思議ではない。しかしながら、これまでみてきた中国側要人の反応にてらしてみても、それが石原の本心であったとはとうてい思われない。さらに独立国家論へと転じたのちに石原が中心となってまとめた一九三二年一月の「板垣参謀上京に際し与えし指示」（「片倉日誌」所掲）においては独立国家を必要とする理由として、独立政権とすれば中国中央政府に復帰するおそれなしとしないという疑念をあらわしたうえで、次のように述べていたのである。

現在各省新政権者は、前項の場合（中央政府に復帰した場合）叛逆者視せらるるが故に不安の念に駆られ、日本との合作ならびに諸政権者としての執務も積極なる能わず。故にこの際明瞭に支那本部と離脱せしめるため名実ともに独立国家となすを要す。

ここに示された観察は、石原が独立国家への転換の理由として述べたこととはむしろ正反対のものである。石原が独立国家案を積極的に支持するにいたったのは、現地中国人の政治能力を認知したからではなく、中央政府へ復帰した場合を考えて腰の定まらない各省政府を構成する中国人への不信感に発した瀬戸際の決断であったように思われる。もちろん、大勢からいって独立国家に決していたものの、石原にとっては各省の新政権関係者と関東軍幕僚とが相互に抱いていた猜疑心と不信感を払拭するためにこそ独立国家という形式が必要とされたのである。いわば退路を断ち切り、一蓮托生の運命共同体にいやおうなく持ち込むために独立国家案へ踏み切ったというのが実情ではなかったのだろうか。もちろん、陸軍中央まで独立国家建設に確定した以上、石原だけが満蒙領有論に拘泥しつづけることはできなかったであろうし、この間に現われた民族協和や王道楽土などの建国理念に触れたことも転換を促す要因となり、「形式の上で言えば占領論の放棄は消極面への転化の様であるが、実際に却って反対に大きな前進であり、積極的な面への飛躍的な躍進」（「心境」）であると思いなすに至ったということもあるであろう。そして、満蒙領有論にあくまで執着したのち、いったん独立国家論へと転じるやその方向性をひたすら突き進み、その極北まで至らざればやまずというのが石原という人物の特性でもあった。

石原は一九三二年一月一一日朝日新聞社主催で開かれた日中人士による座談会に「同志に私のこの転向した気持を伝えたいと思って、本来この種の会合に出ることは私の好むところではなかったが無理に出席」（「心境」）し、初めて満洲国独立を公開の席で明らかにした。そこで新国家建設について「日本人、支那人の区別はあるべきではない。従って附属地関東州も全部返納してしまって関東長官も失業状態」となる、「日本の機関は最少限度に縮小」する、また在満日本人も「新国家に活動したい方はその国家に国籍を移す」べきだといった思い切った発言を重ねている。しかも、この発言さえ、新聞社側が発表に際して婉曲的な表現に変えたものであるという。石原の想定する満洲国像と他の関東軍幕僚のそれとの乖離が早くも生じはじめていたのである。それはまた、軍事的意義という視点から冷徹に満蒙を見てきた石原が、現地で展開されていた建国運動のさまざまな理念にひき寄せられて大きく変化していったことの現われでもあった。

こうした石原の満蒙領有構想から独立国家建設への転換は、当然のことながら、関東軍を唯一の推進力とする局面から、関東軍を中核としつつも現地の多種多様な勢力の主張とが統合しながら建国工作を担っていく局面への進展を意味していた。石原もまた、その諸潮流とぶつかり合うことによって世界最終戦争に勝利するための戦略・兵站基地国家建設という軍事的リアリズムと民族協和の王道楽土建設というアイデアリズムという二つの極の間で大きく揺れ動いていくことになるのである。

于冲漢と保境安民・不養兵主義

さて、石原が独立国家案へ転じていった理由のひとつとして各省の新政権関係者への抜きがたい不信感の存在を先に挙げた。しかしながら、石原が中国人すべてに対して不信感を抱いていたわけではもちろんない。もし、そうであれば、あくまで満蒙領有論に固執していたはずである。石原は先に挙げた日中人士による座談会に出席した際、一人の中国人の言葉に深い感銘を受けたことを、満洲国建国八周年記念日の講演において次のように述べている。

主催者が早速、満洲は独立国が宜しいか、独立政権が宜しいかと聞いたのです。こんなことは、あんた方はわからんでしょう。八年前に満洲の独立なんということは、日本の兵隊さんの中でも、それはむちゃだ、内蒙のように支那の主権下にあって、独立政権にするのが穏当だという考えが当時支配しておった。そういう時に朝日新聞社の主催者が「于冲漢先生、満洲は独立国がよいでございましょうか。独立政権がよろしゅうございましょうか」こう聞いた。于沖漢は、「独立国でなければいけません」とはっきりいった。これが支那人ですよ。私は今の汪兆銘氏に勝る所の勇気であったと考えております。満洲の要人が進んで新聞に公開する座談会で独立国でなければいけませんといい切ったのでした。……枢要な位置にありながら、なに者にも憚らず、自ら満洲は独立国であるべきだと言った満洲の大官は、あまり沢山ないようです。今日、満洲建国記念日に私個人的に何も深い縁故はございませんけれども、建国の最高の功労者である于沖漢氏の功績を皆さんの前で発表しうるのは、私の非常に欣快とするところであります。（石原『満洲建国と支那事変』）

このように石原は于沖漢なる人物を「建国の最高の功労者」と位置づけて称讃していたのである。もちろん、それは満洲の大官で独立国を唱える者はあまり多くなかったという石原がはしなくも漏らしている事実の中で、于沖漢の存在が逆に際立ってみえたということにすぎないのかもしれない。しかし、数の多寡は措いても、中国人のなかでそのもたらした理念において、それを実践した活動において満洲建国の流れに大きく棹さした人物として于沖漢をあげるのは、石原ならずとも、けっして失当ではないはずである。そのように評することは、于沖漢が関東軍に阿《おも》ねり、媚びて自ら走狗となったということをただちに意味するものではない。おそらく于沖漢は彼なりの年来の信念であった保境安民主義の立場をここでも表明したにすぎないであろう。しかし、独立国家建設を打ち出したものの石原の反対を含め確固たる理念も定まらずにいた関東軍にとっては、中国東北部に中国本部から切り離された独立国家を建設する正当性根拠が中国人である于沖漢によってもたらされたということが千鈞の重みをもったことは紛れもない事実であろう。

九月二四日に成立した奉天地方自治維持委員会に委員として名を連ねながらなお遼陽において病を養っていた于沖漢が、奉天日本人居留民会長守田福松の懇請に応じて奉天に姿を現わしたのは一一月三日のことである。委員長袁金鎧の逡巡によって張学良政権および国民政府との関係断絶と正式な省政府の発足がいっこうに捗らず、ために東北四省の連省自治による建国工作が停滞していることに業を煮やした関東軍が局面打開を策して守田を仲介に于沖漢の出廬《しゅつろ》を強請したのである。

参謀本部編纂の『満洲事変史』は、于沖漢出馬の意義について、「于沖漢は入奉以来、奉天城内の仮寓において治安維持委員等と会見し、今後の東北四省の統治方針については絶対的保境安民主義を提唱し、袁金鎧が躊躇逡巡容易に決し得ざりし張学良政権ならびに南京中央政府との関係断絶を宣布することに決せしめたるは十一月六日なりき」と記している。

いずれにしろここに関東軍が于沖漢に託した課題の一つは進展をみたが、関東軍にとって于沖漢出廬の持ったより重要な意義は彼がもたらした新満蒙建設に関する政見であった。『満洲事変史』はこの点について「(于沖漢は)軍司令部を訪い、満蒙建設に関し適切なる意見を吐露せり。軍司令官はもちろんこれに全幅の賛意を表し、軍爾後《じご》の満蒙建設の方策また彼の意見に負うところ少なからざりき」と述べている。一〇月二日「既得権擁護」の標語を「新満蒙の建設」という新たなスローガンに代えたものの、盛り込むべき具体的内容を模索していた関東軍にとって、于冲漢の政見はまさしく旱天の慈雨とみなされたのである。

于冲漢は、かつて東京外国語学校中国語講師を務め、日露戦争では日本軍に加わって活動し勲六等に叙せられるなど、日本とのかかわり浅からぬものがあった。その後、張作霖のもとで東三省保安司令部参議、東北特別区行政長官、中東鉄路総弁などの顕職にあり、この間張作霖顧問を務めていた本庄繁とも相識の間柄となっている。一九二七年下野、張作霖死後東三省保安総司令部参議に復したがいくばくもなく辞して実業界に重きをなしていた。政治的には、はじめ張作霖のブレインとして随従していたものの張作霖の関内進出に反対し、袁金鎧とともに王永江《おうえいこう》亡き後の奉天文治派の双璧と称されたが、それは「保境安民」主義を掲げて東三省の政治的・経済的自立と民生の暢達《ちょうたつ》を主張したためである。しかし、中国本部との一体化に踏み切った張学良政権のもとでは、旧派として疎外され政治的影響力を失っていた。だが、そうした政治的立場が張軍閥を一掃して独立国家建設をめざす関東軍にとってはかえって有用とみなされたのである。

それでは于冲漢の政見とは、いかなるものであったのだろうか。要約していえば、(1)軍閥政治を打破し悪税を廃止して民力を培養す、(2)官吏の給与を改善し品位を向上す、(3)審計院（会計検査院）を創設す、(4)警察制度を改革す、(5)交通産業を開発す、(6)歴史、人情、風俗等を参酌し自治制を漸次完成す、などの施策によって東北地方を安居楽業の地たらしめんとするものであった。しかし、満洲独立国家を構想する関東軍にとってとりわけタイムリーで重要であったのは、絶対保境安民主義と、軍隊を廃止し国防は日本に委任するという不養兵主義との二点であったように思われる。

第一の絶対保境安民主義とは、東三省を中国本部から隔絶して、ここに王道政治を実現させ、理想の楽土を生むためには、覇道政治をとる張軍閥政権や南京政府との関係を断絶した独立国家を建設することが絶対要件となるという閉関自守の主張である。それはまた東北四省モンロー主義とも表現されるが、この思想が満蒙の中国本部からの分断を画策する関東軍の方針と吻合《ふんごう》するものであることはいうまでもない。当時、関東軍の命を受けて新国家の国制や法制の起草を進めていた松木侠は、この政見に接して雀躍したといい、後に触れる橘樸も新国家建国方針の冒頭で于沖漢に準拠しつつ、独立国家建設を絶対必要とする理由として保境安民徹底を挙げている。

また、第二の不養兵主義とは、「神聖なる王道政治の前には軍隊など必要としない……吾侵さざれば人また我を侵さず」(「于沖漢の出廬とその政見」)との立場に立つ国防論である。「不養兵主義は欧州においても瑞西《スイス》においてその例あり、必ずしも実現不可能の事ではない」と強調しているが、これはスイス砲兵学校を卒業した長子于《う》静遠《せいえん》(ユイチンユアン)から得た知見であったかもしれない。いずれにしろ、東北の地に「争いもなければ差別もなく、一切平等無差別にして相倶《とも》に楽しむの境地を作り出」し、「この地に世界に冠絶せる極楽浄土を建設する」ためには、まず何はともあれ軍隊を廃止する必要があり、それによって軍閥政治の旧態に復することもなくなるであろうというのが于沖漢の賭けにも似た断案だったのである。この不養兵主義は「于沖漢氏の新政権に対する政見中最も卓見にして、しかも条理ある大方針」と評されたものであるが、于冲漢は独立国は軍備を一切もたないとするもののソ連および関内からの攻撃に対する国防は日本に委任するとしており、独立国家建設の要件として日本による「国防外交の掌理」を第一義としていた関東軍にとっては願ってもない提言であった。

ただ注意しておく必要があるのは、中国では軍閥の跳梁《ちょうりょう》や軍費の増大に対して、「裁兵」という軍備縮小論が孫文をはじめ、つとに論議されていたし、王道政治の重要な一環として軍隊をもたないという主張も、けっして于冲漢だけのものではなかったという点である。袁金鎧もまた「警察制度を完成して治安を維持せしめ、軍隊を絶対に養成せず」（「余の理想」『満洲日報』一九三二年一月一日）との政綱を掲げていた。満洲国初代の国務総理となった鄭孝胥《ていこうしょ》（チョンシアオシュ）も王道主義の眼目として「弭兵説《びへいせつ》」という兵備廃止を唱えてやまなかったのである。さらに国際的にみても一九二八年には「国際紛争解決のため戦争に訴うることを非とし、かつその相互関係において国家の政策の手段としての戦争を放棄する」というパリ不戦条約が締結されており、軍備放棄という議論自体はけっして于冲漢のとっぴな発想というものではなかった。しかしながら、その不養兵主義を貫くために戦争遂行を至上課題とする軍隊である関東軍に国防を全面的に委任したところに、この不養兵主義理念の矛盾とイロニーがあったとみなさざるをえないであろう。だが、翻って考えてみれば、不養兵主義という平和主義を理念に掲げつつ、国防を他国に委任し自らの国土を戦略基地として提供するという構図は、どこか戦後日本が選択した方向と似通ってはいないであろうか。大いなるイロニーはけっして于冲漢ひとりのものではなかったし、それを過去のこととして笑殺し去ることもできないようにも思われるのである。

ともあれ、于沖漢の政見が満洲国の独立とその地における王道政治や平等無差別の楽土の実現、軍隊廃止と国防の関東軍への委任という満洲国建国の根幹ともなるべき枢要な論点を、関東軍そして石原にもたらしたことは間違いない。この意味において石原が「建国の最高の功労者」と于沖漢を評したことは、あながち的外れでもなかったといえよう。もちろん、于沖漢らが関東軍に同調したのは、ただに絶対保境安民主義といった政見を実現するためだけではなく、東三省の政界、官界の政治力学や経済基盤、利害関係が生み出したものであることを見逃してはならないはずである。橘樸は、この点につき、張学良系統の大地主たちが軍閥であると同時に資本家としての性格をもっていたのに対し、于沖漢や袁金鎧たちは単純な地主であったために、張学良の近代化政策の中で政治的にも経済的にも敗者として脅威を受けていたこと、そして東三省には単純地主が多く経済的にもひそかに奉天軍閥を嫌って于、袁らの陣営に傾いていた郷紳が少なくなかったことなどに着目して「その連中ならばこっちの味方になるだろうという風な考え方から（関東軍は）彼等を摑《つかま》えたんです。それは相当意識的なんです」（「大陸政策十年の検討」『満洲評論』一九四一年一〇月二五日号）との見方を示している。

橘によれば、保境安民主義と不養兵主義は、平和主義と分権主義的制度を階級利益とする地主階級が敵対する軍閥勢力を永久に掃滅させるだけでなく、中国本土から国民党とともに満洲に侵入してくる資本家および無産階級勢力を予め拒否しようとする（「満洲国民から見た満洲問題」『満洲評論』一九三二年六月四日号など参照）動機から生まれたイデオロギーにすぎないというのである。こうした観点からも于冲漢や袁金鎧などの政見を理解することは十分に可能であるし必要でもあろう。そのことはつまり、彼らは彼らなりの利害と政策を追求したのであって、必ずしも関東軍に迎合したとばかりはいえない、ということも意味している。だが、結果として于冲漢らの存在と活動が関東軍の建国工作に弾みをつけたことは否定できない。そして、石原も于冲漢の活動や政見に接することにより、満蒙領有論から独立国家論へ転ずるきっかけを得ることができたのである。しかし、翻って于冲漢にとって、満洲独立国家は彼が望んだ状態を実現したのであろうか。

満洲国建国後、治外法権撤廃や附属地行政権の満洲国への返還を主張していた石原は病状の悪化した于冲漢を見舞ったが、そのときの様子を石原は次のように述べている。

于冲漢氏が非常に喜んで病室で寝台から起きて来たのです。そして握手して私にいう。「石原さん、あなたは商売が上手だ。附属地なんというものは満洲鉄道の側、ちょっと顕微鏡で見なければわからんほど小さいものでありますが、このちっぽけな附属地をくれて満洲全部を取ってしまう」。于冲漢は私の手を締つけてボロボロ涙をこぼした。それは私、今でも忘れることはできません。（前掲『満洲建国と支那事変』）

——はたして痩せ細った手で石原の手を締つけながらボロボロと落涙した于冲漢の胸中にはいかなる思いが去来していたのであろうか。そしてまた、満洲国建国に当ってもっとも与《あず》かって力のあった于冲漢にしてこの姿あるとき、そこから満洲国のいかなる境位が浮かび上ってくるであろうか。

ともあれ、于冲漢の出盧が満洲国建国にとってもった意義は、奉天省政府の張学良政権と国民政府との関係断絶工作や独立国家建設理念の提示という、いわば上からの建国工作に尽きるものではなかった。関東軍が于冲漢を必要としたさらに大きな動機は、張学良政権と相容れない勢力を糾合して、新たな政権に対する中国人住民の支持を調達するためでもあった。この下からの建国工作を推進するための機関として于冲漢の出盧をまって開設されたのが自治指導部であった。

一九三一年一一月一〇日、関東軍は于冲漢の発議を採用した形で彼を部長とする自治指導部を発足させた。于冲漢自身は地方自治が中国社会においてもつ意義をきわめて重視しており、「地方自治制度は支那国民性に最も適するものなり」との政見を関東軍に示してもいた。そこで関東軍としては、これを討究して「直ちに于冲漢を首班とする自治指導部の設立を認可」(「片倉日誌」)したというのである。于冲漢の立場は「自治制と言うものはその地方地方の歴史、習慣、人情、風俗を参酌して遣っていくべきものであって一足飛びに高遠なる理想を実現することは困難」とみる旧慣尊重論であって、自治を指導し改変していくという立論とはむしろ逆の方向性をもつ主張であった。しかし、兵馬倥偬《こうそう》の間にあって建国工作を進める関東軍にとって「新満蒙の創造は、上《かみ》軍閥政治の排除と共に下《しも》地方自治制度を完備し民心の安定福祉を図る」(『満洲事変史』)ことが急務であった。なにより「各県民衆の啓蒙並びにこれが精神的結合に任じ、反逆行為を防止す」（「片倉日誌」）ること、すなわち占領地域住民の日本軍への敵愾心や抗日意識を払拭し、民心を収攬して新国家建設への支持と協力を調達していく必要性が切実に認識されていたのである。

すでに柳条湖事件発生以後、奉天をはじめ撫順、安東、本渓湖、四平街、開原、遼陽、公主嶺など各地に陸続として地方自治会、治安維持会が設立されていたが、そのほとんどに日本人が顧問として入っており、なかには利権あさりや不正行為によって地域住民と衝突する事態も現われてきていた。また、鉄嶺県政府を占拠して自治会や義勇軍を組織し、急進的な自治改革を強行しようとした野田蘭蔵《のだらんぞう》派の行動が問題となるなど地方自治会などの組織のあり方について関東軍としても「その行動、その体系乱脈にして庶民かえって混迷に陥り不利なるものあり。統制、連繫を加うるの要あるを痛感」（「片倉日誌」）せざるをえない状況にもなってきていたのである。

そこで関東軍は、各県の地方自治会、治安維持会を統轄する機関として于冲漢の出廬以前の一〇月二四日すでに自治指導部設置要領を決定していたのである。その実行に当っては在満日本人に協力を要請したが、これに応じたのが、満洲青年連盟、大雄峯会そして橘樸を主筆とする雑誌『満洲評論』に集う人々であった。彼らの積極的参加が建国運動の大きな推進力となり、ここに善政主義、民族協和、王道楽土建設、アジア復興、人類解放といったさまざまな夢が紡《つむ》ぎ出され、満洲国の建国理念として提起されていくこととなるのである。

満洲青年連盟と民族協和

満洲青年連盟は一九二八年一一月に結成された。この年、日本は国民革命軍の北伐に対して第二次山東出兵を敢行、済南事件を惹き起こしてますます排日運動の火に油を注ぐこととなった。同じ年、第一回普通選挙が実施され、日本国内においてはまがりなりにも成年男子の意見が国政に反映されるようになった。しかし、このことは中国に住む日本人にとってはむしろ取り残された感をもって迎えられた。このため満洲における日本人の窮状打開と言論の活性化をはかるために大連新聞社が模擬議会として満洲青年議会を企画、その第二議会において満洲青年連盟の設立が決議されたのである。連盟はその結成宣言において「満蒙は日華共存の地域にして、その文化を隆《たか》め、富源を拓き以て彼此《ひし》相益し、両民族無窮の繁栄と東洋永遠の平和を確保することそ我が国家の一大使命なり」(『満洲青年聯盟史』)と唱え、満蒙を日中共存の地とし、そこでの文化的、産業的先導性を日本人の民族的責務として位置づけていた。しかしながら、日中共存共栄と「大和民族の限りなき満蒙発展」を高らかに謳いあげたにもかかわらず、山東出兵、張作霖爆殺、張学良出馬とつづく政治状況の激変の中で在満日本人は中国ナショナリズムの昂揚に直面し、日々劣勢に赴き、「この推移に任せんか白旗を巻いて引揚げる運命に逢着せぬとも限らない」(第一回支部長会議における小日山直登理事長挨拶)状況にさらされていた。そして、柳条湖事件の三ヵ月前に開催した難局打開演説会では「吾等在満邦人の生存権は、支那政府の系統的産業圧迫と条約蹂躙の不法行為とにより今や覆轍の危機に瀕す……坐して現状を黙過せば帝国の権益は湮滅《いんめつ》し、亡国の非運祖国を覆うや必せり」との第二次宣言を発するまでに危機感が募っていったのである。

満洲青年連盟は、こうした危機的状況を打開するため一九三一年初めから「新満蒙政策確立運動」に着手し、『満蒙問題と其真相』『全日本国民に愬《うった》ふ――満蒙問題と其真相』など排日の実情を訴えるパンフレットの作成と配布、母国遊説隊の派遣、満蒙各地での排日行為の調査と時局演説会の開催などの世論喚起工作を進め、最盛時全満に二二支部、会員数公称五〇〇〇（実数およそ二三〇〇）名を擁するに至った。しかし、在満日本人の活動の活発化はかえって遼寧省国民外交協会などの中国側の排日気運を煽り立てることでもあり、満洲青年連盟としてはこの排日攻勢に対して防禦・拮抗していくための理論ないしスローガンが必須のものとなった。そこで一九三一年の六月に打ち出されたのが「満蒙における現住諸民族の協和を期す」という要求であった。この「現住諸民族の協和」とは在満三千万人口のうち一％にも達せず、しかも排撃にさらされていた弱小民族日本人が満蒙における生存権と平等な取り扱いとを求める防禦的性格をもっていた。すでに連盟発足以来、「日華和合」「日華青年協和」「日華共存共栄」などが唱えられてきてはいたものの、それらはあくまで日本と中国の対等性ないし日本の優位性を前提とするものであった。しかし「諸民族の協和」が打ち出される段階では頽勢に傾いた日本民族が満蒙にとどまるための正当化が主眼となっていた。まさしく伊東六十次郎が述懐しているように「民族協和」とは、生存の危機に瀕した「満洲在住の日本人、殊に中小企業従事者が民族主義による支那人の排日運動に対応するために唱道したスローガン」(『満洲問題の歴史』)だったのである。

しかしながら同時に注意を要するのは、窮鼠猫を嚙むのたとえもあるように「諸民族の協和を期す」という項目とともに「国際信義を無視せる排日教育の根絶を期す」こともあわせて決議されており、しかもその原文は「排日政権の撲滅を期す」という張学良政権への対決姿勢をひめたものであったという。そしてこのことと関連して「諸民族の協和を期す」についても当初は「民族協和の国家を作る」という思想であったという説明が満洲建国後にはなされることになる。その真偽のほどは不明であるが、満洲青年連盟理事長を務めた金井章次によれば、第一次世界大戦後に世界を風靡した民族自決主義は、民族意識を覚醒、昂揚させたが、それによって人類としての同質性よりも民族としての異質性を際立たせ、民族間の対立を激化させて世界を混乱に陥れている、その弊害を匡正《きようせい》する原理として民族協和の国家を作る必要がある、という考え方が満洲青年連盟のなかで優勢となってきた。しかし、張学良政権の下でそれを主張することは完全な国事犯となるため、「諸民族の協和を期す」という抽象的表現に改めたとされている。そして、民族協和の国家のあり方としては、「強国の指導を俟《ま》ち、各民族が相集って複合民族国家を作り、その上で一つの国家的主体性を確保していく。そういうふうにして、世界というものを指導国家を中心にして組み立てていかなければならぬ。……そこで、この地域に張学良の悪い政治を倒し、民族が相寄って道義的国家を作るということは誠に必然の理であるという考えが青年連盟の中で支配的になって来た」（金井「満洲建国と青年連盟の活躍」宮内勇編『満洲建国側面史』）との説明がなされている。しかし、満洲事変以前においてこの考え方が支配的であったとは首肯しがたい。むしろ関東軍に協力して戦後処理や政略工作さらに自治指導に携わるなかで民族協和についての考え方が日本民族の生存権確保の要求から指導国家日本を中核とする複合民族国家形成の指導理念へと転化していったというのが実情ではないだろうか。

しかしながら、満洲青年連盟において民族協同による満蒙独立国家構想が満洲事変以前に問題にならなかったわけではもちろんない。たとえば主要メンバーの一人であった山口重次は、一九二七年六月、満鉄社員会の雑誌『協和』に「三十年後の満蒙」と題する論文を公表して「旧来の省政を廃し、蒙古および東三省を結合して一の自治国」を形成することを提言し、そこにおいて「新自治区の国籍を有する者は、漢人、満洲人、蒙古人、鮮人、日本人の差別なく等しく自治区の市民として政治に参与し協同の義務を負担し、……人類相愛、共存共栄の理想境の実現を図」ることを期待していた。たしかに、ここには諸民族が平等な立場で協同する理想境としての満蒙自治国の像が描かれてはいる。ただし、三十年後と題されているように、山口自身、一九二七年段階では必ずしも新国家実現の可能性があるとは考えていなかった。しかし、それから二年後の第一回満洲青年連盟議会において営口支部の中尾優から「満蒙の特殊地域を支那動乱の渦中より救い、恒久平和を維持せんがために満蒙自治制の確立に対し国民的援助を与え之が達成を期する件」が議題として提起され、つづけて第二回議会でも論議されている。ここでの中尾の提案理由は、満蒙が本来中国固有の領土ではなく、しかも日本が多大な犠牲を払って開発してきたにもかかわらず、軍閥の野望に災されて惨憺たる荒廃の状態に陥り、民衆も暴逆なる圧制政治に苦しんでいる、という認識のもとに、満蒙三千万民衆が「恐怖時代を離脱して恒久の平和を招来せんがため、……此所《ここ》に自治制の機能を発揮し、全支那にその範を示すは東洋永遠の平和を確保し得るものなりとす。吾人は善隣の誠意をもって国民的援助を与え、帝国の権益を確保し、満蒙開発し得ることは共存共栄の本義なり」(『満洲青年聯盟史』)と信じるというものである。

ここには、満洲国建国運動の中で喧伝された論理、すなわち満蒙を特殊地域とみたうえで、日本人も三千万中国民衆とともに張軍閥の被抑圧者・犠牲者であり、張学良を打倒して自治国家を作成することは日本人の誠意の表現であるとともに民族協和の本義である、とする立論構成がすでに用意されている。この中尾の議論に対しては、満蒙に新国家を作るのは内政干渉であり外交上支障がある、新国家ができた場合に国籍離脱することは妥当でない、といった疑念が出され保留とされていた。しかし、柳条湖事件後の一〇月一六、七日に開かれた第四回議会では、一転して「連省自治満蒙共和国に関する件」「民族協和具体案確立の件」「満蒙現住民福祉運動邁進の件」などの諸決議が可決をみたのである。そして、この決議をうけて一〇月二三日、理事長金井章次名をもって満洲青年連盟は関東軍司令官本庄繁に「満蒙自由国建設綱領」を提出している。そこでは(1)東北四省の徹底的門戸開放、(2)居住各民族協和の趣旨により自由平等を旨とし、現住居住民をもって自由国民とする、(3)軍閥を排し、徹底的文治主義により兵乱の中国本土から分離して東北四省の経済的開発の徹底化を期す、ことなどが強調されたが、ここにおいて民族協和と満蒙独立国家建設とが一体のものとして提起されることとなった。なお、自由国の自由とは「自由主義とは異る、各民族が政治的にも経済的にも自由に活動できるという意味」（平島敏夫「青年連盟当時の国際環境」『満洲建国側面史』）とされ、徹底的門戸開放とともに在満日本人が国籍を変更することなく自由に活動できる保証を求めたものである。けだし、それは排日運動に追いつめられ、ひとたびは白旗を巻いて引き揚げる覚悟を余儀なくされながらも「大和民族の発展を期」してきた満洲青年連盟にとって悲願とさえいえる要求であったに違いない。

こうした活動を展開してきた満洲青年連盟にとって関東軍の武力発動は積年の宿弊を一挙に解決できる千載一遇の機会と捉えられたことはいうまでもない。九月二〇日には関東軍の行動を自衛権の発動として支持、国際連盟や南京国民政府の干渉を排除して「満蒙はその善良なる現住民をして自治せしむべし」との声明を発表し、「大和民族の大陸発展への第一歩だ、朗らかに踏み込め、高らかに飛び込め」（『満洲青年聯盟史』）として関東軍への協力を決議している。この満洲青年連盟の関東軍への協力は政府の不拡大方針によって在満機関や満鉄の公式の参与を得られなかった関東軍にとっては渡りに舟であり、満洲青年連盟員をもって産業・交通・通信の復旧や商務会、農務会の掌握といった政略工作を担当させることとなった。たとえば、原口純允による奉天電燈廠の管理運営、山口重次による瀋海鉄路の接収・復興、山口、小沢開作（指揮者小沢征爾の父。ちなみに征爾の名は板垣征四郎と石原莞爾から付けられたという）らによる東北交通委員会の設立、是安正利の産業委員会設置による鉱山、電話局、被服廠、兵工廠などの官営事業の復興などが、その主なものである。また、行政機構の再編にも満洲青年連盟が参画し、遼寧地方治安維持会顧問となった金井章次の下で色部貢らにより財政庁が、星野竜男らによって実業庁が開設され、阿比留乾二により法院が運営されていったが、行政機関再編にあたっては日本人の顧問や諮議を採用して「善政主義と邦人の実権掌握とを基調とす」(「遼寧省政治機関復活要領」)る方針がとられたのである。金井はまた顧問に就くやただちに升巴倉吉に省政調査を進めさせるとともに、中西敏憲に地方行政制度と地方運営の立案を依頼した。その中西が関東軍の板垣、花谷正と協議して策定したのが「地方自治指導部設置要領」であり、これにもとづき金井を通じて各県は自治に関して地方自治指導員の指示を受けることが令達され、新国家建設を推進するために自治指導部が設置される運びとなったのである。

こうした一連の活動のなかで満洲青年連盟は民族協和を前面に打ち立て、これによって瀋海鉄路復興や東北交通委員会再編に丁鑑修《ていかんしゅう》(ティンチェンシィウ・早稲田大学政治経済科卒)や金璧東《きんへきとう》(チンピートン・日本陸軍士官学校卒)など、また自治指導部に于静遠、王子衡《おうしこう》(ワンヅーホン・早稲田大学政治経済科卒)、王秉鐸《おうへいたく》(京都帝大法学部卒)などの中国人を動員することに成功し、事業も比較的円滑に進行したため、石原らは民族協和を旗印とする建国工作の有効性を認めるにいたったという。さらに、満洲青年連盟は柳条湖事変勃発後、三次にわたって日本へ母国遊説隊を送って王道主義を建国理想とする民族協和の新国家建設を喧伝して国論の喚起に努めたが、これが功を奏したことにより新国家のスローガンとして民族協和が流布していったのである。もちろん、満洲青年連盟に協力した中国人のほとんどが日本留学経験者であったこと、また「自治指導員服務心得」にも注意事項として「なるべく日本留学生および日本語に通じる者を県吏に採用すべし」と規定したことなどをみれば、その民族協和の実態やスローガンの有効性の程度を推し測ることは容易であろう。しかし、関東軍の軍事行動に対する反発がきわめて強かった東三省において、在満民間人としての土地勘や永年にわたって作りあげた人間関係をもった人々が各地で治安維持工作や関東軍への帰順工作に携わったことにより、新国家建設工作が石原らが予期した以上のテンポで進んだことは疑いない。

そして、この建国工作において満洲青年連盟とともに、しかもより強い思想性と使命感をもって朔北の地に身を挺していったのが笠木良明をはじめとする大雄峯会のメンバーであった。

大雄峯会と興亜の大濤《たいとう》

一九二八年九月、満鉄東亜経済調査会の大川周明は張学良を訪ね、国民党の三民主義に対抗して「東三省に王道国家を実現し、世界史に新しい頁を書き初める」（大川「張学良氏を訪ふの記」『月刊日本』一九二八年一一月）ことを進言した。張学良は王道国家建設に賛意を表したと大川は記しているが、現実には易幟断行によって事態は大川の勧説とは正反対の方向へと推移していった。しかしながら、満蒙に中国本部から断絶した王道国家を建設し、アジア復興の礎とするという考え方は、大川が創立した猶存社や行地社、そしてその傘下に組織された東京帝大「日の会」、京都帝大「猶興学会」などの関係者を中心に少なからざる影響を与え、その思想に感化された青年たちが、実現を夢みて満蒙へと渡っていった。

奉天では猶興学会に関係し、一九二七年の渡満以来弁護士を開業していた中野《なかの》琥逸《こいつ》を中心に庭川辰雄、江藤夏雄らが満蒙に道義国家を建設する構想をもって奉天特務機関や関東軍と接触を重ねて勢力を扶植していた。そして一九二九年、東亜経済調査局にあって大川の影響のもと猶存社に参加し、行地社の創立に加わった笠木良明が満鉄本社に転勤となって渡満したことにより以後大連にも同様のグループが形成されていった。大雄峯会はこれら二つのグループがひとつの集まりに発展したもので、一九三〇年の秋ごろ百丈懐海禅師が自ら百丈山に安住し、独立不羈であることを表現した「独坐大雄峯」にちなんで正式に会名をもつにいたったという。

大雄峯会は総勢三〇名余で、満洲青年連盟のように対外的宣伝活動などを行なうことはなく、会としての綱領などもなかったため、集団としていかなる主張や目的をもって行動していたのか明らかではない。しかし、基本的には笠木を中心としてその思想に共鳴する者の同志的結合という色彩が次第に濃くなっており、笠木のアジア復興の思想と仏教的信仰とがその根幹にあったものと思料される。

笠木は「有色人種の解放」「世界の道義的統一」などを綱領に掲げた行地社の機関誌に寄稿し

た論文で、国家の理想的あり方について、「国家の目的理想は、理法を体現する所にある」（「愛国者の唯一路」『月刊日本』一九二五年七月）と論じていた。理法という用語にはすでに笠木の仏教への傾倒がうかがわれるが、その理法を体現した国家とは「利己のために世界統一の野心を目的とする古き国家ではなく、世界に統一を与うる正しき力および正義の所有者、王道国家――神の審判を現実虚偽の世界に断行せんとする正直なる国家」（同前）であると考えていた。もちろん、この一九二五年という時点で笠木が想定していた王道国家とは、あくまで正義の理念をもって世界に統一を与えうる道義国家ということであって、ひとつの理想型にとどまる。そうした国家が未だ理想でしかない以上、現実になすべきことは民間運動としてアジアの復興そして被圧迫民族の解放に努めることであった。

笠木は一九二六年、行地社を脱退して自ら東興連盟を組織し、「東興連盟は、全世界に散在する被圧迫有色民族の正当なる要求の具現に努力す」との綱領を掲げている。ここにも明らかなように、笠木の興亜主義は、たんにアジアの復興に限らず全世界の被圧迫有色民族の解放に向けられており、この点、種族偏見、民族偏見を否定し、人類相愛を主張した満洲青年連盟の山口重次らと一脈相通ずるものがあった。しかしながら、笠木においては欧米によって有色人種が世界中いたるところで圧迫にさらされている、日本民族もまた圧迫される人種の側にあり、同じく圧迫されている有色民族の先頭に立って解放へと導かなければならないという救済者としての使命感が脈打っているものの、日本が台湾や朝鮮で圧迫する側に立っているという事実についての自覚はまったくない。この被圧迫への意識過剰と圧迫への無自覚とがみごとなまでに同居していると ころに日本の興亜主義運動の特質が認められるが、笠木もまたその例外ではなかったのである。ただ、満洲へ渡ったのちの笠木の興亜主義は東亜青年居士会を主宰して「在家仏教による東亜の精神的復興」をもあわせて説くものであり、多数の青年をひきつけた吸引力も、政治的主張というよりも多くは求道者ないし教祖的な人格と行蔵によるものであったように思われる。大雄峯会も在満の猶存社、行地社系の人々の集まりを母体として次第に笠木信奉者の集団として発展し、事変後には会員数八〇名を超えるにいたったという。

ところで、大雄峯会は事変発生後の一〇月一八日奉天の妙心寺で総会を開催し、同席した板垣、石原ら関東軍幕僚の求めに応じて建国運動に協力することを決した。具体的には会員中野琥逸、庭川辰雄が作成した「地方自治指導に関する私案」について協議した結果、自治指導に会をあげて参加することとなったのである。この「地方自治指導に関する私案」と満洲青年連盟の中西敏憲らが策定した自治指導方針・要領とをつき合わせて成った案が関東軍司令部の採択するところとなり、一〇月二四日に「地方自治指導部設置要領」として決定されたのである。これによれば地方自治指導部の目的は「善政の趣旨に則り、悪税の廃止、県吏の待遇改善、各民族の融和、旧軍閥との絶縁等を目的とし各県民衆の啓蒙ならびにこれが精神的統合に任じ、反逆行為の防止に努む」ことに置かれた。具体的には地方の有力者や団体に県自治執行委員会を組織させ、これを自治指導部から派遣された県自治指導委員会が指導監督するというものである。この県自治指導委員会を構成するのが自治指導員であり、「日本人を以て主体とす」と定められている。この制度の狙いが地方の有力者や有力団体を掌握して統治機構の中に組み込み、関東軍が末端にまで支配をおよぼしていく回路を設定することにあることは明らかであろう。しかしまた、在地勢力を旧軍閥と絶縁させ、いかなる行動をとるかわからない他国の軍隊に協力させていくためには、税の廃止や県吏の待遇改善、各民族融和などの提示が必須の条件であった。ここに自治指導部が一一月一〇日制定の「地方自治指導部条例」などにおいて「軍閥と関係ある旧勢力を一掃し、県民自治による善政主義を基調とす」といった形で善政主義に拠ることを高唱した理由がある。善政とは張軍閥の悪政、暴政、秕政《ひせい》を非難、排斥することと一対のものとして強調されたのである。しかし、善政主義の標榜は他者を説得するための契機とはなりえても硝煙なおけぶる擾乱の地に「自治指導員をして危険を省みず、犠牲となる覚悟にてただちに進出せしめる」（「地方自治指導に関する私案」）ための心理的発条《ばね》としては弱い。ここに生命を賭して危地に身を投ずるに足る情熱《パトス》を掻き立て、自らを鼓舞し、苦境にあっても心身の支えとなるより高遠な理念や使命観が必要とされる。それは論理的であるよりは、むしろ宗教的信仰に近い質の信条体系《クリード・システム》となるであろう。

そしてまさにそれを与えたのが笠木良明であった。

一一月一〇日、自治指導部が創設されるや部長于冲漢の名において「自治指導部佈告第一号」が遼寧省下に広く宣布された。「自治指導部の真精神は、天日の下に過去一切の苛政、誤解、迷想、紛糾等を掃蕩《そうとう》し竭《つく》して極楽土の建立を志すに在り」とはじまるこの布告は、さらに次のように続く――

住民の何国人たるを問わず、胸奥の大慈悲心を喚発せしめて信義を重んじ、共敬相愛もって
この画時代的天業を完成すべく至誠、事に当るの襟懐《きんかい》と覚悟あるべし。

謂う所の亜細亜の不安はやがて東亜の光となり、全世界を光被し全人類間に真誠の大調和を
もたらすべき瑞兆なり。此処《ここ》大乗相応の地に史上未だ見ざる理想境を創建すべく全努力を傾
くるは、すなわち興亜《こうあ》の大濤《たいとう》となりて人種的偏見を是正し、中外に悖《もと》らざる世界正義の確立
を目指す。……

指導部は前途幾重の難関を前に大理想の実行者として無我の一道を邁進す。

この布告は笠木が起案し、于冲漢の決裁を経たものといわれるが、実質的に笠木が立案し、彼の思想の特徴である興亜主義と仏教的信仰のアマルガムとして表明されたものである。満蒙という大乗相応の地に史上初の理想境、極楽土を建立し、アジア興隆、人種的偏見のない世界正義の根拠地とする、その建設に携わることは時代を画すべき天業であり、そのためには大慈悲心をもって共敬相愛、至誠、無我の境地で事に臨まなければならない、と歴史における聖なる使命を説く。笠木にとって「満洲王道建国の聖業は、一つの大いなる思想運動だ……これを別の見方から精神、倫理または宗教運動と申しても差支えなし」(「満洲国県参事官制度の大理想」『大亜細亜』一九三三年一〇月）とみなされ、自治指導員は「千年の大業」に「無所求の行」「菩薩道の行者」をもって任じ、「王道国家建設の人柱」として不惜身命、世俗的な一切の煩悩を捨てて聖業に従わ

なければならないとされたのである。これが自治指導部の指導精神といわれ、笠木精神、笠木イズムとも称された考え方である。もちろんこうした超俗的ともファナティックともいえる身の処し方は、自らを高しとする雰囲気を醸し、信念を同じくしない人々にとっては戸惑いの対象となる。強烈な使命感に支えられた笠木イズム信奉者は「天業組」と一種の畏怖と軽侮との入り交った念をもってみられ、満洲青年連盟系の人々との間には次第に溝が生じていったのである。

いずれにしろ、こうして笠木によって据えられた精神的基盤によって自治指導員たちは建国の人柱となるべく「勇往邁進」任地へと向かい、自治指導部が解散する一九三二年三月までに奉天省と吉林省の一部にまたがる五八県に指導員が派遣され、下からの建国運動の担い手となった。自治指導員は建国後の一九三二年七月、自治県制および県官制の公布により県参事官、一九三七年の県官制改正により副県長と改められたものの、名利厭離、無我至純にして「真に王道国家に応わしい精神と徳力を発揮して官民を教導する」（笠木「満洲国県参事官制度の重要性」『改造』一九三三年六月号）ことが自治指導部の道統として継承されていったのである。今日でも、満洲国を理想国と評価する人々は崇高な理想を掲げ、道義的に奮闘し、ひたすら国造りの情熱をかけた自治指導部を挙げて論拠とする場合が多い。

しかし、至純、無我、無償の献身、善政などはそれを共有する者にとっては士気を高めるセクト的合言葉《キャント》としての効用を持つであろうが、立場を代えて考えればそれらを一方的に押しつけられ、いやもおうもなく「教導」されることほど鬱陶しく、辟易することはないのではなかろうか。

その真理《トルー》への信者《ビリーバー》としての信念が頑ななまでに鞏固であればあるほど、その傾ける情熱がひたむきであればあるほど、自律的でありたいと願う人々にとって心理的に加えられる圧力は抗しがたく重くのしかかっていったであろうことは想像に難くない。さらに翻って考えてみれば、自治指導というのもきわめて矛盾した表現である。自分の主体的意思によって自らのことを治めることが自治の本義であるなら、そこに指導という要因が働く余地はないはずである。また、上からの指導によってはじめて自治がもたらされ、保たれるとすればそれは自治とはいえないであろう。しかし、自治指導部に集った多くの人々にとってやはり政治能力の低い中国人に対して自治を指導し、教え込むことは当然の使命として疑われることはなかった。笠木はこの点を次のように論じている。

満洲にもし真の自治が発達しているならばなぜ民衆は悪政治屋の桎梏《しっこく》下に諦めの生活を続けてきたか、なぜ土匪、政匪、商匪、学匪等の跳梁《ちょうりょう》に自由を圧迫されていたか。自治の発達というが彼ら悪意の毒牙を潜ってわずかに物質的存在を維持する程度のやりくり上手ではなかったか、政治的さらに進んで精神的、道徳的根底なき自治は真贋その差、万里だ。這間《しゃかん》にたとえ若輩といえども道義的な勇気ある日本人の働きかける余地が十二分にあるのだ。（笠木「満洲国県参事官制度の重要性」）

つまり、真の自治を知らない中国人にそれを目醒めさせることなしには、民族協和の王道国家建設はかなわないというのが笠木が自治指導を不可欠と考えた理由であり、自治指導員には「思想、感情、精神上の大導師ともなり、教うべきは教え、断ずべきは断ず」（「自治指導員服務心得」）ことが職務として要求されたのである。ここには、日本人を一二歳の幼児とみなし、真の民主主義が定着していなかったために軍国主義に抵抗することもなく戦争に走った、その日本人を真に解放するためには民主主義を教え込む必要があり、その民主主義の学校としての「地方自治の本旨」に目醒めさせなければならないとしたD・マッカーサーをはじめとする連合国最高司令官総司令部（G・H・Q）の人々の意気込みと相通ずるパターナリズムが見出せるであろう。

その点は今は措くとしても、笠木は民族協和を唱えながらも「興亜の大導師」としての日本民族の主導的立場を信じて疑わなかっただけでなく、満洲建国を明治天皇の遺業を継ぐ日本の皇道の発展として捉えていた。そのことは、于冲漢の校閲にかかることなく、笠木が起案し関東軍司令部が極秘文書として自治指導部創設以前の一一月四日に制定していた「地方自治指導員服務心得」に「自治指導部の理想は、明治天皇の偉図を奉継し、真日本が世界に負える大使命の第一歩をこの因縁深き満蒙の地に下さんとするに在り」とあることに明らかであろう。笠木においては「明治天皇の大御心と観音の大慈悲、亜細亜に発して世界に及ぶ、これを大亜細亜と云う」（前掲「満洲国県旗参事官の大使命」）との確信がすべての言動を規律する格率となっていたのである。

満洲国を皇道連邦の一子邦、八紘一宇の一階梯などとみる、建国後に現われる満洲国観は建国運動に着手する段階ですでに胚胎されていたのである。そして、そこにはまた日本民族こそが、アジアの無自覚な民族を覚醒させて奪われたるアジアを奪還し、解放へ導く大使命を負った救世主であり、指導民族でもあるとする天職観が抜きがたく存在していたのである。しかし、同じく満洲建国を被圧迫民族解放の礎、王道連邦建設の序幕とみながらも、いや、そうであればこそ満洲建国を住民の自治組織の下から湧き上る力によって達成すべきことを強調して自治指導部にかかわった人々もいた。それが橘樸や野田蘭蔵らであり、とくに橘にとっては中国の農民自身がヘゲモニーをとる国家建設こそが王道立国の理想とされ、ここに自治に基づく王道政治、王道主義が満洲国の指導理念として提示されることになったのである。

橘樸と自治の王道

「あの人は僕たちよりも中国のことをよく知っている」――自らの祖国、中国を仮借なく抉り出すことにおいて人後に落ちない魯迅（ルーシュィン）をして、こう評さしめた日本人、それが橘樸である。

一九〇六年中国へ渡って以来、『遼東新報』、『済南日報』、『京津日日新聞』などを拠点に「個性伸長の自由」という個人主義、自由主義の立場から健筆を揮い「満洲の（長谷川）如是閑」と称された橘。彼はまたジャーナリストというにとどまらず『月刊支那研究』、『支那研究資料』を刊行し、のちに『支那社会研究』『支那思想研究』（ともに一九三六年刊）などに結実することになる中国社会の研究を進めており、年を逐って現地派中国学者としての声名を高めていった。橘自身その活動について「往々支那学者と誤解されるが、私の本領は終始一貫、支那社会を対象とする評論家なることにある。そして私の支那評論の動機は物好きや知的欲求にあるのではなく、主として政治目的即ち日支両民族の正しい関係の理論及び方法を探索することにあった」（『職域奉公論』一九四二年）と述懐している。日露戦後に始まり、日中戦争終結とともに終わった橘の言論活動、それが日々に悪化していく日中関係を憂いと憤りをもって指正していくきわめて実践的意図に支えられていたことはむしろ当然であり、中国にあって日本人の木鐸者として生きるとはそうする以外にありえなかったのではないか、と評することはできる。しかし、在中国日本人ジャーナリストのほとんどが国益を尺度とする日本人の目の高さからしか日中関係を見ることなく、それゆえに良心的と目される人たちでさえ、ある時は強烈な中国びいき（Sinophile）となったかと思うといったん自らの尺度からはずれるや、一転して中国の後進性を口をきわめて指弾するといった性向を免れえなかったことも事実であり、そうしたなかにあって橘はたしかに特異な存在でありえた。それを可能にしたのは現前に生きて存《あ》るがままの中国の人と社会を、その只中で生活をともにしながら凝視することを自らに課し、通説に安易にもたれかかることを拒絶した橘の凜乎《りんこ》たる姿勢であったように思われる。

橘樸の目を通して見た中国は停滞した国でもなければ無秩序の国でもなく、また稲葉岩吉や矢野仁一らの中国史学者が唱え、石原や板垣らがのちに同調していたように中国国民に国家形成能力が欠けているわけでもなかった。ただそれは中国が「武力闘争に不適当な政治組織しか持ち合わせていない」（「支那はどうなるか」『月刊支那研究』一九二五年二月）というだけのことを示すにすぎなかった。そして、それだけに民衆社会には未発ながらも無限のエネルギーが秘められている社会とみなされていたのである。それゆえ、橘からみれば、日本人が「支那に対して先進者であることを無反省に自惚れている」ことや「支那人を道徳的情操のほとんど全く欠乏した民族であるかのごとく考えている」（「支那を識るの途」『月刊支那研究』一九二四年一二月）ことなどは誤っているだけでなく、日中関係にとって危険きわまりない偏見であった。

こうした偏見の是正とともに橘が最も意を用い日本人に向けて海の彼方から発しつづけた警告は、中国ナショナリズムを直視し、対処を誤らないことであった。一九二五年「租界回収・打倒帝国主義」を掲げて起きた五・三〇事件についても「第二の団匪事件」として中国を非難する論調が強かったなかで敢然と中国人の要求の正当性を認め、むしろ「過去に於て支那人よりも一層深い過失を犯した日本人は、この際断乎としてその過ちを恥じ、その対支態度を豹変する義務がある」（「支那近時の民族運動及上海事件の思想的背景」『月刊支那研究』一九二五年八月）と日本人への歴史的反省を迫った。橘のいう豹変とは中国を権益の場とみることを止め、民族として等しく発展していくという「対等主義」「平等主義」の原則へ転換することであり、その立場から「常に支那のために、否、地球上のあらゆる有色人種の利益のために、西洋諸国家の独断と偏見とを緩和する」（同前）努力に日本および日本人が真摯に取り組むということであった。こうした対等主義、平等主義の原則は当然に満洲についても適用され、「第一に日本の満洲政策から政治、軍事的意義を排除すること」「第二に（張作霖）軍閥と私的関係を結ぶ外交の代りに努めて民衆の意志および利害の所在を発見し、かつこれに添うて行動すること」のほか、「人口政策の対象として満洲を取扱うことを潔く断念すべき」（「支那批判の新基調」『読書会雑誌』一九二六年一一月）ことなどが要求された。言うまでもなく、こうした要求は日本の在満権益を放棄することであるのみならず、石原らが満蒙に求めていたものと真向から鋭く対立するはずのものであった。そうであるにもかかわらず、なぜ橘は関東軍の軍事行動に同調し、満洲国建国に向けて、その持てる学識と情熱のすべてを注ぎ込んでいったのであろうか。

橘は満洲事変勃発後の関東軍および朝鮮軍の行動を軍規違反とみて批判的立場をとっていたが、事変についての認識を深めるため、一〇月初旬、奉天の東拓楼上の関東軍司令部において板垣・石原ら関東軍参謀との会談に臨んだ。その結果、関東軍の行動が直接には「アジア解放の礎石として、東北四省を版図とする一独立国家を建設し日本はこれに絶対の信頼をおいて一切の既得権を返還するばかりでない、更に進んで能う限りの援助を与えるものであること」、そして「同時に、間接には祖国の改造を期待し、勤労大衆を資本家政党の独裁および搾取から解放し、かくて真にアジア解放の原動力たりうるごとき理想国家を建設するような勢いを誘導する意図を抱くもの」であることを認識するに至ったという。橘にとって関東軍の行動は資本家政党の意向に沿った軍閥的妄動ではなく、むしろ反資本家、反政党を志向するまったく新しい国民的、職業的自覚に立ったものであり、日本全国の農民大衆の熱烈な支持を基礎として進められていると判断されたのである。かくて「この異常なる国民的緊張の一絃に触れ、固より多少の感慨なきを得な」いまま、石原ら将校団を「ある地点までの頼もしい同行者として、この新勢力に期待」し、満洲国建国の指導理論を作りあげることに腐心することになったという。以上は橘自身が会談からほぼ三年後に「私の方向転換」(『満洲評論』一九三四年八月一一日号)として説明するところである。そこには多分に後追いによる解釈が含まれているであろう。しかし、自由主義者を任じながらも経済体制としての資本主義の矛盾に深い懐疑を抱いていた橘にとって、反資本、反政党の姿勢を鮮明にして新国家樹立をめざす関東軍こそは資本主義の行きづまりを打破して勤労者民主主義をもたらす推進力であると思えたのかもしれない。そしてまた、悪化する一方の日中関係の狭間で打開策を捜しあぐねていた橘にとって中国民衆の自由な発展を妨げてきた軍閥勢力をいかなる形であれ、ひとまず駆逐したことにおいて中国の変革に途を拓くものと関東軍の行動がみなされたこともほぼ間違いないであろう。だが、満洲事変を侵略ではなく、中国民衆とアジアの解放と捉え、翻って日本改造の契機とみたとき、橘は自らがそれまで批判してきたはずの日本の視点で中国問題を論ずる非対等主義に無意識のうちに陥っていたことも否めない。橘がそれまで一貫して手放すことのなかった中国人の立場を注意深く顧慮し、判断するという姿勢をとっているかぎり、張学良軍閥の経済政策や排日政策が中国ナショナリズムの発現であり、自強運動として展開する可能性を孕んでいることは見通せたはずである。橘もまた関東軍や在満日本人によって「生命を賭して今私の眼前に驀進しつつある」建国運動の展開に目を奪われ、そこに自らの思想的苦衷を解決する契機を見出そうとした。それは橘にとって死の跳躍にも似た賭けであった。

とはいえ、橘が「満洲建国のためには特に農民民主主義を取り上げて、これを培養し鼓吹することに最も深い興味を覚え」（「私の方向転換」）、それを言論によって実行したことは紛れもない事実である。そして、橘が満洲建国の中核原理として据えた農民民主主義の制度的実現が他ならぬ人民自治であり、それがまた橘にとって王道の実践そのものとみなされたのである。自治指導部顧問となった橘は野田蘭蔵とともに「東北社会ニ適用セラルベキ人民自治ノ根本要義」（一九三一年一一月一〇日、『陸海軍文書』八一六号）を著わしたが、そこで示された人民自治とは「近来法治国家の地方制度に採用せられつつある成文法的自治制の直訳的適用を意味するものでなく、中国社会の文化的経済的諸条件を前提として現実的なる生活および生活手段の改善を企図するもの」であった。そもそも橘にとって自治に関しては欧米や中国に比べて日本だけがはなはだ幼稚であり、その日本人が中国人を指導することなどありえないことであって、中国の農村における家族、土地廟制、都市における同業組合、市商会などの組織が十全に機能すれば人民自治の実現につながるはずであった。しかし、注意を要するのは資本主義の発展によって各種自治組織に階級的支配関係が生じていることであった。これらを根本的に除去しなければ真の自治はありえず、とくに窮乏化した農民を救済しないかぎり農業国家としての満洲国建国は画餅に帰すであろう。

かくて橘らにおいては自治指導部の指導目標は「民生の向上に資せんとする」ことに置かれ、「第一、治安。第二、民政の改善すなわち悪税廃止、負担軽減。第三、生産および販売組織の改善、殊に農村に於ける合作運動《コオペラチーフ》」などが重点指導部門と設定されたのである。橘のいう自治とは、農民が九五パーセントを超え、またそのほとんどが漢民族であるということからすれば農民自治すなわち職業自治であるとともに民族自治という含意を持っていたのである。そこでの自治とは「消極的には国民が団体の力を以て自らその生存をはかることを意味し、積極的には同一方法によりその福祉の増進をはかることを意味す」（「満洲新国家建国大綱私案」『満洲評論』一九三二年一月一二日号）と定義され、団体自治による国民の生存の保障と福祉の増進が主内容となっている。

橘は、この国民に対する完全なる自治の保障のもとに各種の自治組織が層を成した「分権的自治国家」として満洲国を建国することを提案したが、かかる分権的自治国家の建設こそが王道国家の実現につながるとの展望をもっていたのである。橘の王道政治についての研究は早くから進められ、一九二五年にはすでに「王道政治を太古に於ける輝かしい事実とは視ずして、却って将来に実現し支那民族の政治生活を幸福ならしむると共に、行詰れる西洋文明に対してある大いなる暗示と刺戟とを与え得るものだと予期している」（「編輯の後に」『月刊支那研究』一九二五年三月）との展望をもつにいたっていた。そして、さらに研究を重ね、満洲国建国にあたって新たに自治を王道の実践とする見方を提起したのである。橘は自治指導部で行なった講演において王道の行なわれる社会とは「『一切の人民が生活を保障されている』ことが第一、富を開発してそれを私有しないということが第二、労力を社会のために出すことが第三、で、この三つの条件が行われることを礼運（『礼記』礼運篇）は称して『大同の世』という」（「王道の実践としての自治」

『満洲評論』一九三一年一二月五日号）と説明しているが、この大同の世つまり王道の実現されたユートピア社会を形成する主体として自治指導部が想定されたのである。自治指導部は王道国家なる特殊な国家内容を創造するための推進機関として「その使命の範囲は僅かに県自治体の完成ということに限定されていたけれども、それはやがて国自治にまで拡大されることにより、王道政治の完成に至るための基礎工事」（「自治指導部の業績」『満洲評論』一九三二年七月二三日号）を担う使命を帯びていると位置づけられていたのである。

橘はこうして自治指導部に分権的自治国家としての王道国家建設の希望を託した。そしてさらに自らは、自治指導部の機能の不足を補い、新国家建設に関係ある現象や理論を調査、研究、宣伝するための思想運動団体として一九三一年一二月建国社を結成、翌年二月、その宣言書を発表している。宣言の起草者は野田蘭蔵とされているが、橘の取り扱い方をみるかぎり、ほとんど橘自身の考えと同一とみなせるであろう。そこでは王道を「儒教のいわゆる大同社会思想の実現を政道の倫理化と、財富の社会化とによる民生保障によって必然せしめんとする経国の大道」（「王道理論の開展」『満洲評論』一九三二年八月一三日号）であると定義し、ついで王道思想と満洲国建設との関連について次のように述べている。「満洲事変は旧東北軍閥政権を崩壊せしめた。而《しこう》してこの軍閥の崩壊はその随伴的結果として、幾百万人の満蒙諸民族と、三千万余の中華民衆を半封建の鉄鎖から解放し、しかもこの解放は直ちに満洲社会の亜細亜的本質を呼び醒し、その伝統的生活思想と、自治的機能とによって、新たに王道国家を建設」することとなった、そのため王道国家の建設は歴史的社会的必然性をもつというのである。つまり、アジアの民族にとって王道思想は伝統的に社会生活の理想として生きつづけており、旧軍閥の鉄鎖から解放されたとき、半封建的な社会条件の下であるにもかかわらず、王道国家建設が民衆自治の形態を採って現われる前提が整ったというのである。宣言は以上のように満洲王道国家建設の必然性を説いたのち、さらに進んで王道連邦の建設を提唱している。「満洲王道国家の建設は必ずしも満洲人民のためにのみ蔵せらるべき楽土でも、はたまた単なる日本帝国の生命線たるばかりでも、況《いわ》んやファシズムの演技場でもなく、今や将《まさ》に太平洋に渦巻かんとする世界人類生存戦に臨んでわが亜細亜王道社会の自存を確保すべき唯一無二の勢力たる王道連邦の母体たるべき使命をもつものでなければならぬ」と力説したのである。この「太平洋に渦巻かんとする世界人類生存戦」という表現には日米による世界最終戦争を想定し、満洲をその兵站基地とみた石原と同一の思想がうかがわれる。また、満洲新国家をアジアにおける王道連邦の母体とするという議論は、のちに石原や満洲国協和会によって提唱されることになる東亜連盟論につながるものともみなすことができるであろう。

こうして橘によって満洲建国の原理として王道なる概念が付け加えられ、満洲青年連盟によって提起された民族協和とともに新国家の指導理念として高唱されることとなった。そして、当初、人民生存の保障や農民自治を主眼としていた王道は、その世界史的意義が説かれるなかで「満洲王道国家の使命は、王道民族に対する醒めよと響く生命の警鐘であり、更に一方唯物的な資本主義的搾取と、他方共産主義的破壊から世界人類を解放して、大同的生命を吹き込むべき王道革命の源泉であらねばならぬ」(「建国社宣言」)として資本主義や共産主義の覇道から諸アジア民族を守り、世界人類を解放することへと力点が移り、笠木ら大雄峯会系の人々の満洲国をして興亜運動と世界正義確立の根拠地とするという主張に接近していった。

かくて、王道は王道革命とも表現されているように満洲を舞台として展開される楽土建設にかかわる革命的ロマンティシズムともいうべき心情を象徴する用語へと昇華されていく。しかし、自治指導部や関東軍によって王道楽土がクローズ・アップされ、大いに活用されていくのと対照的に、橘が最も重視し王道と一体不可分のものと考えていた国家内容としての農民自治、分権的自治国家という論点は国家の制度化の中できれいに削ぎ落されていった。すでに自治指導部発足に先立って関東軍の指示の下に作成されていた松木侠起案の「満蒙自由国建設案大綱」においては、中央政府樹立後は「漸次中央政府の権限を拡張し、各省区の権力の縮小を図る」として中央集権国家という方向が打ち出されていた。関東軍はもちろん自治指導部においてさえ、中国人の統治能力、自治能力について否定的見方が支配的であった情況の中で、農民自治や分権的自治国家という橘の構想が受け入れられる余地はほとんどなかったといえよう。そこにはすでに自治指導部の組織と機能についての理解そのものに距りが生じていたのである。橘は自治指導部の特色を「㈠ある特定の人または機関によりて作られたものではなく、㈡またなんらの合法的なる手続きに依拠して作られたものでもなく、㈢当時建国運動に参与していた人々の要求から自然にかつ自発的に結成せられ」(「自治指導部の業績」)たことに求めているが、さきに述べたところからしても、これは明らかに事実誤認である。あるいは橘には実情が知らされていなかったのかもしれないが、橘はその出発点において立脚すべき場所を違《たが》え、同行すべからざる者と行をともにし、同じ言葉にまったく異なった意味内容を読みこんでいたというべきかもしれない。後年、橘の思想的継承者である佐藤大四郎らの合作社運動が反体制運動として圧殺される契機はこの時すでに芽ばえていたのではないだろうか。

それはともあれ、こうした齟齬《そご》をはらみながらも自治指導部をひとつの拠点として新国家建設の指導理念が整えられ、建国運動への中国民衆の参加が呼びかけられていった。

一九三二年一月自治指導部は「東北四省三千万民衆ニ告グルノ書」を発表、「一切の搾取機関の絶滅」「打倒、張学良政権およびその走狗軍閥」「産業交通の暢達すなわち生産および販売組織の改善、就中《なかんずく》農村に於ける合作運動」「一視同仁すなわち人種的偏見の是正」などのスローガンを掲げて、こう訴えかけた——

東北の兄弟!

今こそ諸君の奮いたつべき秋《とき》なのだ。……東北の兄弟、一斉に起って自治精神に基く新国家の完成を急ごうではないか。人類の大調和に向って勇敢に突進しようではないか。

東北の父老ならびに青年諸君!

吾人は前途幾重の難関を前に、この画時代的天業を完成すべく世界正義の確立を目指して無我の一道を邁進するのだ。……
東北の父老諸君！
同心協力して過去一切の悪風を棄て理想境の建設に勇往邁進せよ。
全東北民衆の団結へ！
新国家の建設へ！
自治精神の確立へ！　急げ！ ——

自治指導部は以後、自治訓練生を含めて編成した建国促進運動地方班を全満に派遣して満洲国建国促進民衆運動を各省で展開。そして、リットン調査団が東京に到着した二月二九日、奉天に各省各民族の代表およそ七〇〇名を集めて全満建国促進連合大会を開催。新国家を建設し「元首を推戴し、善政王道主義に基きて人民の幸福を増進せん」との宣言を決議し、あわせて溥儀を元首に推戴する緊急動議を満場一致で可決するに至る。

満洲国建国の日は、目睫《もくしょう》の間に迫っていた。

第三章　世界政治の模範となさんとす

――道義立国の大旆と満洲国政治の形成

一九三二年三月一日、奉天、吉林、黒龍江、熱河（実際上の熱河省開設は一九三三年五月）の四省を主たる版図として満洲国政府は「建国宣言」を発表、あわせて年号を大同、国旗を新五色旗とすることが布告された。九日溥儀が再三にわたる東北三千万民衆の推戴を受け入れる形で元首に就任、この日政府組織法や諸官制、人権保障法などが公布され、政府首脳人事も決定された。ついで一二日外交部総長謝介石《しゃかいせき》（シェーチェーシー）の名をもって世界一七ヵ国に対して新国家の承認を求めるべく対外通告を発した。そして、首都と定められた長春を一四日新京と改め、ここに満洲国は呱呱《ここ》の声をあげたのである。

建国とともに各都市で建国慶祝大会が挙行され、新京や奉天などでは自治指導部によって動員された祝賀行列が蜿蜒《えんえん》と続いたほか花電車や自動車宣伝隊などが繰り出し、「王道楽土」「共存共栄」「五族協和」などのスローガンがあふれ出た。しかし、こうした慶祝行事の盛況やスローガンの氾濫とはうらはらに、国際連盟リットン調査団の到着以前に既成事実化すべく満洲国建国を強行したことによって、日本は中国との対立の度を深め、国際社会でも孤立化の隘路《あいろ》へと自らを追い込んで行くこととなった。

そうした国際情況のなかでの建国であっただけに満洲国は国際的視線を意識しつつ、道義立国の大旆《たいはい》を掲げ、国制を決定し、その中で日本が本来企図した目的を実効的に確保する統治のあり方が模索された。しかし、満洲国はその出自による制約を負っていた。中華民国から分離して成立したことによって、一方で中華民国との異質性や断絶性を強調しながら、他方で中華民国の政治制度や法政思想を受け入れつつ、これと対抗的に自己のアイデンティティを確立せざるをえなかったのである。

この中華民国に対する相背反する要請に加えて、東北地方の諸勢力、清朝復辟派や蒙古王侯、そして言うまでもなく関東軍や在満日本人といった様々な人々の政治的志向や利害・思惑が複雑に交錯し、それが国家理念や政府組織、統治形態の形成に大きな影を落としていくのである。

建国の動機づけと仗義扶助

満蒙は旧時、本《もと》と別に一国を為す。今や時局の必要を以て自ら樹立を謀《はか》らざる能《あた》わず。応《まさ》に即ち三千万民衆の意向を以て即日宣告して中華民国と関係を脱離し、満洲国を創立す。

満洲国はこの建国宣言をもって独立国家として出発した。満蒙が元来、中国本部と別に一国をなしていたかどうか、また、自ら樹立せざるをえない差し迫った時局の必要があったか否かについては異論があり、満洲国が三千万民衆の意向をもって創立されたかどうか、については疑いなしとしない。しかし、これらを根拠として満洲国は中華民国の主権から離れ、主権国家としての自立性を訴えていくこととなった。だが、〝関係を脱離〟して建国されたということは両国が無関係に成立し、存続したということを毫《ごう》も意味しない。それどころか、満洲国は対内的には「国民」を納得させるためにも、その建国の動機と理念の表明において中華民国との異質性・対極性を強調しなければならなかった。また、逆に対外的には国際的承認や日本の既存権益の確保の必要上からも中華民国との国家的継承性（state succession）を否定できなかったのである。この中華民国に対する断絶性と連続性という相背反するスタンスをとらざるをえなかったこと、ここに満洲国の母斑ともいうべき〝出生〟に根差した特徴が認められ、そしてまたそれが満洲国の建国理念や国制そのものを大きく規定したといえるであろう。

新たな国家を創出する営為、それが尋常な人間の力量をもってしては至難な事業であることは言うまでもない。古今東西、自らの法政思想の結晶としてあるべき政治社会の肖像を描き、理想国家の創建に全霊を賭した思想家たちが、その建国の担い手として人にして人にあらざるほどの知性と徳性とを兼ね備えた建国者や立法者を想定してきたのもそのゆえであろう。

思えば、プラトンの『法律《ノモイ》』において、マキァベェリの『政略論（ローマ史論）』において、モンテスキューの『ローマ盛衰原因論』において、さらにルソーの『社会契約論』において、建国者や立法者が国家の創造という事業を通じて人間革命をもあわせて成し遂げる神にも似た存在として構想されてきたのである。

たしかに新たに人工的な国家を造りあげることは、窮極的にはそこに住む人間の意識を変革することにおいてしかなしえないであろうし、人間の意識を変革するためには強烈な磁力を持つ理念やイデオロギーが必須となるであろう。しかし、国家の構図や建国理念の彩りは、現実においてはけっしてフリー・ハンドをもって描きうるわけではない。「最初の新興国家《ザ・ファースト・ニュー・ネーション》」として新天地アメリカを理念の共和国たるべく創造する気概をもって建国の難事業に立ち向ったT・ジェファソンやJ・マディソンらの建国の父たち《ファウンディング・ファーザーズ》でさえ、イギリス本国との対抗や各州間の反目、国家体制の選択をめぐる抗争のなかで「妥協の束」のうえに国家形成を進めざるをえなかったのである。

ましてや、関東軍の武力占領による流血と恐怖、そして打算のうえに進められた満洲国の建国が純白のキャンバスの上に自由に理想国家の構想を描くという形で進めうるはずはなかったし、なによりも中華民国の主権下にある中国東北地方に新たに独立国家を作るという点においてその国家像は大きな制約を受けざるをえなかったのである。

なぜ満洲国は生まれなければならなかったのか。満洲国が国家としてもつ存在理由《レーゾン・デートル》とは何でありうるのか。そのことの正当な論証をなしえないかぎり、独立国家として認証されることもなければ、「国民」の支持を調達していくことも不可能である。なにより、その正統性の根拠なしには「傀儡国家」「偽国」という国際的な非難に抗弁することとさえできないであろう。そこに満洲国が中国や世界の政治思潮をにらみつつ、異例ともいえるほどに自らの建国理念や国制が既存のものをはるかに凌駕し、比類なきものであると喧伝した理由がある。たとえば、一九三七年満洲国・国務院総務庁弘報処が刊行した『宣伝の研究』では、冒頭、満洲国の国家としての傑出性が次のように謳われている。

我満洲国は三千万民衆の総意に基き、順天安民の大旨によって王道政治を実施し、民族協和を具現し、人類永遠の福祉を増進するために生まれた新興国家である。満洲国の建国理想と精神とは世界歴史にその比類を見ざるほど崇高なものであって……満洲国の出現は、世界の政治形態に最も新鮮にして道義的な模型を新たに附加した事象で、世界の政治学者は満洲国の為に新しき政治学説を生み出さねばならなくなっている。

だが、はたして満洲国の出現は新しき政治学説を創案しなければならないほどに特異なものであり、その政治形態は世界に対して最も新鮮で道義的な模範《モデル》を提供したのであろうか。それとも、それは満洲建国前夜の日中両国人の座談会において奉天図書館長・衛藤利夫がアメリカ建国を引照しつつ強調したように、国家形成に不可欠な「真摯なる夢」「真摯なる理想主義」を表明せざるをえなかったということなのだろうか。いずれにしろ、建国時に様々に表明されたこれらの言説をもって今日なお満洲国建設が道義国家をめざす理想の追求であったと主張されているのである。そしてまた、こうした建国理念こそ満洲国が自らの肖像をいかなるものとして描いていたかを直截に示すものである以上、その論理がいかなるものであったかをその論理に沿ってフォローしておくことは満洲国を論ずるに当って不可欠の手順といえるであろう。

満洲国建国の理念を集約的に示した文書としては、三月一日の「満洲国建国宣言」、九日の「執政宣言」、一二日の「建国に関する対外通告」の三つが挙げられる。

これらの文書は全体を通して、第一に、なぜ満洲国が建設されなければならないか、という建国の必要性をまず東北軍閥と国民政府に対する非難として並べ挙げ、第二に、それに対抗して満洲国が建設される正当性を建国理念として提示し、そのうえで、第三に、そうして建国された満洲国が国際的にいかなる地位を持ちうるかを宣言するという構成を持っていると読むことができるであろう。

具体的には、まず辛亥革命以後二十年にわたって東北三千万民衆が塗炭の苦しみを味わってきた元凶として軍閥の悪政が指弾される。兵乱を好み、驕奢《きょうしゃ》をきわめ、遊興にふけって人々の生活の安定など一顧だに与えず、ひたすら私利を図るだけの統治。そこでは幣制は乱れ、もろもろの産業は廃れ、道徳は地を払ってしまい、盗匪は横行して至るところで強奪や殺人が行なわれ、道には餓死者があふれている。また対外的にも排外を事として信用を失っている。この残暴無法の軍閥支配下にいるかぎり、満蒙三千万民衆はただ座して死を待つのみであり、どうしてこの窮状から脱け出すかだけを願って生きてきたのである。しかし、時は来たれり、という――

> 今や何の幸ぞ、手を隣師（日本軍）に借りてここに醜類（人非人たち）を駆り、積年軍閥盤《ばん》踞《きょ》し、秕《ひ》政《せい》萃《すい》聚《しゅう》せる地（永年にわたって軍閥が居すわり、悪政の極みを尽した土地）を挙げ一旦《いったん》にしてこれを廓清す。これ、天、我が満蒙三千万の民に蘇息（息をふき返す）の良機を予《あた》えしなり。（「建国宣言」）

要するに見るに見かねた日本軍の仗義《じょうぎ》扶助によって軍閥つまり張学良政権を追い払ったことにより、ようやく夢に見た安居楽業の大地で生きていく望みが出てきた、これこそ天が与えた絶好の機会である、というのである。

このように張学良政権下の民衆の生活をことさら悲惨の極みとして描き、民衆は軍閥の貪婪暴虐の魔手から逃れることだけを切望してきた、日本軍すなわち関東軍はその民衆の惨状を見るに見かねて「善隣の誼《よしみ》」により、「仗義扶助」つまり道義上やむをえず手をさしのべただけであるとして、満洲国建国と日本軍関与の正当化がはかられた。そこには軍閥政治を覇道政治とみなし、これに対置して満洲国の統治を王道政治とする含意がこめられていた。それはまた、関東軍を解放軍としてあるいは救世主として位置づける自恃《じじ》を示すものでもあった。たしかに、軍閥統治の下では軍事費が歳出の九割にも達したり、通貨の濫発により金融や幣制が混乱をきたしたりしたこともあった。しかし、そうした張作霖らの軍閥を利用してひたすら権益の拡大をはかってきたのが日本の満蒙政策であったことを忘れてはならないであろう。また、軍閥を前近代的な馬賊、緑林と等視することは日本のみならずリットン調査団などにもみられる通念であったが、張学良政権下では産業開発や教育振興がめざされただけでなく、蔣介石の同盟者として単なる地方割拠を拒否し、東北地域主義《リージョナリズム》と中国国民主義《ナショナリズム》の結合のうえに中国近代国民国家の形成を志向していたことも否定できないのである。まさしく、矢内原忠雄が指摘したように、「東北政府の軍事費膨大の中にもまた、満洲における支那国民主義発達との関連の契機が認められる」(『満洲問題』一九三四年)はずであった。

そして、そのつながりが明らかであったからこそ、「建国宣言」における弾劾の矛先は一転して国民政府の一党支配システムや民生主義・民権主義・民族主義から成る三民主義へと向けられ、張学良政権を一掃した今こそ、中華民国の支配から敢然と離脱することが満蒙三千万民衆の幸福を確実にするとの主張が展開されていく。

一党専横にして国政を把持す。何をか民生と云う、実にこれを死に置くなり。何をか民権と云う、ただ利を是れ専《もっぱ》らにするなり。何をか民族と云う、ただ党あるを知るのみ。既に曰《いわ》く天下公たり。また曰く党を以て国を治むと。矛盾乖謬《かいびゅう》、自ら欺き、人を欺く。種々の詐偽《さぎ》は究詰《きゅうきつ》するに勝《た》えず。（「建国宣言」）

たしかに、国民党が一方で政治権力の根源は国民にあるとする民権主義や「天下為公」を唱えながら、他方で「訓政（国民は政治的に幼児に等しく、国民党による養育と訓練を受けてはじめて参政権をはじめとする国民の権利を享受しうるとする思想）」や「以党治国（国民党一党を以て国を治める）」と称してエリート集団による一党専制体制をとるのは矛盾である。しかし、議会政治を否定し、政党の存在すら許さなかった満洲国が中国の政治システムについて「民怨《みんえん》沸騰し、政体の不良を痛心疾首せざるは無し」と批判してみても天に唾《つば》する所為に等しいであろう。また、三民主義の各々に対する非難も、必ずしも本来の意味内容と照応した反撃になっているわけではない。さらにもし、国民党の支配がそれほど専横をきわめ、三民主義がその理念と背反し、民心も離れているのなら、ことさらに排斥する必要もないはずである。にもかかわらず、国民政府と三民主義への難駁が激越をきわめたのは、それらが満洲国の存立を揺がす脅威と受け取られていたからに他ならない。

三民主義はすでに孫文の思想というにとどまらず、国民政府による国家統合の進展の中で次第に中国国民各層の間に浸透し、民族存続の願望の象徴的表現として捉えられるに至っていた。「三民主義は救国主義である」との表現がその境位を示している。三民主義教科書は反日・排日運動の教典として機能していたのである。満洲国政府が建国後、再三にわたって三民主義に係わる教科書等の全廃を布告し、三民主義の「芟除《せんじょ》」に躍起となったのはそのためであった。

こうして満洲国が自らの国家としての正当性と存立の意義を認知させうるためには、三民主義やそれに立脚した国民党義を駆逐し、凌駕するだけの衝迫力と中国諸民族の新国家への疑団を解くだけの説得力をもった政治理念の提起がぜひとも必要とされたのである。

それが順天安民、民本主義、民族協和、王道主義などの建国理念であった。

順天安民・五族協和の王道楽土

まず、順天安民、民本主義については、「政は道に本《もと》づき、道は天に本づく。新国家建設の旨は、一に以て順天安民を主と為す。施政は必ず真正の民意に徇《したが》い、私見の或存《わくそん》を容《ゆる》さず」(「建国宣言」)と規定される。この宣告が先に述べた軍閥支配の苛斂誅求《かれんちゅうきゅう》や国民政府の以党治国の体制が民意をないがしろにし、国民生活の安寧を損うものであるとしたうえで、これに対置されたものであること、そして、内容的には天下為公や三民主義のうちの民権主義、民生主義に照応したものとなっていることは明瞭であろう。「対外通告」では、この点について東北軍閥が「人民の休戚を顧みず、唯《ただ》私利を是れ図る……人民を塗炭の苦に陥らしめ」、中華民国の政情が「戦禍連年同胞を殺戮《さつりく》し、民生を聊《やすん》ずるの時なし」という惨状であったのに対し、満洲国政府は「法律制度の完備に力を竭《つく》し以て人民の安寧を保証し、その福利を増進せしめ」ようとするものであるとして対比されている。

　また、民族協和については、「凡《およ》そ新国家領土内に在りて居住する者は皆、種族の岐視《きし》、尊卑の分別なし。原有の漢族、満族、蒙族および日本、朝鮮の各族を除くの外、即ちその他の国人にして長久に居留を願う者もまた平等の待遇を享《う》くることを得。そのまさに得べき権利を保障し、それをして絲毫《しごう》も侵損あらしめず」（「建国宣言」）と述べられる。これが漢・満・蒙・日・朝の五民族が一律平等に共存共栄をはかっていくという五族協和ないし民族協和の理念である。この民族協和という観念がいかなる起源をもって満洲国建国理念のうちに取り込まれてきたかについてはすでに触れた。しかし、この観念もまた国内諸民族の平等と帝国主義の圧迫からの独立をめざす三民主義のうちの民族主義や民族自決主義に対抗的に形成されたという側面をもち、これにより反日・排日の根幹となっている民族意識を暗消《あんしょう》せしめる意図がこめられていることは論をまたない。加えて、五族共和というスローガンは民族主義を掲げて種族革命としての辛亥革命を成しとげたのち、孫文が漢・満・蒙・回・蔵の五族代表によって共和体制の確立をめざすために唱えたものであり、五族協和がこれを意識していることは否めないであろう。また、「種族の岐視、尊卑の分別なし」という種族＝民族平等、一視同仁の思想もすでに一九一二年三月の中華民国臨時約法第五条において「中華民国の人民は一律平等であり、種族・階級・宗教によって差別されることはない」と条文化されて以降、複合民族国家中国における国民統合の基軸となってきたものであった。

いずれにしろ、こうした順天安民、民本主義、民族協和を主たる内容とし、それらを包括した概念として唱導されたのが王道主義であり、それがまた混沌たる状況にある世界政治に対して満洲国が提起した新機軸であるとされたのである。順天安民や民本主義そして民族協和が各々に三民主義へのアンチ・テーゼという意義を担っていた以上、王道主義が三民主義さらにそれを奉じる国民政府や中華民国への反措定として位置づけられていたことは容易に想像がつく。

ある論者が「満洲国成立の意義は種々あるが、立国の重要目標として王道政治の実現を持って来たことに就て、筆者はこれを中華民国に対する一種のみせしめ——或は範を示すこと——と解釈することが、満洲国の成立を倫理的に意義づけるために最も正当であると信ずる」（傍点原文、林君彦「王道の実践としての官の改善」『満洲評論』一九三二年八月一三日号）と述べているのは、けっして特異の論などではなく、当時の論考に多く同軌の主張を見出しうるのである。

しかし、以上のような意図を含みながらも、「建国宣言」は「王道主義を実行し、必ず境内一切の民族をして熙熙《きき》皞皞《こうこう》として春台に登るが如くならしめ、東亜永久の光栄を保ちて世界政治の模型と為《な》さんとす」と述べて、満洲国建国の意義が満蒙三千万民衆に安居楽業の理想境をもたらすだけでなく、東洋政治道徳の精髄をもって西洋政治の行きづまりを打破し、人類史上に新たな模範国家を提示するにあると謳いあげていった。これをうけて「執政宣言」は「人類は必ず仁愛を重んぜよ、然るに国際の争あれば、すなわち人を損し己を利す。而して仁愛薄まる矣《なり》。今、吾国を立つ、道徳仁愛を以て主となし、種族の見、国際の争を除去せん。王道楽土まさに諸《これ》を実事に見るべし」と仁愛にもとづく道義国家を建設することによって民族と国家の争いなき世界の実現に向けて貢献しうるであろうとの抱負を示したのである。池田秀雄は、この「執政宣言」こそ「四千年来の王道を如実に宣言し、欧米帝国主義の覇道政策に行き詰って居る世界に一大光明を放った福音でなくて何であろう」（『満洲統治論』一九三四年）と述べ、欧米帝国主義の覇道主義に代わる高次の理想を打ち出したものとして賞讃を惜しまなかった。

こうした世界史的意義の主張とともに「対外通告」においては、道義立国の精神に則って国際信義の尊重、門戸開放、機会均等、治外法権その他債務の中華民国からの継承などを公約し、「国交の親睦を期し、世界平和に貢献せんとす」として各国の承認を求めたのである。

このように満洲国の建国理念は様々な意図を秘めつつ、王道主義の実行、王道楽土の実現など種々の表現をもって語られ、それが満洲国の創造した革新的政治理念であるとして宣揚された。しかし、それらは世界政治の境位をみきわめたうえで新機軸を創出したというよりも、むしろ中国の政治勢力とその政治的主張に対抗すべく反措定として提起されたというべきものであった。満洲国建国の理念には中華民国の影が強く反映されていたのである。また、それらが張学良政権や国民党を実際以上に不当に貶《おとし》め、自らを高しとすることによって満洲国建国を正当化する政治的プロパガンダであり、イデオロギーにすぎなかったことも明白である。

しかしながら、当時においては建国理念がいかなる意図に根ざしていたかにかかわらず、この道義立国の大旆を高く掲げた建国を、そのめざした到達点において捉えた人びとも少なくなかったのである。そして、この初発の建国理念を「真摯なる夢」と受けとめて、それに殉じて朔北の荒野に散った人々もけっして少なくはなかったのである。彼らにとっては、それがいかなる出自をもつものであれ、身命を賭しうるだけの理念でありえたであろうことを否定することはできない。たしかに建国文書が本当に実施されたなら満洲青年連盟のリーダーの一人であった平島敏夫が言うように、満洲建国をもって「政治学、更に政治哲学的に云えば、近世を動かして来た自由革命と平等革命（共産主義革命）に次ぐ第三革命、即ちリヴァテー（自由）、イークォリティ（平等）で解決されないフラタニティ（仁愛）による道義革命を意味するものであった」（高須祐三編『満洲事変と満洲青年聯盟』）との確信を導き出すことも不可能とはいえず、片倉衷のように「満洲建国は一の王道革命と謂うを得べし」（『天業・満洲国の建設』一九三二年）といっても曲論と斥けられなかったかもしれない。

しかし、それでは仁愛や王道とはいかなる内実をもっていかに実現されるのか、ということになると建国文書でもきわめて抽象的で漠然としている。あるいは抽象的で漠然としているだけに、それぞれの人がそれぞれの夢と理想とイメージをそこに織りこんで共鳴できたということもあろう。とりわけ、王道という概念は満洲国建国と密接に結びついてさかんに語られはしたものの、言語象徴の常として論者によって同床異夢というのが実情であったとみてよいであろう。そして、このように満洲国にいた人々が王道政治を高唱したことは、反面からいえば日本人の中国政治思想への理解が観念に傾き、現実の動きや歴史過程にかえって無関心であったことと無関係ではないようにも思われる。在満の日本人に影響力をもった大陸経綸思想家であった金子雪斎や松崎鶴雄、そして満洲日日新聞記者金崎賢らが唱えた王道とは、あくまで覇道に対立するものとして観念された心術としての政治哲学にすぎず、中国の現実を顧慮したものではなかった。それだけに中国専門家の間では、満洲建国に具体的施策を欠いた王道を持ち出すことにはきわめて強い危惧の念が表明されたのである。

たとえば橘樸が自治としての王道を唱えたことはすでに述べたとおりであるが、彼はまた石原莞爾に満洲建国の理念として王道を用いれば中国人も納得するし便利であるとして勧説したと「大陸政策十年の検討」(『満洲評論』一九四一年一〇月二五日号）などで述べたこともあって、王道立国の首唱者のように今日受け取られている。しかし、満洲国建国直後に橘が日本国民に向けて書いた満洲国紹介記事では、王道について「この思想を政治の実践上の指導方針として取扱うことになると、歴代の学者は異論の紛出に悩まされ、政治家は必ず失敗の苦杯を嘗《な》めさせられた。かかる難問題を無造作に取り上げて、敢て新国家経営の指導方針と宣言した政治家達の胸裏には、果していかなる成算があるか」(「満洲国家の組織」仲摩照久編『満洲国の解剖』）と、内実を伴わないまま安易に王道を持ち出すことに懸念を示していたのである。

また、中国学の泰斗、内藤湖南も王道を建国の理想とすることについて、次のような疑念を呈していた。


「王道」ということが頻《しき》りに倡《とな》えられて、建国の理想とされているようであるが、「王道」という字面は誠に結構で何人も異議なき所であるが、然らばその内容如何《いかん》ということになると、誰でも明白に説明すること仲々難かしかろうと思う。事実「王道」という字面の生れ出でた支那本国に於てすら、その「王道」が歴史上実現された時代というものは殆んどなかったのであるから、つまり古来から理想として持ち伝えられた教訓たるに過ぎない。かつ此《こ》の理想というものは誠に結構で何人も異議を挟《はさ》む余地がないが、それを行う人の如何によっては時には却《かえ》って理想と反対の結果が生ずることのあることも屢々《しばしば》歴史上見受ける所である。

(「満洲国今後の方針に就て」『大亜細亜』一九三三年七月)


はたして、橘の懸念したように満洲国の政治家たちは王道を無造作に取り上げたことによって苦杯を嘗めたのであろうか。あるいは内藤湖南が虞《おそ》れたようにかえって理想と反対の結果を生むにいたったのであろうか。それとも、建国宣言が謳い上げたごとく「世界政治の模型」となりえたのであろうか。そのいずれであるにせよ、関東軍の武力によって生まれた国家が、覇道ではなく、王道を建国理念としたことは、大いなるイロニーであったというほかない。

ともあれ、一面では世界史上の第三革命とさえ意義づけられる過大なほどの理想と希望とを託され、あるいは一面では単なる粉飾、誇大な妄想と冷笑をもって迎えられながら、また一面では関東軍支配という暗闇の中で残された最後の光明という期待をつなぎとめながら、さらに他の一面では大きな危惧の念を抱かれつつ、満洲国は地上の理想境、人類安住の王道楽土の実現を標榜して出立したのである。

そして、その王道政治を担うべく出盧したのが清朝末代皇帝《ラスト・エンペラー》溥儀であった。しかし、溥儀は天命を享けて順天安民の治政を行なう王道国家の天子の地位に就いたのではなかった。

それでは、なぜ廃帝溥儀が満洲国の元首に迎えられたのか、そしてまた「民を保つ者、これを王と謂う」という『易経』の文言を引いて王道国家と唱えながら、なぜその元首は王すなわち天子とされなかったのであろうか。

中華民国の影はいよいよ色濃い。

龍の帰郷―復辟を夢みて

満洲すなわち中国東北部は、女真族の一首長《しゅちょう》から身を起こした太祖ヌルハチが、全土を征服して清朝を興す基礎を固めたことから、大清龍興の地ともいわれた。その祖宗発祥の地へ入関から数えて清朝第十代皇帝であった宣統帝溥儀が新国家・満洲国の元首として首都長春（一四日、新京と改称）の駅頭に降り立ったのは、一九三二年三月八日午後三時のことであった。

車が止まらないうちに、プラットホームに軍楽の音と人びとの歓呼の声が起こるのが聞こえた。隊列の中には袍子《パオツ》、馬褂《マーコウ》もあり、洋服もあり、日本の和服もあって手に手に小旗を持っていた。私は思わず感激がこみあげてきた。……私が列の前を歩いていると、熙洽《きこう》が突然一隊の日の丸のあいだにまじった黄龍旗を指さして言った。「これはみな旗人です。彼らは陛下を二十年の間、待ちこがれていたのです。」この言葉を聞いて、私は熱い涙が目にあふれるのを押えられなかった。私には大いに希望があるのだという気持がますます強くなった。
(溥儀『私の前半生』)

一九〇八年わずか三歳で即位し、辛亥革命によって中華民国成立とともに一九一二年在位三年余で退位した溥儀。「清室優待条件」によって皇帝の尊号と年金を受け、一九一七年には張勲《ちょうくん》による北京占領の間、つかの間皇帝に返り咲いた(丁巳復辟)ものの、二四年馮玉祥《ふうぎょくしょう》によって一切の特権を奪われて以後、日本の保護の下に怏怏《おうおう》たる日々を送ってきた溥儀。龍種《りゅうしゅ》に生まれつき、廃帝となっただけに、溥儀の帝位に復帰したいという復辟の想いは黙《もだ》しがたく、ひとたびは外国への脱出を考えたものの、それが叶わぬと知るとなおいっそう清朝の再興に妄執ともいえる青白き炎を燃えたぎらせてきたのである。溥儀にとって、「祖業回復」と「光復回栄」こそは生きるすべてであり、あらゆる思惟はすべてそこに発し、そこに収斂していた。

その祖宗発祥の地に新国家の元首として帰還した溥儀を清王朝の旗である黄龍旗を掲げて跪《ひざまず》いた満洲旧臣迎鑾団《げいらんだん》が待ち受けていたのである——溥儀が感涙にむせび、未だかつて覚えたことのない昂奮に全身をふるわせたのも肯《むべ》なることであったろう。しかし、はたして溥儀には大いなる希望、すなわち満洲国皇帝となってその力で関内を平定し、再び北京の紫禁城へ戻って「後清」王朝の皇帝となる希望を実現する方途が約束されていたのであろうか。満洲国はその階梯となるべく溥儀に供されたのであろうか。

新国家の頭首として溥儀の登用が決定したのは、一九三一年九月二二日、関東軍が満蒙占領案から一転して独立国家構想へと移った時であり、いかにも唐突な印象を与える。この決定を促した直接的な要因としては、陸軍中央から派遣された建川美次少将が関東軍司令官や参謀に対し、二〇日「現東北政権を潰し、宣統帝を盟主とし日本の支持を受くる政権を樹立するを得策とすべし」(「片倉日誌」)と提議したことにあった。満蒙領有だけを想定し、独立政権ないし独立国家についての具体案を用意していなかった板垣、石原ら関東軍参謀としては、急遽その提案を受け入れた形で方針を取りまとめ、陸軍中央との意思統一をはからざるをえなかったのである。しかし、表面的には関東軍側の妥協にも見えるこの決定の背景には、すでにそれ以前からの日本陸軍および関東軍と宣統帝派との交渉が大きく作用していたことも否めないであろう。

すでに一九一二年、一五・六年の二次にわたって清朝回復をねらう宗社党と結んで満蒙地方を分離独立させ、日本の強い影響のもとに満蒙王国を立てる策動が進められたことは今日よく知られている。この満蒙独立運動には川島浪速《かわしまなにわ》ら民間人とともに、これに呼応する陸軍軍人が深くかかわっていた。のちに関東軍参謀長として満洲国の帝制への移行を推進した小磯国昭もその一人であったが、日本政府が張作霖を援助して満蒙分離を進める方針に転じたことにより、陸軍軍人と宣統帝派とのつながりは次第に疎遠になっていった。しかし、宣統帝派の側からの日本の政軍界への働きかけは絶えることはなかったのである。

一九二七年八月から九月にかけて対日工作のため訪日した溥儀の侍臣・鄭孝胥は近衛文麿、宇垣一成、米《よ》内《ない》光政《みつまさ》、鈴木貫太郎、南次郎、平沼騏一郎、清浦奎吾らと会って溥儀の復辟について議を交わし、時機至れば積極的支援を受ける感触を得ていたという。また、一九二九年八月には、河本大作のもとに溥儀からの密使が訪れ、満洲での復辟の希望を伝えている。河本はただちに陸軍軍務局長小磯国昭を訪ねて溥儀を東三省の主権者とする可能性について打診したが、小磯はこれに同意し、「宣統帝にとっては、元来満洲は清朝の旧領だ。それが軍閥によって簒奪《さんだつ》されているのだから、それを愛新覚羅《あいしんかくら》の昔に返すことは当然だといえる。その宣統帝が満洲に復帰するとなれば、うるさい国際関係の容喙《ようかい》も許さないだけの理論づけもできる」(平野零児『満州の陰謀者』)と答えたといわれる。河本はこれを受けて、旅順で板垣、石原の両参謀と打ち合わせをしたのち羅振玉《らしんぎょく》(ルオチェンユイー)、鄭孝胥らと会い、意のある所を伝えて時機を待つよう説いている。そして、その会見の様子を板垣、石原に報告したとき、「床の間はできたようなもんですね」(同前)と石原は会心の笑みを洩らしたという。この河本の行動と小磯、石原の言葉がどれほど正確なものか、疑問がないわけではないが、この後も柳条湖事件にかけて宣統帝派の関東軍への働きかけはきわめて活発なものとなっていた。

すでに張作霖の爆死に乗じて清朝復辟を画策したこともある溥儀の旧臣・羅振玉は一九三一年春、吉林に熙洽を訪ねている。熙洽は愛新覚羅（アイシンギョロ）氏の一族で太祖ヌルハチの弟ムルハチの後裔に当たり、日本の陸軍士官学校を卒業して東北保安副総司令兼吉林省主席張作相の参謀長に任じていた。関東軍が連省自治の方式で新国家建設を進めるに当っては、いち早くこれに呼応した熙洽の存在がきわめて有効であったことは疑いないが、熙洽もまた早くから帝制復活に自己の政治的上昇の望みをかけており、羅振玉と溥儀復辟について意を同じくしたという。これを受けて羅振玉は、東三省と日本の関係が密接であることから関東軍（羅振玉は「友邦軍部」と表現している）の了解なしには帝制復活もおぼつかないとみて関東軍司令官としばしば折衝し、東亜の平和をはかるために中日協力して東三省の安定に着手する必要があり、東三省の安寧をはかるためには宣統帝の出馬が衆望を得る最善の道である、といった説得を繰り返していた。そして、柳条湖事件が起こるや、熙洽とともに関東軍に溥儀の起用を勧説し、遂に承認させるに至ったという（羅振玉『集蓼編』一九三二年）。

かくして、関東軍が溥儀の起用を決定した九月二二日、羅振玉は板垣の招電により奉天を訪れ、面談ののち熙洽や洮南の張海鵬ら宣統帝派の取りまとめに当って建国工作に携わっている。関東軍が熙洽、張海鵬のほか独立運動の担い手として湯玉麟、于芷山、張景恵の名を挙げ「右は従来宣統帝派にして当軍と連絡関係を有す」（「片倉日誌」）としていることからすれば、宣統帝派を張学良への反対勢力の核とみてあらかじめ連絡をつけていたことが推測される。そして、九月三〇日、板垣は上角利一を羅振玉とともに溥儀のもとに派遣、新政権の頭首に推戴することを伝えたのである。

それではなぜ関東軍は溥儀の登用に踏み切ったのであろうか。その理由としては、第一に、溥儀が満洲族の名門であり、旧皇帝としての声望はなお東北地方で元首として通用すると判断したこと。第二に、中国東北地方が満洲族の故地であることから頭首となっても国際的非難を回避できる可能性が高いこと。第三に、溥儀が国民党政府に対し激しい反感を抱いており、蔣介石とも張学良とも結ぶ心配がないと判断されたこと。第四に、熙洽、張海鵬らの支持はあるものの溥儀自身には政治的実力がなく、関東軍に頼らざるをえないこと。第五に、連省自治といった形態をとる国家で、いずれかの省の実力者が政権を握れば対立を生むことになり、分裂を避けるためにも溥儀のように固有の基盤をもたない人物をシンボルとして元首の座に据えたほうが無難であるとみなされたこと、などを挙げることができるであろう。

しかしながら、そのことは溥儀だけが新元首として唯一の候補者であったということを意味するものではなく、恭親王溥偉《ふい》（プウェイ）を中心として「明光帝国」を建設する運動も行なわれていたし、山東省にいた孔子の子孫を頭首とする案も関東軍では検討されていた。このほか、張宗昌《ちょうそうしょう》、唐紹儀《とうしょうぎ》、呉佩孚《ごはいふ》などのほか粛親王第七子金壁東を擁立して親日政権を樹立する動きも活発になされていた。そうした動きは溥儀を登用することが時計の針を二十年も逆戻しにする時代錯誤とみて避忌する気分が強かったことの現われでもあった。

もちろん、関東軍としても溥儀を絶対に元首にしなければならないと考えていたわけではない。関東軍が溥儀をいかに見ていたかは、天津から溥儀を脱出させるに当って、万一中国軍に発見されて逃げきれなかった場合、ガソリンに火をつけて船もろとも生き証人を沈めてしまう予定でドラム罐が積み込まれていた、という一事をもってしても知ることができるであろう。

しかし、独立国家として新国家を建設する以上、誰かを元首にしなければならないことも事実であり、相対的にせよ溥儀が関東軍にとって利用価値が高かったことは否めない。加えて、溥儀を引き出すことによってもたらされるはずのもうひとつの効果にも関東軍の食指は動いていたのである。

それは満洲国の版図として関東軍が内蒙古を取り込むことを企図としていたことにかかわっている。つまり、蒙古の諸王侯は清朝とのつながりも深く、また漢民族への反発という点からみても満洲族の溥儀を用いれば蒙古族の支持を調達することは容易になると見込まれたのである。そして、関東軍の見込みどおり、満蒙両族は同じ君主を戴くという同君思想によってホロンバイルの貴福、凌陞、哲里木《テリム》盟の斎黙特色木丕勒《チムトシムベロ》らが呼応、またかつての満蒙独立運動の推進者バブチャップ将軍の遺児甘珠爾扎布《カンチユルチャップ》（一時期、川島芳子と結婚）、正珠爾扎布《チョンチユルチャップ》らも蒙古青年党を率いて内蒙独立運動を展開しつつ新国家建設へと動いていったのである。こうして一九三二年二月二一日には蒙古各旗代表の協議により新国家への参加が決議されるに至り、「吾が蒙古民族は歴史上に於て絶大の光栄を具有せしに悪政の苛虐を受くること既に深く久し……吾が蒙古民族はこの機会に乗じ、願わくば東北民衆と一致団結し、この満蒙大地の上に一新理想国家を建設し、善政を実行して以て民福を謀《はか》らん。吾が蒙古は誓って至誠を以て宣統帝を推戴《すいたい》擁護し、長期替わることなく久しきを歴《へ》て渝《かわ》らざらしめん」との宣言が発せられた。ここに漢民族の移入により遊牧地をめぐって民族的葛藤に直面してきた蒙古族も民族共存の理想を掲げる新国家の建設に溥儀の推戴を条件として加わることとなったのである。

だが、清朝の遺臣や満洲族、蒙古族の一部そして溥儀自身の皇帝復帰への想念がいかに強烈なものであろうと、その基幹となる満洲族の数は満蒙の漢民族に対して一割にも満たず、多くが漢民族に同化していた。吉林の熙洽にしてもその政治基盤は脆弱で、丁超《ていちょう》・李杜《りと》の反吉林軍の攻勢にさらされており、張海鵬軍はその数わずかに二千で実戦経験もなく「その勢威、極めて薄弱なり」（「片倉日誌」）とみられていた。当然、関東軍としては復辟派に全面的に肩入れすることはできなかったし、そもそも帝制を前提として溥儀の起用がはかられたわけでもなかった。しかし、復辟の夢だけを追い求める溥儀は帝制の可能性をにおわせる関東軍に賭けるしかなかったのである。

溥儀がすでに故地へ帰る決心をしていた一九三一年一〇月、かつて紫禁城にあって溥儀をヘンリーと呼んだイギリス人家庭教師R・ジョンストンが溥儀を訪れ、彼をテーマとした回想録『紫禁城の黄昏』への序文を求めた。そこで溥儀にまもなく天津を去る理由を教えられ、新国家の皇帝となることを確信したジョンストンは喜びをもって新たに終章「龍、故地へ帰る（Dragon goes home)」を書き足し、龍＝溥儀の将来を次のように予見した文章を記している。

龍は、彼の故地に帰った。……

彼は心から愛した出生の国――彼を無視し、侮辱し、略奪し、外国人であると公然と非難した国（中華民国）から逃れて、父祖の地である満洲の家へ帰ったのである。……もし、中国の賢人の言葉――「大難不死必有後福」つまり「大いなる危難にも屈せず立ち上った人は、必ず将来幸福となる」――が真実であるなら皇帝の将来はまことに豊かで幸せなものとなるであろう。（Reginald F. Johnston, *Twilight in the Forbidden City*, 1934. 入江曜子・春名徹訳『紫禁城の黄昏』）

まことに、溥儀は中華民国への愛憎相半ばする想いを抱いて故地へ帰ったのである。しかし、そこで溥儀を待ち受けていた現実は、ジョンストンが予見したように豊かでも幸せなものでもなかった。溥儀に用意されていた地位は皇帝ではなく、忌わしい中華民国の影のまつわりついた執政という曖昧な官位だったのである。「もし皇帝になれないのだったら、この世に生きていてなんの意味があるのか！」（『私の前半生』）という激しい思いにもかかわらず、溥儀は新生満洲国の皇帝として推戴されることはなかったのである。

復辟の夢はひとまず潰《つい》えた。失意の溥儀の胸中に「なんのために千里の道を越えてこんな所まで来たのか」（同前）との想いが空しく去来した。

ではなぜ、溥儀は皇帝ではなく、執政という地位に就くことになってしまったのであろうか。

執政は全人民これを推挙す

さて、関東軍がいちはやく溥儀の登用を決定したことは、関東軍の独断専行への反発と増幅しあいながら溥儀そのものへの嫌忌《けんき》を誘発していった。「宣統は古し、軍閥を昇《かつ》ぐことは避けたし、出来るなれば新勢力によりての成立を望む」――関東軍に対し好意的であった宇垣一成朝鮮総督さえ三一年一〇月一〇日の日記にこう記しているが、まして、国際世論を配慮する人々にとっては清朝の復活をイメージさせる溥儀擁立はあまりにも時代錯誤の企てであるとしてこれに反対し、関東軍に自重を求める声が強かった。海軍は天津からの溥儀の誘い出しを拒絶していたし、陸軍でも屈指の中国通といわれた坂西利八郎《ばんざいりはちろう》は日本人と中国人の間にある溥儀への評価のギャップを問題にし、溥儀の起用は日本人の中国認識の浅薄さによるものだと警鐘を鳴らしていた(『満蒙問題の重点』一九三一年一〇月)。また、幣原外相は一九三一年一一月一日桑島主計《くわしまかずえ》天津総領事に宛てた訓電で溥儀の登用に強い危惧を示していた。

現今満洲住民の殆ど全部が漢民族なることに顧み、宣統帝の擁立は満洲自身に於ても不評判なるべく、況《いわん》やその支那本部および世界各国に与うる影響は反革命、反民主主義陰謀等の標語の下に想察に余りある次第にして、斯《か》くては日支の了解は将来永久に不可能となるが如き事態を発生すべし。いずれにするも宣統帝擁立の如きは全く時代錯誤の計画と申す外《ほか》なく、右は将来における帝国の満蒙経営に対し重大なる禍根《かこん》となるの虞《おそれ》ありと存ず。

幣原外相のこの懸念は直接には一一月一六日の国際連盟理事会を控え、溥儀の出廬がいかなる意図によるものであるにせよ「外部にては我が方において満洲独立国を計画したるものとみるべく……またまた世界世論の激高をきた」すことへ向けられたものであった。しかし、その後の満洲国がたどった道程を顧みるとき、幣原の予見はまことに正鵠《せいこく》を得たものであったといえよう。

しかも、早急な溥儀引出しへの懸念は満洲事変不拡大方針を採る幣原外相のみならず、溥儀を頭首とすることに了解を与えていたはずの陸軍中央にも高まっていた。にもかかわらず、関東軍は一六日の国際連盟理事会開催までに既成事実を作ってしまう必要上、奉天特務機関長・土肥原賢二大佐に天津事件を仕組ませ、その戒厳令のなかで一〇日、溥儀を脱出させたのである。このため一一月一五日、南次郎陸相は本庄関東軍司令官に打電して、たとえ形式的に満蒙民衆の意思の名を以てするも溥儀を擁立することは「世界をして帝国軍の心事に疑惑を抱かしめ……帝国の対列国策に極めて不利なる情勢を激成するの虞あり……よってここ暫く溥儀をして主動たると受動たるを問わず、政権問題に全然関係せしめざる如く一般を指導せられたし」との指示を与え、強く自粛を促していた。

しかも、関東軍による溥儀擁立策の強行に対しては、日本のみならず満洲でも抵抗が生じてきていた。関東軍が宣統帝寄りと目していた張景恵も溥儀擁立反対の意向を示しており、奉天閥の中には臧式毅を推す声が強かったのである。また、貴族院満鮮視察旅行団の報告によれば、「一般民衆は時代錯誤の宣統帝を歓迎せず、たとえ彼を首班とする独立国を造るとも統一は付かず、久しからず瓦解するものと看做されている」(「事変前後の東北人物の分野」一九三一年一二月)というのが実情であったという。さらに、満洲青年連盟や大雄峯会などの日本人たちの間からも溥儀を持ち出すことは辛亥革命以来の中国人の努力の成果を否定し、神経を逆撫でする愚挙であり、自分たちが進めている自治指導運動の存在意義をも抹殺するものであるとして猛反発が起きていた。たしかに、満洲建国が張学良政権に反対する三千万民衆の自発的独立運動であると強弁するのなら、関内にいる溥儀を頭首とすることには無理があり、金井章次らが主張したように反張学良の立場で絶対保境安民主義を唱える于沖漢などを推すのが妥当であったろう。

しかも、溥儀に対する明白ないし暗黙の反対という以上に関東軍にとってさらに憂慮すべきことがあった。それは、在満の中国人協力者のなかに張学良の満洲復帰を望む声が依然強かっただけでなく、柴山兼四郎少佐などの中国通軍人も張学良以外では事態の収拾はできないと関東軍司令官に建議する状況にあったということである。そして、当時は知られてはいなかったが、昭和天皇も張学良の復帰を適当と考えていたといわれる。

昭和天皇は三一年一〇月四日に関東軍司令部の発した「満蒙在住三千万民衆のため共存共栄の楽土を実現せん」とする声明に対し、「本庄司令官の声明及び布告は内政干渉の嫌あり。今後は此の如きことなき様したし……陸軍の意見は適当ならざる様に思わる」(『奈良武次日記』一九三一年一〇月八日)と奈良武次侍従武官長に伝えており、新政権樹立には当初反対の意向を示していた。もっとも、三二年一月八日には関東軍に対して「曩《さき》に満洲に於て事変の勃発するや、自衛の必要上関東軍は果断神速、寡《か》克《よ》く衆を制し、速に之《これ》を芟討《せんとう》せり……勇戦力闘、以てその禍根を抜きて皇軍の武威を中外に宣揚せり。朕深くその忠烈を嘉す」とのいわゆる優渥《ゆうあく》なる勅語を下賜しており、関東軍の軍事行動そのものについては賞揚する立場をとっていた。そのうえでなお、一月二一日には荒木陸相と真崎参謀次長に新政権の頭首として「満洲に張学良を復活せしむるには、陸軍は何処《どこ》までも不同意なるべきや」（『奈良武次日記』）との意見をもらしており、張学良の復帰を穏当とみていたのである。もちろん、この天皇の意見が関東軍に伝わったとしても、すでに前年一〇月四日以来「今や政権樹立の運動各所に発生し、庶民斉《ひと》しく皇軍の威容を謳歌するも旧頭首を推戴せんとするの風、微塵も無し。蓋《けだ》し積年軍閥私欲の横暴に憤激せるの結果に外ならざるなり」との声明をもって建国運動が展開され、新国家の骨格も定まっていた以上、張学良を復活させることなど関東軍にとって絶対にできるはずもなかったであろう。

いずれにしろ、満洲領有論から転回した段階で早々と溥儀の起用を決定し、他に持駒を用意していなかった関東軍としては、溥儀で突破するしか途は残されていなかった。ただし、こうした溥儀擁立への反発を緩和するためにも、復辟という形式は避けることが望ましかったのである。しかしながら、関東軍が同時に存在していた復辟派の強い要求にもかかわらず、溥儀を皇帝としなかったのは以上のような諸々の思惑や政治状況を配慮したためだけではなかったように思われる。むしろ、より重要な理由としては、中華民国から分離した独立国家を形成するに当って、共和制を採る中華民国に対抗し優位性を誇示していこうとすれば立憲共和制をぬきにしては考えられなかったということが挙げられるのではないだろうか。

事実、関東軍側で作成した新国家構想においては表面的にはすべて民主政体や立憲共和制が想定されている。満洲国建国構想の第一次案として一九三一年一〇月二一日に策定された松木侠起草「満蒙共和国統治大綱案」では、題名からも明らかなように、政体は立憲共和制であり、その元首は大総統となっている。大総統とは民国二年（一九一三年）の天壇憲法《てんだんけんぽう》草案で採用されて以来、民国二〇年六月の中華民国訓政約法で新たに国民政府主席が現われるまで、中華民国の元首の称号としてほぼ一貫して用いられていたものである。この大総統の選挙方法としては各省から選出された委員による指名、議会による選挙などの方式があったが、いずれにしろそれは民意に基礎を置くものであった。そして、松木侠起草の第二次建国案である一一月七日の「満蒙自由国建設案大綱」が元首の名称をいかなるものにするにせよ、「敢て民主政体の形式を固執する必要なきが、実際上民意に基く政治を布き得る制度を執ること肝要なり。故に元首たるものは民意を代表するものたらざるべからず」としているのも、中華民国の政体と元首が念頭にあったればこその発想であるに違いない。以後、一九三二年二月二四日「民本政治、国首―執政」と確定するまで元首の名称として大統領、委員長、監国などの案が出されたが、それらはいずれも民主政体ないし共和制を前提としたものであった。もちろん、民主政体ないし共和制を前提とせざるをえなかったのは、中華民国の影のほかに満洲国建国が満蒙三千万民衆の自治を掲げ、五族協和を呼号していたため、満洲族の王朝が復活した形式では民衆自治に反し、民族間の対立・分裂を招きかねないという事情もあった。そのため、関東軍は一九三二年一月の陸軍中央部との満蒙新国家に関する協議においても、溥儀を首脳者としながら「首脳者には大統領以下の適当なる名称を附し、復辟的傾向を避くる如くす」としていたのである。

こうした動きに対し、復辟だけを宿願として生きてきた溥儀と復辟派の羅振玉、鄭孝胥らは関東軍の真意を測りかね、南次郎や黒龍会の頭山満、元鉄道大臣小川平吉などに使臣を派遣して支援を求めたほか、本庄関東軍司令官や板垣参謀に対して復辟実現の懇請を続けていた。しかし、中国東北に政治基盤をもつ勢力の中には強い反発があり、一九三二年二月一六日からはじまった中国側建国最高会議は政体の問題をめぐって紛糾をきわめることとなった。

会議では熙治の代理張燕卿《ちょうえんきょう》（チャンイェンチン）、謝介石、溥儀側近の萬縄栻《まんしょうしき》、ホロンバイルの凌陞の代理邵麟《しょうりん》らが強く帝制採用を主張したのに対し、臧式毅、張景恵、趙欣伯《ちょうきんぱく》、馬占山代理の趙仲仁《ちょうちゅうじん》らは時代に逆行する帝制を否定して立憲共和制の採用を主張して譲らず、両派の対立は東北行政委員会の名をもって新国家独立宣言が発表された二月一八日以降も帰趨定まらなかった。政体の決定いかんで、その後の権力配分が大きく左右される以上、双方相譲るはずもなかったのである。そのため業を煮やした関東軍側が民本主義に則って元首は執政とし、執政が善政を行なうこと数年にして人民が執政の徳を称えて皇帝に推戴すれば帝制に移行する、との案を示してようやく二月二四日決着をみたのである。

この執政という称号は、一九二四年に段祺《だんき》瑞《ずい》（トアンチイルゥエ）が自称した臨時執政にならったものであるが、段は中華民国約法の規定にしたがい議会で合法的に首班に選出されたものではなかったために大総統の名を避けて臨時執政と称したのである。こうした由来をもつ執政という称号は、民意に基礎をもつことなく元首となった溥儀の地位をよく象徴しているといえるかもしれない。そして、この妥協案として採用された執政という地位については、当然各々の立場で都合のよい解釈が与えられることになる。溥儀らは執政就任の受諾条件として暫定的に一年間執政となり、その間憲法によって国体が定まれば帝位に即《つ》くと考え、立憲共和制論者は国民の支持がなければ直ちに地位を失うとみていた。

執政の地位は三月九日公布の政府組織法に定められたが、その性格は一九一四年の中華民国約法（新約法）における大総統に関する規定と対比してみるとよくわかるように思われる。

政府組織法	中華民国約法
第1条　執政は満洲国を統治す。	第14条　大総統は国の元首にして統治権を総攬す。
第2条　執政は満洲国を代表す。	第15条　大総統は中華民国を代表す。
第3条　執政は全人民に対して責任を負う。	第16条　大総統は国民全体に対して責任を負う。
第4条　執政は全人民これを推挙す。	

ここに明らかなように、執政の地位そして条文上の文言も大総統のそれに準拠したものである。ただし、第4条に相応する規定は中華民国約法にはなく、これは満蒙三千万民衆の総意に基づき順天安民の大旨によって王道政治を行なうとした建国理念を条文化した独自のものである。しかし、執政が実際に全人民の推挙を受けたことはなかったし、治政上の責任を具体的にいかに負うかについてもなんら法的に明示されることはなかった。それは橘樸が批判したように「終《つい》に徒法たるを免れぬ」(「王道政治」『満洲評論』一九三二年五月二八日号) 虚構にすぎなかったのである。

だが、まさにこうした清朝龍興の地という場、立憲共和制を採る中華民国への対抗、そして満蒙三千万民衆の総意という虚構――これら三つの要件の奇妙な混交の所産として執政という地位が生まれたのであった。こうした執政を元首とする国体について、満洲国初代総務長官となった駒井徳三は、「共和国は選挙によりて大総統を選ぶことを必要とするも、新国家は選挙を行い難き事情あるを以て、国体は帝制とも共和制ともつかざる準帝制的仕組とする」(『大満洲国建設録』) と解釈しており、いかにも共和制満洲国の鵺《ぬえ》的相貌を言い得ているかのごとくである。しかも、駒井が準帝制的と表現したごとく執政の権限は広大であり、政府組織法によれば、

1、立法院の翼賛によって立法権を行う (第5条)
2、国務院を統督して行政権を行う (第6条)
3、法院をして司法権を行わせる (第7条)
4、命令、緊急教令を発布する (第8・9条)

5、官制を定め、官吏を任免する（第10条）
6、宣戦、媾和および条約の締結（第11条）
7、陸海空軍の統率（第12条）
8、大赦、特赦、減刑および復権を命ずる（第13条）

などと定められていた。これらは大日本帝国憲法における天皇の権限に比肩しうるものであり、運用いかんによっては「執政の事実上の独裁的性質を根拠づける可能性がある」（前掲、橘樸「満洲国の組織」『満洲国の解剖』）と評されたものであった。

こうした規定に彩られた執政への溥儀の就任式は三月九日「いとも荘厳に行われ」（駒井『大満洲国建設録』）、「新五色旗は晴天にひるがえって前途の光明と希望とが感ぜられた」（片倉衷『回想の満洲国』）といわれている。しかし、この式典に〝駆り出された〟という吉林総領事石射猪太郎《いしいいたろう》によれば、それは「式場が狭く飾付も簡素で、専門学校の卒業式程度の儀式」（『外交官の一生』）にすぎなかったと評されている。さらに、そこで初めてあった溥儀について石射は「さすがにかつて中国の帝位にあった人だけに、どことなく高貴な気品を湛《たた》えていたが、その顔面に露呈された凶相が私を驚かした。幼くして帝位を追われて以来、数奇な運命に翻弄され続けた過去の陰影と、今また海の物とも、山の物ともつかぬ満洲国に拉《らっ》し来られた未来への不安感とが醸《かも》し出す、不幸な相貌であるかもしれなかった」（同前）とその印象を記していたのである。

だが、石射の観察とは異なり、溥儀の胸裡を占めていたのは未来への不安感ではなく、執政の地位を「皇帝の玉座」へ通じる階段とみて、この階段をいかにうまく利用して玉座に早くたどり着くかということであった。溥儀は「政《まつりごと》に勤《つと》め、民を愛す」という家訓にしたがって政治に励み、有徳君主としての力量を示そうと決意していた。だが、この精勤もそう長くは続かなかった。溥儀にはただ形式的に裁可する以外なんら判断を要する公務がなかったし、広大なはずの「執政の職権とは紙に書かれたものにすぎず、私の手の中にはないということを発見したからである」(溥儀『私の前半生』)。

溥儀の発見は正しかった。なぜなら関東軍が溥儀を起用したのも、まさにこうした事態の出現が目的であったのだから。

そしてまた、そうした事態を招来したのは他ならぬ溥儀自身でもあった。満洲国執政に就任するため旅順から長春に向かった溥儀は途中湯崗子《とうこうし》に滞在したが、この間の行動は極秘にされ、記事掲載も禁止された。そして、この滞在中溥儀は板垣参謀によって一通の書簡に署名させられていたのである。この本庄繁関東軍司令官に宛てた一通の書簡に署名したことにより溥儀と満洲国の命運は決した。龍は自分の角と四肢を自ら断ち切ってしまったのである。

溥儀の自伝『私の前半生』では、この書簡に署名したのは国務総理に予定されていた鄭孝胥であり、それからおよそ半年後その内容を知らされ、鄭のあまりもの独断専行を激しく問責したうえで「私は腹を立てながらもどうにもできず、既成事実を追認した」ということになっている。この「独断専行」と「既成事実の追認」という説明は、満洲事変勃発後の関東軍と日本政府の関係と奇妙な暗合をなしていて一種のブラック・ユーモアさえ感じさせるが、署名したのはむろん溥儀自身であり、花押《かおう》も据えられていた。

はたして、この書簡とはいかなる内容のものであったのだろうか。

政府形態と統治実態の乖離

順天安民、王道政治を宣言した満洲国は建国式典の行なわれた三月九日、政府組織法および国務院をはじめとする各部局官制を公布して満洲国の統治機構と国家活動の準則を明らかにした。政府組織法には「満洲国国政を治理する根本法となす。但し本法は将来人民の智識大意を採取し、満洲国憲法を制定したるときは直《ただち》にこれを廃止す」という前文が付されていたことからもわかるように、正式な憲法ができるまでの暫定的な統治形態を定めたものとされていた。このように正式に憲法を定めるまで簡約な基本法を立てるという方式は、中華民国における約法という考え方と同軌のものである。しかし、そのことは中華民国における憲法状況が模範として捉えられていたことを意味していたわけではなく、むしろ、中華民国における憲法をめぐる政治状況については「和平統一の責に任ずべき社会的実勢力の把持者は護法、護憲をただ徒《いたず》らに名分維持の手段として呼号するに過ぎずして、事実は憲法制定の軌道をほとんど脱却していた」（岸田英治「満洲国憲法芻議」『満洲評論』一九三四年一一月一〇日号）といった批判が強かったのである。そして、中華民国成立以来、めまぐるしいまでに各種の憲法草案が作られたにもかかわらず、それらが各々の政権の正当化以上に出なかったことが、取りも直さず中国に近代的な立憲国家を形成する能力が欠けている証左であるとみなされ、それが中華民国から満洲国を分離・独立させる論拠ともされたのである。

それだけに、満洲国では憲法制定が近代国家成立の必須要件とみなされており、一九三三年建国一周年の記念教書でも「近世、立国首《しゅ》として法治を重んず、法治の本は厥《そ》れ惟《これ》憲法なり……もし憲法一日成らざれば則ち国本一日固からず。応《まさ》に即ち憲法の事宜を籌備《ちゅうび》修訂し、早日成るを観て以て国基を鞏《かと》うし民志を斉《ひとし》うする」と述べて憲法制定が刻下の急務であることを宣明し、憲法制度調査委員会を発足させたのである。

しかし、その後の憲法制度調査委員会の活動にもかかわらず、満洲国では結局、成文憲法としての憲法典が制定されることなく終った。そのため、暫定的なものと想定されていた政府組織法が、一九三四年三月帝制への移行とともに組織法と改訂されて満洲国統治の基本法として機能したのである。そのかぎりでは立憲国家として中華民国に対して優位に立つという満洲国の自負は内実を伴ってはいなかった。のみならず、中華民国の憲法状況に対して厳しい非難が繰り返されたにもかかわらず、満洲国建国時の政府組織法や各部官制は中華民国の法制を強く意識し、それに規定されていたのである。

執政に関する条項が中華民国約法の大総統の規定に準拠していることはすでに述べたが、政府組織についてみても中華民国のそれに準拠しつつ、それと対抗的に独自性を打ち出し、優位性を示すという制度形成が行なわれたというのが実情であったように思われる。

満洲国の政治組織は中央集権制を前提とし、立法、行政、司法、監察の四権分立制を採ることとされ、具体的には立法機関である立法院、行政機関である国務院、司法機関としての法院、および行政監察・会計検査を執行する監察院の四院によって中央政府が構成されることとなっている。満洲国のあらゆる政治機関は中央機関たると地方機関たるとを問わず、左図のように、これら四院のうちのいずれかに属することになる。そして、日本を含めほとんどの立憲国家が三権分立制を採るのに対して四権分立制であることが満洲国の政治機構の特異性と卓越性を示すものと強調されたのである。しかし、この四権分立制を満洲国政治機構の独創ということはもちろんできない。それは言うまでもなく、孫文の唱えた立法・司法・行政・監察・考試の五権憲法に準拠し、このうち常設的な官吏選考機関でありながら実際上は機能していなかった考試院を無用のものとして除いて成り立ったものとみるのが妥当であろう。

満洲国の国家機構が中華民国とりわけ国民党南京政府と同一化はできないが無視もできないという狭間で、いかに独自性を出そうと腐心したかは、陸軍省調査班が発行した『満洲国成立の経緯と其国家機構に就て』(一九三二年)における次の文章によく現われているといえるであろう。

注意すべきは孫文の五権憲法に基き構成された南京政府が、立法、行政、司法、監察、考試の五院制を採用せるに対して、満洲国政府は考試、司法両院を設けず、司法関係を特別に取

1932年3月建国時における満洲国政府組織と主要人事

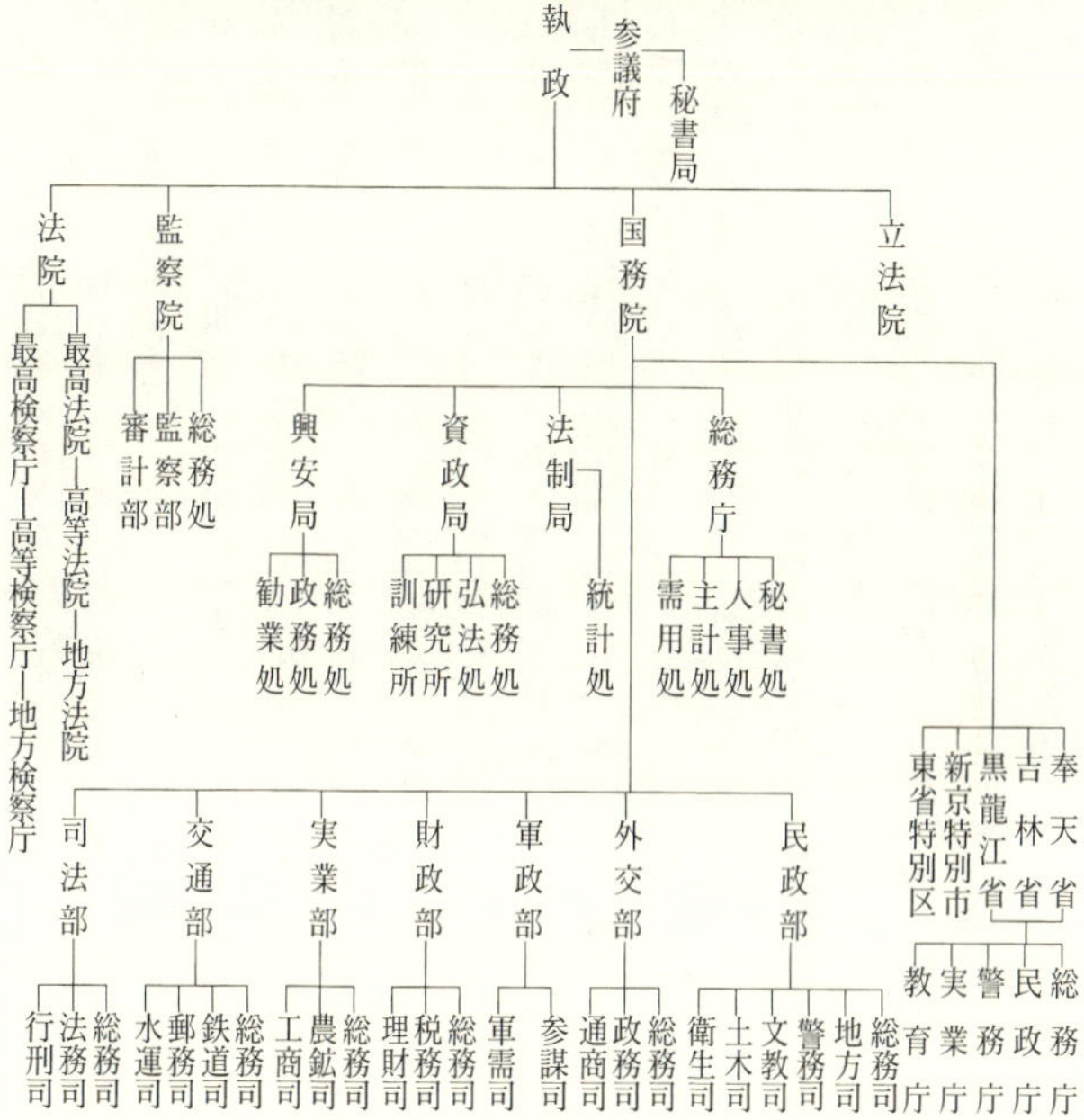

国務総理	鄭孝胥
民政部総長	臧式毅
外交部総長	謝介石
軍政部総長	馬占山
財政部総長	熙洽
実業部総長	張燕卿
交通部総長	丁鑑修
司法部総長	馮涵清
立法院長	趙欣伯
監察院長	于冲漢
最高法院長	林棨
最高検察庁長	李槃
参議府議長	張景恵
参議府副議長	湯玉麟
参議府参議	張海鵬
〃　参議	袁金鎧
〃　参議	羅振玉
〃　参議	貴福
国務院総務長官	駒井徳三
興安局総長	斉默特色木丕勒
奉天省長	臧式毅
吉林省長	熙洽
黒龍江省長	馬占山
新京特別市長	金璧東
東省特別区長官	張景恵

扱い、更に行政院を国務院と改称したること、並に監察院をして執政に直隷して国務院に対し独立の地位を有せしめ、以て新政の腐敗防止につき極めて重要なる権限とを兼用せしめている点である。

ただし、この説明にもかかわらず、司法院に対しては法院が設けられたし、国務院という名称も満洲国独自のものではなく、南京政府以外の中華民国ではむしろ一般的に用いられていたものである。また、監察院が行政部に対して独立性を有するのは行政監察、会計検査を職掌とする以上当然であって、これまた南京政府でも同様であり、満洲国に独自なものではない。さらに民政部などの行政各部（日本の省に相当する）の名称や構成についても、南京政府をはじめ一九二七年の北京軍政府などの組織と類似性を見出すことは容易である。

もちろん、名称や形態が同一であり、類似性をもつということは機能や権能が同一であり、類似していることを必ずしも意味するものではない。たとえば、南京国民政府の立法院は法律、予算、大赦、宣戦、講和、条約その他重要議決を議決する職権をもつ（一九三一年、国民政府組織法、第29条）が、満洲国の立法院は執政のもつ立法権のうち法律案と予算案に対してこれを議し、可決するだけの「翼賛」という権能をもつにすぎない。しかも立法院が否決しても執政は再議に付しうるし、なお立法院が否決した場合、執政の諮詢機関である参議府に諮り、可決すれば立法院が否決しても裁可公布しうるなど、立法院の権限はきわめて限定されていた。そして、その立法院でさえも関東軍は名目的なものにとどめ、開設しない方針に決定していたのである。

関東軍内で立憲政体が問題とされた一九三一年一一月、すでに新国家における立憲政体とは法律的意義のものであって政治的意義のものではないことが強調されていた。法律的意義とは法律のうえで司法・立法・行政の三権を担当する独立機関として定めることであり、政治的意義とは議会を開設したり議院内閣制を実施したりすることであるという。そして、政治的意義の立憲政体を採ってはならない理由としては「満蒙における民衆の政治意識が未だその領域に達せざるが故なり」（「片倉日誌」）との説明がなされている。満蒙に新国家を建設することを正当化するに当って満蒙の民衆には国家意識がなく政治意識も低い、そこで日本人が指導して国家を形成してやることが三千万民衆にとって幸福である――との理由づけが行なわれたが、同じ論理によって建国後には議会の開設が否定されたのである。もちろん、議会制採用が否定された真の理由は議会によって満洲国統治にいささかでも制約が加わることが不都合とみなされたからである。

このようにはじめから開く予定もない立法院を政治組織法に規定し将来開設すると表明したのは、議会を欠いては立憲国家とはいえず、専制政治と非難していた国民政府に政体上も対抗できないこと、また傀儡国家という批判にも抗弁できないことなどが明らかだったためであろう。しかし、それよりもなによりも政治は必ず真正の民意に徇《したが》うことを建国理念に掲げた国家が、議会すら設けないというのではその虚妄性があまりにむき出しになることへの配慮が働いたであろうことも十分に推測できるはずである。

それでは、このような実態とかけ離れた法制上の政府組織のもとで、関東軍はいったいいかなる回路を通して満洲国を統治しようとしていたのであろうか。

一九三一年一〇月、関東軍国際法顧問として新国家の諸法制の起案を担当することとなった松木俠に対し関東軍板垣参謀が与えた基本指針は次のようなものであったという。「満洲を完全な独立国とすること、日本の言うことを聞いてもらうこと、それから共同防衛と言っても国防は日本に任せてもらう……以上三つの条件を生かしたものであれば帝国でも王国でも共和国でも――何でもよろしい」(松木俠「満洲国建国の理念とそれをめぐる人々」『外交時報』一九六一年九月号)。この完全な独立国という条件と、日本の言うことを聞かせる、国防を日本が担う、という二つの条件は一見、矛盾した要請のように思われる。しかし、板垣らにとって矛盾ではない。ここにいう完全な独立国とは中華民国からの完全な独立ということであって、日本からの独立という意味では毛頭なかったからである。そして、その意味における完全な独立国であることこそが、満蒙を〝帝国の意の儘《まま》に動かす〟ための絶対条件と考えられたのである。それがまた、一九三一年一一月段階で依然根強かった独立政権説を国際法の観点から松木が否定した理由でもあった。すなわち、松木によれば、「満蒙をもって支那国の一部と為す以上、これと条約または約束を締結することと能わず……独立政権と条約を締結し得ざる以上、これを意の儘に動かすことは絶対に不可能なり」(「満蒙自由国建設案大綱」)というのである。

要するに、満蒙を日本の意のままに動かすためには、条約を締結しうる主体として中華民国から自由な独立国家としなければならなかったのである。そして、条約が満蒙を動かしていく回路となる以上、満洲国側で条約を締結する機能を誰が握るかが当然問題となる。関東軍が外交交渉を担当する官吏や条約の批准を職掌とする参議府参議に日本人を任用することにこだわった理由のひとつはここにもあった。こうした、外交とはいいながら日本人どうしで条約を処理していくためにも、あらかじめ日本人の満洲国への受け入れを承認させておく必要がある。それを実現させたのが、実は一九三二年三月六日に溥儀が署名した本庄関東軍司令官宛書簡だったのである。

この書簡は一九三二年九月一五日に締結された「日満議定書」の付属文書とされたが、戦後になるまで公表されることはなく、溥儀・本庄秘密協定と称されているものである。「日満議定書」本文自体は、(1)満洲国における日本国および日本国民の既得権益の承認、(2)満洲国に対する日満共同防衛のため、日本軍の満洲国内への駐屯の承認、のわずか二ヵ条にすぎなかった。これに対し、溥儀書簡は次の四項目にわたっている。

(1)満洲国は、国防および治安維持を日本に委託し、その経費は満洲国が負担する。
(2)満洲国は、日本軍隊が国防上必要とする鉄道・港湾・水路・航空路等の管理および新路の敷設・開設を日本または日本が指定する機関に委託する。
(3)満洲国は、日本軍隊が必要とする各種の施設を極力援助する。
(4)達識名望ある日本人を満洲国参議に任じ、またその他の中央・地方の官署にも日本人を任用し、その選任・解職には関東軍司令官の推薦・同意を要件とする。

そして、これらの規定は、将来、両国が条約を締結する際の基礎とすることとされていた。これによって、一九三一年九月二二日満蒙領有論から転換するに当って関東軍が決定した「国防・外交は新政権の委嘱に依り日本帝国において掌理し、交通・通信の主なるものはこれを管理す」との方針は貫徹され、実現をみたのである。

ところで、満洲国の命運を決したこの一通の書簡は、基本的な点でそれ自体が満洲国の性格を象徴するような作為性をもって成り立っていた。ひとつには実際に署名されたのが三月六日であるにもかかわらず三月一〇日付となっていること、もうひとつは溥儀の発議によるものではないにもかかわらず溥儀が本庄繁関東軍司令官に一方的に依頼し「允可《いんか》」を請うという形式を採っていること、そしてそれに対し五月一二日付で関東軍司令官が「三月十日付貴翰《きかん》、正に受理す」との回答を与えた形になっていること、などである。第一の日付の件は、溥儀を執政にする前にこれを就任の条件として受諾させ、執政として条約締結の権限をもった就任式の翌日の時点で署名した形にして適法性を確保したと解釈できるであろう。第二の依頼という形を採った理由は、一月二二日関東軍首脳によって「交換公文は一方的なものとして依頼の形とし国防およびこれに伴う鉄道管理権等を獲得す。これ将来国際紛糾に対する言質を与えざるを主眼とす」(「片倉日誌」)と決定していたことに窺うことができる。つまり、国防や新国家の官吏の任免権などを二国間協議という形でとりきめた場合、とくに日本と満洲国に関しては国際連盟規約や九ヵ国条約に違反しているとの非難が出ることは必至であり、これを避けるためにも一方的な依頼という形式が必要だったのである。そして、それが五月一二日付で受理された形になったのは、条約締結に関してなんら権限を有しない出先軍の司令官が二国間の最重要問題に関し、他国の元首に承認を与えることは条約締結権をもつ天皇大権を侵すおそれがあり、時間をかけて既成事実として日本政府に追認させたためであった。この処理方法についても、一九三二年二月には決定しており、外務省もこの事情を察知していた。二月一三日、在奉天の森島総領事代理は芳沢謙吉外相宛に打電して次のように報告している。

新国家との間に国防等に関し、出先限りにおいて密約等を締結することは大権侵犯の結果となるべきに鑑《かんが》み、国防を日本に委任すること、参議府内に過半数の日本人を入るること、日本人を官吏に任命すること……追て正式に条約を締結すべきこと等に付ては新国家側より軍司令官に対し一方的に申入をなさしめ軍司令官としては単にこれを受領し置くに止《とどめ》ることに決定せる由なり。

しかし、追て正式に条約を締結することが前提である以上、「単にこれを受領し置くに止る」といっても、いつまでも放置しておくことはできず、リットン調査団が満洲国に入る直前の四月一五日、犬養毅内閣は「満洲国鉄道港湾河川に関する処理方針」を閣議で承認、その別紙事項としてこれほどの内容をもった溥儀書簡をさりげなく添付し、日本政府として関東軍の大権侵犯にもあたる行為を追認したのである。そして、この閣議承認をうけて徐《おもむろ》に「当方に異存これ無きに付き」受諾す、との関東軍司令官回答が出されたのである。自ら作って出した内容に異存のあろうはずもなかった。

このようにいくつもの偽装工作を重ねて溥儀書簡の合法性の体裁が整えられたことにより、それまで関東州と満鉄附属地にしか駐兵と軍事行動を許されなかった関東軍は満洲国全域にわたって自由に行動する正当性を与えられ、必要とするあらゆる施設を随意に使用しうると解釈されることとなった。満洲国は関東軍の基地国家となったのである。

さらにまた、日本人参議や官吏の選任、解職に関する権限を得たことにより、条約という回路のほかに日常的に満洲国の行政をコントロールする回路が設定され、これを通して満洲国を〝帝国の意の儘に動かす〟ことが可能となったのである。一九三二年一月二二日、関東軍は新国家の統治形態につき「立法院は形式的とし、実際は独裁中央集権制とす」(『片倉日誌』)ことを確認していたが、その独裁中央集権制の担い手の存在を保障するためにも「新国家成立時、一札を採り」(同前、二月二五日)人事権を関東軍が掌握することが不可欠と考えられたのであった。

このように満洲国が存在している間は、いっさい表面に出ることのなかった秘密協定によって満洲国の統治形態は実質的に決定されたが、それはもちろん公式に発表された政府組織法で定められた国制を空洞化するものであった。関東軍は一九三二年一月二七日、「満蒙問題善後処理要綱」をまとめていたが、そこでは「新国家は復辟の色彩を避け、溥儀を首脳者とする表面的立憲共和的国家とするも内面は我帝国の政治的威力を嵌入《かんにゅう》せる中央独裁主義」とする国家像が描かれていた。この国家像をそのまま新国家で具現させたものこそ、三月六日の本庄関東軍司令官宛溥儀書簡に他ならなかったのである。

国民政府の一党専制を厳しく非難し、政治は必ず真正の民意に徇うことを建国理念として掲げた満洲国――その国の政治とは住民の意思になんら顧慮することなく、また立法機関になんら掣肘《せいちゅう》を受けることのない強力で独裁的な執行機関による日本人の統治をめざすものとして現実には出発したのである。そこでは国制の面において組織法と実態に大きな乖離《かいり》の双面性があっただけでなく、統治の面においても法制上の主体と実際上の担い手の双面性が存在し、それが満洲国の法と政治の特質を形作ることとなったのである。

このように満洲国が建国とともに採った立憲共和制とは、中華民国の影のもと、表面上は立憲主義の形態をとるかにみえて、その実、立憲主義を否定する表見的立憲制（Scheinkonstitutionalismus）にすぎなかった。そしてそれは立憲制への懐疑と共和制への反感、そして民意への不信に裏打ちされたものだったのである。

満洲国政治における四つの鍵概念

満洲国が「対外通告」を発した三月一二日、日本政府は「満蒙問題処理方針要綱」を閣議決定し、日本にとって満洲国の持つ存在意義を確認した。それによれば、「帝国の支援の下に該地を政治・経済・国防・交通・通信等諸般の関係において帝国存立の重要要素たるの性能を顕現するものたらしむことを期す」とされ、特に軍事的観点から「満蒙の地を以て帝国の対露・対支国防の第一線」とすることが強調されている。これをみれば関東軍が設定した建国目的が日本の国家意思に昇華されていることがわかる。満洲国経営はすでに関東軍のみならず、日本政府が総体としてかかわっていく課題として認識されていたのである。

そして、その満洲国経営を実施していくに当っては、「九ヵ国条約などの関係上できうる限り新国家側の自主的発意に基くが如き形式に依る」こととし、国家としての実質をそなえるように「誘導」していくために日本人を「指導的骨幹たらしむ」ことが強く要請されていたのである。この中国人の自主的発意に基いて政治的決定がなされているかのごとき形式を採りながら、関東軍の統制のもとで日本人が統治の実権を掌握する、という要請に応えるべく案出された満洲国の特異な統治形態については、これを四つの鍵概念によって捉えることができるであろう。

四つの鍵概念とは何か。日満定位、日満比率、総務庁中心主義、内面指導――がそれである。このうち日満定位と日満比率は満洲国政治組織内の人事配置における規律として設けられたものであり、その決定については関東軍の専管事項とされた。そして日満定位とは満洲国の中央、地方を通じて機関官庁の科長以上の各職位につき日系と満系のポストを規定したものである。日系とは日本人を指し、法的には朝鮮族も含まれるはずであるが実際上は日系に加えられることは稀であった。満系とは満洲国在住の漢族、満洲族、蒙古族を一括して呼称したものであり、場合によっては日系以外を総称するものとして用いられた。満系定位には中央では国務総理大臣、各部総長（大臣）のほか立法院長、監察院長、最高法院長、最高検察庁長、参議府議長、宮内府大臣、尚書府大臣、そして民政部、軍政部、財政部などの次長が、地方では省長、県長が当てられた。また、日系定位としては当初、総務長官（庁長）、総務庁次長、満系定位以外の各部次長や総務司長、科長、地方における省次長、副県長や総務庁長、警務庁長などが定められていた。しかし、数次にわたる機構改革のたびに適材適所を名目として満系定位の次長が日系定位に変わり、地方でも省制改革に伴って省長の日系定位への変更が行なわれていった。

この日満定位の意図するところは、基本的に各機関のトップに中国人を、次位に日本人を充てて中国人の自主的発意に基づいて組織が運営されている形式を採って傀儡国家という国際的非難を回避することにあり、満洲国内の特殊会社や公社においても同様の方式が採られた。しかし、その実態はリットン報告書が指摘したように「政府および公共事務に関しては、たとえ各部局の名義上の長官は満洲在住の支那人なりといえども、主たる政治的および行政的権力は日本人の官吏および顧問の掌中に在り」というものであった。こうした日満定位という基準に対し、石原莞爾は「日本人の満洲国政府内に占むべき位置を定むるは適当ならず。日満人間になんらの差別なき公正なる適材適所主義によるべし」（「板垣少将ニ後事ヲ托スル手記」一九三二年八月一二日）とその撤廃を主張していた。石原の狙いは日満平等の実現をめざし、それによって中国人の満洲国経営への積極的参加を促そうとするものではあったが、はたして日満定位を廃止したとき差別なき公正な人事配置が実現したであろうか。おそらく、石原の想定と逆の事態が進行したはずである。そのことは、満系定位の省長に日系を充てるに際して「日系といえども更に枢要の椅子に就いて差支えないはずで、これが真に渾然融合した五族協和の真骨頂を示すもの」（「金井・皆川・大津の短評」『満洲行政』一九三六年九月号）と正当化され、また、次々と満系定位を日系定位へ転換することへの懸念に対して「この際日系官吏がどうのこうと贅沢を云っていられる場合では勿論無い。たとえ満系であっても日系であっても有能な人間にはどしどし重要なポストを与えなくてはならない」（徳田忠二郎「満洲官僚人群像」『創造』一九三九年一〇月刊「躍進満洲国の全貌」）との反批判がなされていることからもわかる。日本語の使用と日本型の行政処理を前提に、いわゆる応

員数と日系占有率

中央機関	員数	籍別 中	籍別 蒙	籍別 日	籍別 口	日系占有率%
尚書府	7	6		1		14.3
宮内府	108	96		12		11.1
参議府	18	9		9		50
立法院	22	18		4		18.2
国務院	492	90		402		81.7
民政部	1148	610		500	38	43.6
外交部	144	76		68		47.2

地方機関	員数	籍別 中	籍別 蒙	籍別 日	籍別 口	日系占有率%
奉天省公署	244	134		110		45.1
吉林省公署	211	124		87		41.2
龍江省公署	180	92		88		48.9
熱河省公署	123	70		53		43.1
濱江省公署	210	117		93		44.3
錦州省公署	130	77		53		40.8
安東省公署	133	78		55		41.4

旦大学蔵）により作成。
4652名、地方2141名である。

満洲国官吏の機関別

合計	監察院	最高検察庁	最高法院	蒙政部	文教部	司法部	交通部	実業部	財政部	軍政部
4939	73	33	35	72	100	132	583	344	1406	222
2474	31	3	3	7	60	66	344	158	773	124
41				30						11
2386	42	30	32	35	40	66	239	186	633	87
38										
48.3	57.5	90.9	91.4	48.6	40	50	41	54.1	45	39.2

中央・地方機関総計	合計	興安北分省公署	興安西分省公署	興安南分省公署	興安東分省公署	ハルビン市公署	新京市公署	北満市公署	黒河省公署	三江省公署	間島省公署
7100	2161	95	75	117	103	195	74	42	61	93	75
3517	1043	9	3		1	126	46	31	29	55	51
282	241	56	39	79	67						
3249	863	27	33	38	35	61	27	9	32	38	24
52	14	3				8	1	2			
45.8	39.9	28.4	44	32.5	34	31.3	36.5	21.4	52.5	40.9	32

注記：1)『偽「満洲国」官吏国籍統計表』（1935年12月刊、出版者等不詳、上海・復
2)なお、満洲国政府発表の1936年3月31日現在の委任官以上の官吏数は中央

能主義、実力主義を採用すれば日本人が優位に立つことになるのは必至であった。ただ、唯一の例外として日系独占があまりに進行することに対する満系の不満を緩和するため、一九三七年七月以降、総務庁次長のうち一名を満系定位とする措置が採られた。しかし、登用された満系は皆、日本留学経験者であり、しかも彼らに実権は与えられず「配搭《ペイダ》(飾りの添もの)」と称される存在にすぎなかったのである。

他方、日満比率とは満洲国の各機関官庁を通じて日系官吏と満系官吏の定員数の比率を設定したものである。この比率の基準となった職位が必ずしも明確でないため、正確な数値は出せないが、総務庁次長であった古海忠之によれば日系対満系の比率は財政部、実業部は五対五、司法部四対六(以上の各部はのち六対四に変更)、民政部、文教部、外交部、軍政部三対七、地方官庁、省公署、税務監督署などは二対八であったという(古海『忘れ得ぬ満洲国』その他に拠る)。これに対し、一九三五年、中国で公にされた員数に基づいて算定した比率は一七〇—七一頁の表のとおり日系の比率が全般的に高い数値となっている(なお、この表は中国で公にされたため、当然のことながら「満洲国」という国籍も、「満系」という表現もなく、中国籍として扱われている。また、ロはロシアをさす)。なお、日系官吏の総数については、建国当初「少数を以て要所を掌握するの主義に拠る」(関東軍司令部「対満蒙方策」一九三二年五月)として中央政府六〇〇名中日系一二〇名、二〇%を限度にしていたといわれるが、一九三三年五月には日系官吏総数は一二三三名に達し、さらに三五年の別表によればほぼ三年で二三八六名、四八%と総数、比率ともに著しく肥大化している。日満比率もまた日本人による満洲国統治を人事面で表面化させないための規律として設けられたものであるが、日系比率の上昇という趨勢は関東軍の懸念にもかかわらず押し止めることはできなかった。関東軍が把握していたかぎりでも、一九三五年五月には「日満人の比率は中央官庁において既に一対一を超過し、国道局のごとき日人の数は実に総員の九割を占めり」（「満洲国人事行政指導方針要綱」）と報告されている。また、各部における状況についても、「各部ともに比率に数倍する日人を採用せり」（一九三五年五月、関東軍参謀長より軍務局長宛電報）というのが実情であった。

ところで、以上のような二つの人事規律について国務院の総務庁だけは別扱いであり、トップに立つ総務長官（一時、総務庁長と称す）以下、次長、処長、科長などはすべて日系定位で、日満比率も日七対満三が一応の基準とされていたものの、常に日系が八割以上の占有率をもって推移していた。ことに主計処、人事処、企画処などの枢要な事務を職掌とする処においては実質上日系だけで独占するのが常態となっていた。このように国務院総務庁が他の機関官庁と違って、日系官吏による専占を前提とする構成を取っていたのは、それこそが「内面は我帝国の政治的威力を嵌入せる中央独裁主義」（前出「満蒙問題善後処理要綱」）を具現するための機関にほかならなかったからである。

関東軍が新国家建設構想に転じて以来、最も関心を寄せ、最も注意を払ったのは、いかにして関東軍ないし日本政府の意向を確実に満洲国統治に反映させ、〝意の儘に動かす〟かということであった。そこでまず考えられたのが、軍事、外交顧問をはじめとして「各種政治機関にも帝国の顧問を派し、実権をこれに与え、以て指導監督す」(「満蒙共和国統治大綱案」)とする松木俠の案であった。松木はまた政治指導の機関として日本人から成る顧問府を設置する構想も示していた。

しかし、顧問ないし顧問府を設けることについては、独立国家としての体裁を損うとともに、中国側参加者の自尊心を傷つけることになるとの反対も強かった。また、在満日本人とりわけ満洲青年連盟などからは、民族協和の理念に照しても「日本人が顧問または諮議として政治に関与することは面白からず、国家の直接構成分子として参与するを得策とす」(「満蒙自由国建設案大綱」)との意見が出されていた。さらに石原莞爾も「支那官吏を監督するが如き意味を有する顧問等を置かず」(「新国家内ニ於ケル日本人ノ地位ニ就テ」)と力説して、日本人が中国人と平等の立場で官吏として政治に直接的に携わることとの必要性を説いていた。

こうした気運を受けて浮上してきたのが参議府を設置する案であった。関東軍が一九三二年一月四日、中央政府との折衝のために上京する板垣に与えた指示によれば、満洲人・蒙古人各一名、漢人・日本人各三名をもって参議府を構成し「我帝国の意志、希望等は当該日本人参議を経て満蒙中央政府に伝えるものとす」との構想が示されている。しかし、元首の諮詢機関である参議府の三名程度の参議から中央政府へ日本の統治意思を伝えるというのではその貫徹はおぼつかないとの懸念も強かった。そこで一月二二日になって「参議府の権限により国家の最高意志を抑制」

（「片倉日誌」）するとともに、より直接的に「日本人も内部へ飛び込んで仕事をなす」方針が打ち出され、このときさらに「国務院の権限を大にし秘書庁に人事予算（主計局）を掌握し、これと実業庁には日本人を入るること」が決定をみている。かくて、最終的には日本人参議と国務院の日本人官吏とを二本の柱として日本の満洲国統治がはかられることとなったのである。これが溥儀書簡において関東軍司令官が日本人参議と日本人官吏の任命・解職の権限をもつことを約束させた理由であった。関東軍はこの人事権を使って自らの意思を満洲国統治に反映させる方途を得たのである。

そして、一月二二日にはあわせて「立法院は形式的とし、実際は独裁中央集権制とす」ることが確認されており、国務院に権限を集中しこれを日本人官吏が掌握することが、取りも直さず独裁中央集権制として捉えられていたことを物語っている。また、国務院内の秘書庁として想定されていた部署が実際には総務庁として発足したのである。そして、ここに人事（ヒト）、財源（カネ）、資源（モノ）の「行政三要素を通じて諸般行政を統制」（満洲帝国政府編『満洲建国十年史』）する方法が採られることになった。これが総務庁中心主義ないし国務院中心主義と呼ばれた統治様式であり、その画期性については、次のように謳われていた。

建国匆々《そうそう》の国家としてよりよき行政的効果を挙げるためには分散主義より集中主義を可とし、一旦各部から総務庁へ提示される行政事項が同庁各機関に依って再検討され、国務院会議を通じて再び各部に放射され実行に移る、いわゆる総務庁中心主義の行政組織は過渡期におけ

る最も理想的な方法で、ここに新国家の特色がある。（『満洲国現勢』康徳二年版）

しかし、総務庁中心主義はけっして過渡期における便宜的方策にとどまるものではなかった。それどころか、満洲国統治機構の改変の主眼は一貫して総務庁中心主義のより一層の徹底強化に置かれたのである。総務庁中心主義の強化がひたすらめざされたということは、総務庁の権限が拡大の一途をたどったということを意味する。そして、総務庁中心主義の画期性が謳われたと同様に総務庁もまた「満洲国の政治組織の中で、最も特異的な存在」（頼永五朗「国務院と各部を語る」『創造』一九三九年一〇月刊「躍進満洲国の全貌」）として喧伝されたのである。総務庁の機能については「日本にその例を強いて求めるならば、企画院と法制局、内閣情報部を合わせた様なものである。しかし、その権限も仕事の内容も前記三者を合併したものに比して著しく大きい。言うてみれば、満洲国の中枢神経のような役目を果している」（同前）と説明されている。ただし、日本との対比についていえば、内閣書記局に該当すると説くものもあった。いずれにしろ総務庁の存在は日本の既存官庁にない新機軸を打ち出したものとされ、「その精神において既成諸国の行政上の弊害に鑑み、最新の制度を適用せんとする革新的気運の一の現れ」（『満洲国現勢』康徳二年版）と称揚されたのである。

しかし、総務庁は官制上から言えばあくまで国務総理大臣が直宰する「部内の機密、人事、主計および需要に関する事項」（国務院官制、第8条）を処理するために設けられた補佐機関、幕僚組織であるにすぎなかった。ただ、総務長官が国務総理大臣の命をうけて庁務を処理する（同前、

第10条）ことになっており、秘書処、人事処、主計処、需用処などの分科規定も総務長官の手に委ねられていた（同前、第17条）。このため、実質的に総務長官が国政上の機密や人事、財政を掌握し、各処に配置された日系官吏の手によって重要政務が決定、遂行されたのである。たとえば、予算編成についても立法院が開設されなかったため、主計処の日系官吏が定めた予算が決定予算とされ、国務院会議の議決や参議府の諮詢もまったくの形式的手続に終始し、この点は満洲国の全期間を通じて変わることはなかったのである。それは確かに独裁的中央集権制というにふさわしく、これによって住民の意思とは無関係に日本の満洲国経営の目的に沿った予算の重点配分などが可能となったといわれている。

それでは、満洲国統治においてこのような総務庁を中心とする独裁中央集権制を採るという案はどこから現われてきたのであろうか。おそらく、この案は一九三二年一月一五日から関東軍統治部主催で開かれた新国家の法制に関する諮問会議において蠟山政道東京帝大教授によって示唆され、これを松木俠が具体的に立案したものと推測される。蠟山は会議を終えた二三日、満鉄社員倶楽部で講演し、中国東北地方は植民的性格を脱しきれておらず、民衆の政治意識も低いことからそれに適応した政治組織が案出されなければならないことを強調した。そして、具体的には「此の所に打建てらるべき処の政治組織はどうしても何らかの寡頭的独裁的で、そして何らかの民族が他の民族を指導する、そう云う政治組織でなければならない」（「満洲時局に関する観察」『新天地』一九三二年二月号）と述べて日本民族の主導による寡頭的、独裁的な統治形態をとることを主張した。寡頭的、独裁的であることから諸民族平等の公民権に基づく立憲政体は当然に否定され、「能率ある公正なる政府、腐敗のない政府を造ると云ふ事は公民権よりも重大のものである」と断定されることになる。蠟山のこの議論に対し、各民族の平等な公民権を前提として国・省・県・町村の各レベルでの公民議会を開き、分権的な自治国家を建設することを唱えていた橘樸は早速批判の筆を執った。橘は「独裁制は民主制に如かず、民主制には能率低く効果の遅いと云う欠点が不可避的に伴うのであろうが、しかし独裁制に附纏《つきまと》うところの恐るべき破壊作用を避けることができる」(「独裁か民主か」『満洲評論』一九三三年二月二七日号)として日本民族の主導性を否定し、民主的政治形態の採用を改めて訴えたのである。橘はこうして「能率低くとも安全性の高い民主主義」か「能率高くして危険性の高い独裁主義」か、の選択を迫ったが、最少の統治コストで最大の成果を満洲国からあげることを至上課題とする関東軍にとって、多少の危険性より高い能率のほうが重要であったことは当然であろう。また、R・ミヘルスの「少数支配の鉄則」をまつまでもなく、組織としての機能的合理化が追い求められるほど、その頂点にある企画立案や中央執行の地位が強化され、少数者の手に実権が集中していく傾向があることは否めない。そして、そのことはまさに「少数を以て要所を掌握するの主義」(「対満蒙方策」)を採る関東軍にとっても好都合だったのである。

すなわち、総務庁中心主義の採用は、一方で行政効率の追求に適合的であると同時に、他方でその実権をもった少数者をコントロールさえすれば満洲国全体の統治を間接的に誘導できるという点でも関東軍にとって最善のものとみなされたのである。そして、具体的には総務長官主宰の下で総務庁次長、日系の各部総務司長ないし次長、処長などが参加して開かれる定例事務連絡会議（この会議には正式名称はなく、次長会議、水曜会議、一九四一年以降火曜会議などとも呼ばれた）において国務院会議に上程する議案の審議と決定が行なわれていった。つまり、この官制上なんら根拠のない会議において満洲国の政策が実質的に決定されており、総務庁中心主義とは要するに日系官吏が政策決定権限を掌握するシステムに他ならなかったのである。この点につき、総務庁主計処長や総務庁次長などを務めた古海忠之は「満洲国の本質、特に日本との関係を考えた場合、総務庁中心主義は、よくも考えられた制度と感ぜざるを得ない」（「満洲国と日本人」国際善隣協会編『満洲建国の夢と現実』）と評価し、次のように述べている。

この日系官吏で固めた総務庁を活用するならば、関東軍が直接満洲国に干渉し、圧迫することなしにその反日政策ないし行動を防ぐことができる。なぜならば、満洲国の重要政策、法案は総《すべ》て国務院会議の審議決定により、更に参議府の審議・意見答申を経て、執政の裁可により決定されるのであり、総務庁は国法上、国策決定につき何等の権限を持たないが事前チェックができるからである。（同前）

ここには、国法上まったく権限を持たない機関が国策の実質的決定をすることに対しなんらの疑念も抱かれていないのみか、それを自讃さえしており、彼らが中国人に対して誇ったはずの日本の近代的法治主義がいかなる質のものであったかが、はしなくも吐露されている。しかし、法的に権限がないことを認識したうえでなおこの総務庁中心主義は称揚され、それによって満洲国統治が〃能率的〃に遂行されていった。こうして総務庁は満洲国の権力核《マハトケルン》となったのである。そして、その権力核をさらにコントロールしていたのが関東軍であり、その制御の方法が内面指導と呼ばれたものであった。

この内面指導は内面指導権ともいわれたが、これまた権利といっても満洲国の国法上の根拠があったわけではない。外国の軍隊である関東軍が満洲国統治を指導することは内政干渉以外のなにものでもなかった。ただ、関東軍としては前述の本庄・溥儀協定における関東軍司令官の日本人官吏に対する任免権をもって、在職時の業務遂行についても指導権が付随すると解釈していたのである。しかし、そもそも適法性を問題としないからこそ〃内面〃指導なのであり、人事権を背景とした事実上《デ・ファクト》の強制力がその本質であったとみるべきであろう。ただし、日本政府としては関東軍の内面指導によって日本の統治意思の実現をはかることを容認しており、一九三三年八月八日の閣議決定「満洲国指導方針要綱」においては「満洲国に対する指導は現制における関東軍司令官兼在満帝国大使の内面的統轄の下に主として日系官吏を通じて実質的にこれを行わしむるものとす」と定めていた。また、あわせて「日系官吏は満洲国運営の中核たるべきをもって……その統制に便するため総務庁中心の現制を維持せしむる」としており、関東軍による内面指導と総務庁中心主義とを表裏一体のものとして重視していたことが窺える。

そして、政略・政務を担当する関東軍参謀部第三課（のち第四課）が内面指導機関として満洲国統治業務を担当することとなった。政治、行政上の重要事項および日系官吏の採用などの決定に関しては総務庁から第三課に連絡をし、その審査を経て関東軍参謀長名で総務長官宛に「何々の件、承認ありたるに付、命により通知す」という承諾状なり内諾を得ることが要求されたのである。このほか、第三課は関東憲兵司令部、軍政部顧問部をはじめ在満の日本人軍人の人事権も握っており、これを通して治安粛正工作や軍事政策に対する指導も行なっていた。まさに日本の満洲国経営全般にわたる司令塔として機能したのである。こうして満洲国に対する日本の国策の遂行については「専ら関東軍をしてこれに任ぜしめ、その実行は新国家が独立国たるの体面保持上努めて満洲国の名を以てし、日系官吏特に総務長官を通じてこれが実現を期す」（橋本虎之助起案「満洲国指導要領」）ことがめざされたのである。

このように満洲国政治の態様を決定したのは、傀儡国家、保護国化という国際世論の非難を避けるため、表面上は現地中国人の自主的発意によって政治的決定がなされている形式をとりながら、内面において関東軍の指導のもと日系官吏によって日本の統治意思をいかに効率的に実現していくか、という要請であった。日満定位にしろ、日満比率にしろ、総務庁中心主義にしろ、内面指導にしろ、すべて国法上の権限と事実上の権限との双面性を表象するとともに、そのズレを糊塗するための弥縫《びほう》策《さく》であり、権略にすぎなかった。

そして、この表面と内面の乖離による矛盾をはらみつつ、満洲国をして「永遠にわが国策に順応せしむる」（関東軍司令部「対満蒙方策」）こと、それが日満関係の基調となっていったのである。

第四章　経邦の長策は常に日本帝国と協力同心

——王道楽土の蹉跌と日満一体化の道程

満洲国は血と恐怖を代償としながらも、さまざまな人々の多種多様な夢を揺籃として育つはずであった。しかし、打算は夢を駆逐し、利害は希望を打ち砕いていく。建国理念はただ現実を糊塗し、隠蔽するだけの機能しか持ちえなくなる。人々は満洲国にかけた夢が幻想であったことにいやおうなく気づかされ、それがそもそも自分の掌中になどなかったことをしたたかに思い知らされることとなった。

満洲国はすでに建国とともに冷厳な現実政治という闘争場《アリーナ》の中で激しく動いていた。国際的な非難の中でいかに独立国家としての正統性を主張し、具体的にどのように国家として運営していくのか。そして、その課題を遂行するために、満洲国と日本とはいかなる関係性を形作り、それを誰がどのように担っていったのか。その実態こそ、満洲国がいかなる国家として存在したのかを指し示すものに他ならないであろう。はたして、満洲国にかかわった日本人や中国人たちはどのような思いを抱きつつ、いかなる言動を取っていったのか、それはまた満洲国という複合民族国家のいかなる特性を表象することになるのだろうか。

本章では、満洲国における国家と個人のかかわりに焦点を当て、それを通して満洲国の政治的肖像のもつ特徴を描き出すことに努めたい。そして、その試みは取りも直さず、日本近代の国家とはいかなるものであり、日本人はそれをどう捉え、いかにかかわってきたかを照射することにもつながるであろう。なぜなら、本章で明らかになるように満洲国とは日本という国家のあり方を投影する鏡として存在し、満洲国の肖像を見るとはつまり日本国家の像を、ある面では凝縮し、ある面では肥大化して映し出してみることに他ならないからである。そして、それは同時に日本がまた満洲国からの反射によって自らの国家のあり方をいかに規定されていったかをも示すこととなるであろう。

そのことを念頭に置きつつ、キメラとしての満洲国の変転のあとをたどり、その最後を見届けておくことにしたい。

槿花一朝の夢──逐われゆく日々

満洲問題が一段落ついたら、何か彼地で事業を試みようという、いわゆる仕事師、思惑師、利権屋という連中が、今から早くも、押すな押すなと出かけていく。満蒙とは特殊の関係ある当《とう》大阪市でも、近く商業会議所、実業団体等で一団を組み、視察の名のもとに利権あさりの瀬ぶみをやることになった。

満洲国建国が日程にのぼりはじめた一九三二年一月二二日、『九州日日新聞』は、大阪での動きを伝え、商機が満蒙の地に芽生えつつあることを報じている。こうした論調は利権や商機の可能性の示唆から確実性の強調へと次第にトーンを上げつつ各紙に頻繁に現われるようになり、それがまた満洲国の出現を期待する世論を盛り上げる相乗効果を生んでいったのである。そして、満洲国の出現とともに、この論調は頂点に達し、希望の大地への熱気はいやが上にも高められる。

満洲国建国の翌日、三月二日付『大阪朝日新聞』は奉天からの特電として、三井・三菱・住友・大倉などの財閥のほか、「絶望のドン底にあった中小商工業者も起死回生の新天地を求むべく、嵐のような満蒙熱の真只中に飛込んで満蒙へ！　満蒙へ！　と殺到」しつつある、と報じ「わが国にとって、満蒙国家の建設ならびにこれに伴う新経済情勢の発生は文字通り経済的救世主であり……新満洲国の建国とともに満蒙の天地には輝かしい経済的黎明が来たりつつある」と論じていた。また、農村を中心に一七万部という発行部数を誇った雑誌『家の光』などでも「満蒙移民熱全国に漲る」といった記事が毎号あふれることとなる。

満洲国建国がなぜわが国にとって経済的救世主たりうるのか、そしてなぜ満蒙が起死回生の新天地と目されたのか。もちろん、それは確固たる裏付けに基づいての展望ではない。たんなる希望的観測であるにすぎない。というよりも、そうした過剰なまでの期待が吐露されたのは、世界恐慌にまきこまれ、冷害・凶作に追い打ちをかけられてどん底に突き落された感のあった日本経済が、その行きづまりを突破する最後の脱出口を満洲国に求めざるをえなかったことの反映でもあった。一九三一年、この年、窮迫した農村では娘の身売りが続出して〝娘地獄〟と呼ばれる事態が出現、労働争議の件数は戦前期の最高に達し、東京帝国大学法学部卒業生の就職率わずか二六％と史上最低を記録、越えて三二年一月の全国の失業者数は内務省社会局の発表で四八万五八八五名に達した。各地で米よこせデモが頻発、七月文部省は農漁村の欠食児童が二〇万人を突破したと公表している。さらに生活苦から親子心中が相次ぎ、明治三三年の死因統計調査開始以来、自殺死亡率が最も高かったのもこの年のことであった。このような社会・経済状況への絶望と閉塞感の裏返しが満洲国への希望となり、それが「満蒙へ！　満洲国へ！」という満蒙熱、満洲国ブームを沸騰させていったのである。

こうして日本国内で満洲国への期待が異様なまでの高まりをみせていた一九三二年八月、矢内原忠雄は「日本においてさえ、これほどまでに満洲問題に就いて興奮しているのだから、満洲現地においてはいかなる熱狂的気分が溢れているだろうとの期待を以て」（「満洲見聞談」『改造』一九三二年一一月号）満洲国へと渡って行った。しかし、矢内原を待ち受けていたのは、意外なことに沸きかえるような興奮ではなく、日本よりもはるかに落ち着いた静けさであったという。なぜか。矢内原は見聞の結果として「要するに日本は『期待』でまだ興奮を続けているが、満洲は『現実』で大分醒めた様子だ」（同前）との判断を下している。しかし、いったい満洲はいかなる「現実」によって醒めていったのであろうか。その理由としては過大なまでに喧伝された満蒙の資源や利権について「日満経済ブロックの考えにしろ、産業の開発・鉄道新線の敷設にしろ、移民問題にしろ、その指導精神が国防上、軍事上の見地を加味する事著しき」（同前）状況が生まれ、建国以前に比べてかえって大きな制約となって立ち現われてきていたことがあげられよう。こうした事態は、関東軍が満洲国を建国した企図を考えれば、むしろ当然の帰結である。しかし、満洲国の日本人たちが建国後半年あまりにして奇妙な静けさの中に立ち戻っていた他のひとつの原因としては、前年九月一八日の柳条湖事件以来、熱に浮かされるように語り、夢と描いたはずの新国家の像が建国以後、一日一日とその「現実」の姿を現わしてくるにしたがい、急速に熱気が冷めていったことがあげられるであろう。

日本人官吏の中には建国の当時にあっては、王道主義を基調とし一種の理想を以て新機軸を有する国家をば建設せんとする運動があった。然るに理想主義の支持者たりし大雄峯会系の官吏は去る五月の……（五字分削除。五・一五事件、か）によって失脚せしめられた。理想主義者は今では日蔭者だ。そして帝国主義時代を示す過程が法則通りに進行している。それを見るのは近世植民政策の科学的研究者としての私の学問的満足であった。（同前）

東京帝国大学植民政策学の教授であった矢内原忠雄、彼が洞察したように、世界政治における模範性と新機軸を打ち出したと標榜したはずの満洲国でもまた〃帝国主義時代を示す過程が法則通りに進行していた〃のである。いかに高遠な理想を掲げようとも、植民地は植民地としての法則にしたがって収奪の対象としてしか扱われえない、というのが彼の植民政策の科学的研究が教える現実であり、満洲国もその法則の例外ではありえなかったと矢内原は看て取ったのである。それでは、そのことを確認したことをもって矢内原は「私の学問的満足」と表現しているのであろうか。そうではないであろう。矢内原は、つとに満洲問題を日本帝国主義と中国国民主義との衝突と捉え、満洲国はその衝突から生じた産物であるとみなしており、満洲国が東北人民の自主的発意であるとする見方を強く否定していた。そして、満洲国建国に際しても、「日本の対支政策の根底は支那の近代統一国家化の助成に存しなければならない」（「満洲新国家論」『改造』一九三二年四月号）と断言し、「禍《わざわい》なるは各国民間に悪意を蒔《ま》き散らす霊である」との警句を記していたのである。矢内原にとって、いかに美しく高い理想を謳い上げようと、満洲建国は中国の統一どころか分裂を促して日中間の離反を激化させるものでしかなかった。東北軍閥や国民政府を攻撃することで自らの国家の正当性を強調する「五族協和」「王道楽土」などの建国理念は、いかに美しく響こうと各国民間に悪意を蒔き散らすものに他ならなかったのである。彼においては〃理想主義者〃こそ実は禍なる霊とみなされていたのかもしれない。そして、いかなる幻想をふりまいてみてもいずれ帝国主義の冷厳なる現実によってそれらは掻き消されてしまうであろうし、国民の倫理感覚を錯乱させないためにも消え去るべきだというのが〃学問的満足〃という表現にこめられた苦い含意ではなかったかと私には思われる。

その解釈の当否はともかく、矢内原の眼前には、建国からわずか一五〇日あまりにして王道主義を基調とし、新機軸を有する新国家を建設しようとした運動が大きく後退し、〃理想主義者は日蔭者〃とみなされる情景が出現していた。矢内原のそうした観察が正しいとすれば、いったい、この間、いかなる事態が進行していたのであろうか。――

一九三一年一一月、本部スタッフ二三名をもって出発した自治指導部は軍閥一掃、県民自治による善政主義を掲げて各県に入り、県レベルでの建国工作に大きく寄与し、建国後の三月一五日その任務を終えたとして廃止された。解散時の指導部員の総数は二三四名に達しており、その数をもってしても新政府内部での日系官吏の一大勢力として臨むことができるはずであった。だが、建国という目標の下に一致団結して運動していた間には顕在化しなかった大雄峯会系と満洲青年連盟系との確執が、皮肉なことに「同心協力して過去一切の悪風を棄て、理想境の建設に勇往邁進せよ」(「東北四省三千万民衆ニ告グルノ書」)と呼びかけ、建国を目前とした時期になって表面化したのである。そして、その対立は新政府の人事銓衡《せんこう》および自治指導部の任務をいかなる形で引き継いでいくかをめぐって決定的な亀裂を生じることとなった。自治指導部員のほとんどは硝煙けぶる地方に飛び込み、身を挺して無給で建国運動を推進していただけに、当然に新政府内に日系官吏として登用されるとの期待を抱いていた。だが、発表された人事では大学卒業者の多い大雄峯会系の部員は多数採用されたものの、満洲青年連盟系は金井章次らが奉天省政府に採用されたほかは中央政府にはほとんど採用されることなく放り出される形となった。この人事銓衡は新政府の組織・官制を起草した松木俠らが作成した人事リストをもとに関東軍参謀和知鷹二と大雄峯会の笠木良明によって行なわれ、これに甘粕正彦と大雄峯会の中野琥逸が加わって進めたものである。笠木は満鉄大連本社人事課の人事係長を務めたこともあり、満鉄から新国家へ割愛の交渉をするに当ってはスムースに事が運んだ反面、その信仰と政治信条から捨身奉公・菩薩道を歩む興亜理想の実践者といった基準で篩《ふるい》にかけたため、満洲青年連盟系のほとんどが選にもれる結果となり、不満と反発を招くこととなった。しかしながら、もともと在満の種々の職業人から成る集団であった満洲青年連盟は新国家の官吏となった者、関東軍特務部に残る者、元の職業に復帰する者、そして任官されないまま野に在って運動を続けようとする者とに分断されて統一行動を取りえず、建国をもって事実上解散のやむなきに至ったのである（解散式は一九三二年一〇月二日に行なわれた）。

こうして「民族協和」というスローガンをもって満洲建国運動に駆せ参じた満洲青年連盟の人々の多くは満洲国経営に参画することなく、大いなる失望と憤懣を抱いて満洲国政治の前景から退いていったのである。

これに対し、笠木ら大雄峯会系の人々は政府に新たに設置された資政局に地歩を占め、満洲国政府内で大きな勢力をもつこととなった。しかし、資政局もまた誕生からほぼ四ヵ月で解散の憂き目をみ、大雄峯会系の人々は満洲青年連盟の人びと以上の憂憤《ゆうふん》と怨念を抱いて政府から逐われゆくこととなる。それではなぜ資政局は生まれ、そして早々と廃止される運命に陥ったのであろうか。

満洲国建国を控えて〝王道社会創造の母胎〟とも称された自治指導部の廃止とともに、それまで自治指導部が担っていた建国精神の浸透、自治思想の普及、施政の暢達《ちょうたつ》などの機能をいかなる機関で、いかに継承していくかが当然に問題となった。笠木は建国理想の顕現、道義政治推進の指導機関として政府内に国務院と並んで執政直属の資政院を設け、県自治指導員などの人事を司掌し、建国理想を宣揚するために弘法処（本来、弘報処とすべきところ、仏教的信条から、より高い次元的で法＝真理を弘める使命を負うとして弘法処とされた）、研究部、訓練所を置くことを提言した。これに対し、政府組織法の立案に当っていた松木俠らは国政運用の二元化をもたらしかねない国務院と並立する資政院案に反対し、地方行政の指導監督は内務行政の主管官庁である民政部の職掌とすることを主張して譲らなかった。結局、関東軍の調停によって国務総理の直轄機関として資政局を設けることに決し、弘法処において(1)建国精神の宣伝、(2)民力涵養・民心善導、(3)自治思想の普及を管掌することになった。また、研究所と訓練所(自治訓練所を改組。主任・口田康信)を付置して、事実上、自治指導部の主要業務を継承したのである。ただし、地方行政、地方人事に関しては、民政部地方司の所管と定められた。

このように執政直属の資政院案は実現しなかったが、資政局に入った大雄峯会系の県自治指導員たちは〝自治指導は天の命を承けて行なう神聖なものであり、一総務長官のごとき者の命に従うべきに非ず〟という自恃《じじ》をもって笠木の下に国務院に対抗する姿勢を示した。このことは総務長官駒井徳三と笠木の衝突として顕在化した。駒井によれば、「資政局は地方各県における従来の自治指導員を奉天および新京に糾合して県参事会なるものを組織し、それを直接執政と結び付けようとする計画をなしつつあった。……この問題は一国内に二つの政府を組織しようとする計画であって、一方からいえば執政の威厳を表面に振りかざして、現政府に対して刃《やいば》を向けようとする一種の反逆行為である」(『大満洲国建設録』)とみなされる動きであったと解されている。また、笠木らは〝興亜の志士に六法全書は不要〟と法三章の王道主義をもって理想国家を顕現することを目標としていたため、近代的法治国家の形成を急ぐ政府中枢部や松木俠ら法制局グループとの対立が激化することとなった。さらに、笠木らは地方自治、地方分権を理想として民政部が進める中央集権的な地方制度の整備に反対し、県自治指導員の多くは主管官庁である民政部を無視する態度に出たため、笠木と大雄峯会の盟友である民政部総務司長中野琥逸との間にも疎隔が生じていった。これに五・一五事件の容疑者として満洲国に潜行した橘孝三郎を大雄峯会系の人びとが庇護するといった事件が発覚し、また資政局訓練所生募集を本庄関東軍司令官や駒井総務長官に無断で行ない、その試験官に五・一五事件に関係した大川周明が加わっていたことなどが重なって、資政局をめぐる紛糾の収拾が建国早々の満洲国の重大な政治課題となっていった。

ここに至って関東軍は総務庁中心主義による内面指導を確実にしていくうえで駒井総務長官のもとに日系官吏の結束を図ることを妥当と判断し、資政局廃止に踏み切った。そして七月、笠木以下三二名の資政局員、県自治指導員の免官と資政局の解散が宣告され、新たに県官制が公布されて県自治指導員は県参事官に改められた。こうした経緯によって自治指導部の道統を継ぐといわれた資政局もわずか四ヵ月足らずで消え去ったのである。満蒙の大地で朽ちるという自覚をもった人材を結集し、満洲国から興亜の大濤《だいとう》を巻き起こそうとの意気込みをもった笠木ら大雄峯会系の人びとも政府から追放されていった。たしかに、ここに矢内原が観察したように〝王道主義を基調とした理想主義者は失脚せしめられ、今では日蔭者だ〟という状況が生まれていたのである。

この資政局をめぐる問題は、それを新生満洲国が直面した国家形成の基本方針の対立、すなわち官治主義と自治主義、法治主義と王道主義、中央集権主義と地方分権主義との相剋と捉える見方もされてきた。しかし、はたしてそれを笠木らが主張したように帝国主義・権益主義による満洲国支配に対し、満蒙三千万民衆の幸福のために自治主義・連帯主義・理想主義に基づく楽土建設のための抵抗であったとみなすことは正当であろうか。おそらく、否というべきであろう。そのことは、彼らのいう自治なり、分権なり、理想なりが、誰による自治であり、誰のための分権であり、誰にとっての理想であるのか、にかかわり、彼らが〝牧民官〟として自ら恃んだという一事をもってしてもその意義は明らかなはずである。自治主義といい、王道主義というも、それはあくまで関東軍および日本による満洲国統治を他の面で支え、推進するものにすぎなかったのである。橘樸は笠木らの運動に対し「大衆は、封建精神と東洋精神とを穿き違《は》えたような理論や、宗教改革と民族協和とを混淆させるような『観念の遊戯』に興味を感じうるほど有閑でもなければ幸福でないことを牢記すべきである」(「独裁政党論」『満洲評論』一九三二年八月二六日号)と鋭い批判を加えたが、それはまさに正鵠を得たものであった。

だが、人はあるいは幸福でないために、かえって夢に憧れ、イデオロギーや「観念の遊戯」にあえて身を委ねようとするのかもしれない。満洲国の建設こそが汚濁に満ちた世界に王道楽土の理想社会の模範を提示するための栄光ある実践である——との夢はその後も大きな吸引力をもって日本の青年たちを海を越えて魅きつけていったことはやはり事実として認めざるをえない。資政局解散にともなって、その訓練所が大同学院に改組され、今度はここが自治指導部以来の道統を継承するといわれることになる。この〝理想主義の夢〟の温床となった大同学院からは満洲国解体まで一九期、約四千人にのぼる卒業生が輩出した。彼らは大同学院のモットーとされた「無我至純」「挺身赴難」を信条として、「五族協和」「王道楽土」建設のために極寒僻遠《へきえん》の地に分け《わ》入り、反満抗日軍と銃火を交えて大地を血で染めることも少なくなかったのである。

そして、夢に殉じた日本人とその夢に故地を奪われ、家を奪われ、肉親を奪われ、命さえ奪われていった中国人たちの存在を知ってか知らずか、日本国内では次のような文章が罪業を美夢のごとくに間断なく醞釀《うんじょう》していった。

政治的なもののどんな汚れもうけない形で、もっと素直にこの新しい世界観の表現にうたれた。……事実がどうか知らないが、そうして明白に満洲国は前進した。即ち「満洲国」は今なお、フランス共和国、ソヴエート連邦以降初めての、別個に新しい果敢な文明理想とその世界観の表現である。（保田與重郎「『満洲国皇帝旗に捧ぐる曲』について」『コギト』第一〇二号、一九四〇年一二月）

「事実がどうか知らないが」といいながら、満洲国を「別個に新しい果敢な文明理想とその世界観の表現である」と断言する、この蠱惑《こわく》なるレトリック。

げに禍《わざわい》なるは若人に幻夢を蒔き散らす言霊《ことだま》である。

王道主義の退却—凍てつく建国理念

さて、こうして建国運動の重要な民間側の担い手であった自治指導部の人々がこと志に反し、次々と中央政府から遠ざけられ、満洲国から逐われるという事態が進展していったなかで、首尾よく所期の目的を達成したはずの関東軍参謀たちはわが世の春を謳歌していたのであろうか。

たしかに、中央の省部や外務省などの強い反対に直面していた段階では「在満軍人有志は一時日本の国籍を離脱して目的達成に突進する」(「片倉日誌」以下、これに拠る)という共通の目的で繋がっていた。しかし、主要作戦がほぼ終了し、新国家にいかにかかわっていくか、新国家に対し何を求めていくか、が課題となってくるや関東軍幕僚たちの結束にもまたほころびが見え始めた。各々のスタンスの取り方の相違から不協和音が生じ、それは相互不信となって現われてくる。片倉衷によれば、建国直後にはすでに幕僚間では「事毎《ことごと》に甲論乙駁を呈する」状況となっており、特に「政策統治を主任とせる総務課に対し、他の課員はこれに参与せず、いかにも末事のみに従事せりとの誤解より不平を抱懐」するに至っていたという。満洲国統治に熱意を抱く幕僚と政略にかかわることを潔しとしない幕僚との亀裂が深まっていたのである。こうした気運の中で実行の板垣、智謀の石原と並び称されたさしものコンビの間にも、石原の新国家の建国理念への思い入れが強まるにしたがって距《へだた》りができ、「石原参謀は人事その他政策に関与せず、板垣参謀の処置に慊《あきた》らず、その不平を勃発する」有様になっていた。もっとも「各官の新国家に対する対策一貫せず、石原参謀は性格上、殊に変化多きこと。板垣参謀は最も靭強《じんきょう》なり」との評言からすれば、関東軍の建国目的から逸脱して「五族協和」「王道楽土」建設へとのめり込んでいく石原に対して他の参謀たちが不信と不満を抱いていたことがうかがわれる。

そして、事実、石原の満洲国およびその統治のあり方をめぐる考え方はきわめて振れ幅の大きいものであった。一九三一年一二月二日の「中央政府はこれを完全に日本に委託すべきである」（「満蒙問題の行方」）との主張は、三二年一月二五日には「日支人は全く平等の地位に立つものとす」（「新国家内に於ける日本人の地位に就て」）と百八十度の転換を示していた。ただ、この時はまだ行政能力からみて、「高級官吏には相当多くの日本人を採用し、下級に至るに従い支那人官吏の増加するを自然とす」（同前）と日本人の主導性を認めていた。しかし、四月二二日の文書では「新国家の政治は在満諸民族の公平なる参与により公明に行う。……各民族は全く平等なる社会的経済的計画を営む」ことを小畑敏四郎参謀本部第三部長に進言し、完全な民族平等による統治方針へと転じている。この方針が満蒙における日本の国策遂行を軍司令部が日系の参議や官吏に対する内面指導を通して行なおうという関東軍の合意を否定するものであることは言うまでもない。のみならず、それは関東軍が満洲国建国において当然の前提とした「門戸開放、機会均等の主義を標榜するも原則に於て日本および日本人の利益を図るを第一義とす」（「満蒙問題善後処理要綱」一九三二年一月二七日）との確認にも反するものであった。

石原のこうした変説は、他の参謀たちにとって国際世論および日本国内の反対を強引に押し切って満洲国を建国させた意義を打ち消してしまう暴論とみなされたであろうことは想像に難くない。"いったい何のために危険を冒し、多大な犠牲を払ったのか?" この参謀たちの反発と疑念を尻目に石原の主張はさらにエスカレートしていく。六月に入ると石原は独自の満洲国統治方針を打ち出し、関東軍による政策指導を放棄する構想を主張しはじめる。石原は他の参謀たちからいよいよ遊離し、両者の不協和音はますます激しくなる。そして、関東軍に代わって新たに満洲国の最高政策決定を担う機関として石原が想定したのが満洲国協和会であった。石原は満洲国統治の現状と将来構想を磯谷廉介陸軍補任課長に宛てて次のように記している。

> 目下に於ては主権者は軍司令官にして最高政策を決定す……軍司令官の決定せる最高政策は長春政府をしてこれを実行せしむ。即ち国務総理・総務長官は軍司令官の政務総監なり。……然れども永久に軍司令官を満洲国の主権者たらしむるべきにあらざるを以て、なしうる限り速にその後継者を養成せざるべからず。而《しこう》してその後継者は専制君主たる溥儀か、然《しか》らず。自由主義による民衆の代表機関・立法議会か、然らず。吾人は統制主義による民衆の代表機関たる一の政治的団体たるべしと断ぜざるを得ず。満洲国協和会は実にこの目的のために設立せられたるものなり。その堅実順調なる発展により該会が三千万大衆の支持を獲得しうるに至りて初めて軍司令官より主権をこれに譲り該会の立案企画せる最高政策を政府これが実行に当るものとす。(一九三二年六月二五日)

ここには、政府組織法上「執政は満洲国を統治す」と規定されているにもかかわらず、他国の軍隊の司令官が主権者として君臨している満洲国統治の実態が自明のこととして語られている。この官制と事実上《デ・ファクト》の権力とのズレにこそ傀儡国家の本質が露呈していることは論を俟たないであろう。しかし、石原はそのことに対しては露ほどの疑問さえ向けていない。そうしたある意味ではリアルな認識が溥儀や立法院には期待することなく、一党独裁型の政治システムを志向することとなっているのである。

それでは、ここで将来の満洲国の政策決定の核と想定されている満洲国協和会とはいかなる政治組織であったのだろうか。

満洲国協和会は満洲国建国後の自治指導部の継承形態を模索していた満洲青年連盟の山口重次や小沢開作らが于静遠、阮振鐸《げんしんたく》とともに結成した満洲協和党に淵源をもつ。石原は和知参謀や笠木らによって新国家の人事が独占的に決定されることを嫌悪しており、笠木も石原を軍略第一主義の軍閥と非難して両者の対立は深まっていった。その角逐《かくちく》はおのずから笠木ら大雄峯会を猟官運動の団体と指弾していた山口や小沢らと石原を近づけることとなった。石原は民間運動として建国理念の浸透をはかろうとする山口らの満洲協和党を支援することによって関東軍幕僚には受け入れられるはずのない満洲国統治構造の改変を実現しようとしたのである。

山口らは満洲国建国の本質を三千万民衆の民主革命であると捉えていた。その認識自体がすでに問題であることは言うまでもない。しかし、ともあれ彼らは満洲建国が民主革命でありながらも、それが関東軍の指導援助による変則的な革命であったために、革命に必要な二つの要素、すなわち「指導原理と意識統一」(山口『満洲建国の歴史』以下、これに拠る)が欠落していたとの認識に立つ。そして、この変則的革命に欠けた指導原理として「民族協和」を挙げ、これによって在満三千万民衆の意識統一をはかることを満洲協和党の目的と定めたのである。三二年三月半ばに起草された宣言では「治安維持に専念し、民生の福利増進を計るは勿論、従来の民族的偏見を去り、現住民族の大同団結を計り、一致協力以て民衆政治の実現と経済機構の改変に邁進す」とされ、それによって「資本主義の重圧」と「共産主義の攪乱」に翻弄されない社会を実現することが運動目標として掲げられている。この満洲協和党構想を支持したうえで石原は「一国一党の原則をとらなければ、基礎の薄弱な満洲国では、多党乱立して民族闘争に陥る恐れがある」として一党独裁制を提案、また、石原のブレーン宮崎正義の「ソ連の共産党も、中国の国民党も党費は国費で賄っている。これは近代政党の通則である」との意見が採用されて党費は国庫から支給する案が作られ、これを特別法として制定する教令案が起草された。すでにたびたび指摘したように、中国国民党の一党専制や「赤匪の侵略」「共産主義の攪乱」を非難し、これらを排斥することを目的に掲げながら、その実、機構や運営形態を対抗する当のものに模範をとるという、満洲国の法と政治に特徴的な事態がここにも見られるのである。

ともあれ、この満洲協和党に関する教令案は、四月一五日いったんは国務院会議で議決されたものの執政の裁可に至らず、これとは別に片倉衷によって「国家権力の保護を受けた党部の組織」（片倉『回想の満洲国』）として「立憲王道会」なる構想が出され、両者を擦り合わせた形で満洲協和党は満洲国協和会へと名称を変更、七月二五日国務院で発会式が執り行なわれることになった。一時、棚ざらしになった協和党問題がにわかに進展をみた背景には、類似の組織目的をもっていてその関係が問題とされていた資政局が七月五日に廃止され、建国精神の普及を担当する国民教化団体が必要となったという事情もあったのである。

満洲国協和会は創立宣言において資本主義、共産主義、三民主義を排撃することを強調し、「建国精神を遵守し、王道を主義とし、民族の協和を念とし、国家の基礎を強固ならしめ、王道政治の宣化を行う」ことを明らかにした。この宣言にみるかぎり、山口らが当初企図していたように民族協和を指導原理として資本主義と共産主義を否定し、満洲国のイデオロギー統合をはかる思想教化組織とはなっている。しかし、その役員には名誉総裁に溥儀、名誉顧問に本庄関東軍司令官、会長に鄭孝胥国務総理、名誉理事に橋本虎之助参謀長、駒井徳三総務長官、板垣参謀などが名を連ね、経費も国庫補助金が充当されるなど関東軍と満洲国政府の公認の下に結成された官製の上意下達の機関としての色彩が前面に出ていることは否めない。そのかぎりで、関東軍の指導援助によったために満洲建国が変則的な民主革命となったとの反省から出発し、関東軍とは一線を画すとした満洲協和党の結成趣旨は完全に打ち消されてしまっており、野に在って在満三千万民衆の意識統一をはかるという初心も置き去りになっていた。しかし、ともかくも満洲青年連盟によって提起された「民族協和」というスローガンは、満洲青年連盟が解体したのちも満洲国協和会の活動理念の中に受け継がれることとなったのである。しかし、協和会を満洲国統治の中でいかに位置づけ、いかに活動させていくかについて関東軍、石原、満洲国政府、そして、山口、小沢らの民間参加者との間に合意が存在していたわけではなかった。そのため、やがて協和会の運動をめぐって関東軍と政府、そして山口らの間で紛議が生じることとなったのである。

ところで、石原が満洲国協和会を将来の主権者として設定したのは「三千万大衆を掌握して満洲国を理想の楽土たらしめ、真に日満協和、日支親善の実を挙ぐべく、これによってのみ我日本民族は東亜の王者として白人種に対し最後の決勝戦を試みるを得べし」(「磯谷廉介宛文書」)とあるように、石原の宿願である世界最終戦に勝利するためにそれが必須とされたからである。協和会もまたそのかぎりで満洲国を理想の楽土とし、日満協和と日支親善を希求するのであって、それ自体が自己目的化されているわけではけっしてなかった。それゆえ、石原を王道楽土と民族協和の実現をめざした理想主義者と規定する山口重次らの評価には疑問がある。石原はそれほど底の浅い軍略家ではなかったし、自らが作為した虚構にのめり込んで自らの宿志を忘失してしまうほどナイーブでもこの時はなかった。そのことは、「満洲国を理想の楽土たらしめ、日満協和と日支親善を挙ぐべし」と主張した同一の文書中に満洲国経営に関し、次の条件が付されていたことからも十分にうかがい知ることができる。

1、もし我らが民衆の支持を得る見込十分なるに拘らず、支那要人の妨害あるならば断然これを領土とす。

2、もし支那民衆の支持得《え》がたき時は、我ら自らその能力なきものとして満蒙より退去するか、または弾圧によりて彼らを搾取す。（同前）

石原の理想主義とみられる言説も、実はこうした最後の切札《ウルティマ・ラティオ》を秘めた冷徹でリアリスティックな満洲国統治技術の一環として表明されていたにすぎないのである。そして、石原はもちろん、本庄、板垣らにとっても満洲国統治そのものに彼らの最終的な達成目標が置かれていたわけではなかった。自らの意見を軽々に表にしなかった本庄でさえ「日本の改造を満洲から導きたい」（満鉄経済調査会『満洲経済年報』一九三四年）と断言していたように、国内改造の策源地として満洲国は存在意義をもっていたのである。しかし、満洲国建国までは関東軍が日本の省部や日本政府をリードしたことは事実ではあったものの、建国以後その位相は急激に変化していた。すでに五・一五事件を契機として政党内閣が崩壊し、挙国一致内閣の成立とともに軍部は官僚、政党と並ぶ統治主体として日本政治の前面に進み出てきていた。そうした陸軍中央にとって満洲事変の過程で醸成された下剋上の風気を刷新し、「中央は出先機関の処断しえざる点のみを指示すの要あるべし」（「片倉日誌」）と嘯《うそぶ》く関東軍に対してその統制力を回復することは焦眉の課題となっていた。しかし、同時に関東軍を含めた陸軍総体としては外務省、大蔵省、拓務省、商工省などの意向をなるべく排除しながら、関東軍の軍事行動による成果としての満洲国の統治において絶対的優位を獲得していくことが求められていた。

一九三二年八月、本庄繁、石原莞爾、片倉衷、和知鷹二、竹下義晴ら板垣征四郎を除く建国を主導した幕僚たちの関東軍からの転出は、こうした陸軍中央の統制回復の必要に出たものであった。この陣容一新は「中央統制力の伸長を意味し、群雄割拠的創業時代の満洲人事を整頓すること」（佐々弘雄「満洲政策の切断面」『改造』一九三二年九月号）となったのである。このとき、関東軍司令官が満洲派遣特命全権大使と関東長官を兼任して三位一体制をとることとなり、また関東軍司令官が本庄中将から武藤信義大将に、参謀長が橋本少将から前陸軍次官小磯国昭中将へと代わり、格上げされた形となったことは、軍部の満洲国への組織的進出と日本政府内での満洲国統治に対する発言権の強化をめざすものであった。そして、関東軍が省部の統制内にあるかぎり、関東軍が満洲国統治機関としての政策立案能力と監督機能を高めていくことは省部の日本政府内での地位をも押し上げることにも繋がり、省部も関東軍の機能拡充を認めることになる。武藤、小磯の着任とともに満洲国の政務指導を担当する参謀部第三課と特務部とが人的にも拡充され、また満鉄経済調査会などの協力を得ることにより関東軍の満洲国統治能力は増大した。

陣容の一新は満洲国統治方針のある側面での転換をも意味した。本庄らにとって満洲国統治の基本方針は「満洲から金融資本および政党の勢力を絶対に排除したい」（『満洲経済年報』一九三四年）という点にあった。しかし、小磯らは、「満洲には財閥入るべからずという制札が立てられているという既往のデマに誤られることなく、国利政策の大着眼下に果敢なる経済進出」（小磯国昭『葛山鴻爪』）を慫慂《しょうよう》する方向に転じていった。石原は満洲国を去るにあたり、ただ一人残る板垣に後事を託して満鉄附属地行政権の返還、治外法権撤廃、軍の政治的干渉の排除、将来の主権者としての満洲国協和会の育成、満洲開発における日本人の特権廃止などの方針の徹底を依頼していた。しかし、内地に帰還した石原は永田鉄山参謀本部第二部長と面談した際「満洲は逐次領土となす方針なり」（石原「満蒙に関する私見」三二年八月）と聞かされ、愕然とするのである。また、満洲国では協和会の存在を否認する小磯がこれに圧迫を加え、一九三四年に入ると日系官吏の間からは協和会解散論まで出るにいたる。そして、九月の改組によって山口重次事務局次長をはじめ満洲青年連盟、満洲協和党の系譜を継いできた人びとは中央事務局などから退けられ、代わりに阪谷希一総務庁次長以下日系官吏が入って協和会に対する官僚統制は次第に強化されていったのである。この協和会の変化は、石原が構想したような満蒙三千万民衆の支持に基づく主権者たるべき政党としての成長ではなく、関東軍の内面指導を受けた日系官吏が主権者たるべき役割をもってきたことを示すものであった。

すでに一九三二年七月の『東京朝日新聞』は「若手高等官が満洲国へ。骨になる覚悟で行く」（七月一〇日）、「平和の義勇兵の出発」（一二日）として星野直樹ら大蔵省官僚の満洲国への派遣の模様を報じていた。以後、逓信省、内務省、司法省、商工省などの各省庁から満洲国日系官吏となるべく続々と官僚が海を渡り、〝政府の各省が満洲に出店をひらく〟といわれる状況となっていたのである。

山口重次はこうした推移について、満洲国の歴史は一九三二年八月までとそれ以降の時期では関東軍の指導方針が全く異なっており、これをはっきりと区別して捉えるべきだと主張する。つまり、本庄時代の指導方針が「満洲国の保護育成にあった」（『消えた帝国満洲』）のに対し、それ以後は「資本主義に基づいて、満洲国を日本の属国化し、植民地化することにあった」（同前）というのである。それはまた「独立援助から属国化へ、民族協和主義から権益主義（帝国主義）へ」（山口『満洲建国の歴史』）の転換として図式化されている。しかし、その転換は、質そのものの変化というよりはいかなる方式が目的達成にとってより効率的かという判断の濃淡の違いにすぎなかったのではあるまいか。それは石原構想に即してみたとおりである。満洲国統治をもって「軍部主導による革新的な強力政策を推進して日満一体の国防国家」（片倉衷「筑水の片言」一九三二年八月）を建設するという点では、本庄時代とそれ以後との間になんらの径庭《けいてい》もなかったのである。要はそのための資金や人材をどう調達するかの相違であった。

だが、満洲建国をともに推進した人びとにとって一九三二年八月の関東軍の人事異動は、一切の暗転のはじまりとして強く実感されていたことは否めない。橘樸も一九三四年三月、「私は実のところ一昨年（三二年）の夏以来、満洲国に関するあらゆる政治的経済的社会的現象に就て、只の一つも愉快な消息に接したことはなかった」（「自治から王道へ」『満洲評論』三四年三月二四日号）と記し、また「貧農本位の王道社会」の建設についても「客観的方面についていえば、吾人の展望は一層陰鬱ならざるを得ない」（「田園裡の日系官吏」『満洲評論』三四年三月一〇日号）との暗い予感に捉われていた。

すでに笠木良明や口田康信ら大雄峯会のリーダーたちは満洲国を逐われ、日本で汎アジア運動の道を模索している。その笠木らを追放して日系官吏による統治に道を開き、鄭孝胥国務総理ら満系高官と反目した駒井徳三総務長官も笠木らの追放から三ヵ月後の一〇月には総務長官を退き、日系官吏の進出とともに疎んじられて満洲国を去ることになる。笠木と袂を分かった中野琥逸も駒井と同じく一〇月には民政部総務司長を免ぜられ、熱河省総務庁長となったものの志を得ないまま飄然《ひょうぜん》満洲国を去って東南アジアに赴き、客舎に不帰の客となった。そして協和会をもって「民族協和」「王道楽土」の建国理念を指導しようとした山口重次や小沢開作ら旧満洲協和党の人びとは協和会中央から遠ざけられ、その後、山口は牡丹江省へ、小沢は北京へといったように四散していくことになる。彼らを支援した石原そして本庄ももはや満洲国にいない。橘樸はそのころ「深き索漠《さくばく》を覚える」との一句を書きつけている。橘が主宰した『満洲評論』には満洲国をめぐる新たな思潮の出現に苦悩し、実業家から王道主義の遵奉者に転じ、志半ばにして逝った貴志貴四郎を追悼するとして次の一節が手向けに供えられていた。

王道主義の理論家、実践家は政治戦線から総退却を開始した。……重大かつ明白な事は、王道主義が現実的に原野の真中で実験される代りに、試験管の中に防腐剤詰めにされて、世界資本主義博覧会の満洲館のショーウィンドーに飾られる事による宣伝的機能をしか持ち得なくならんとしつつある光景である。王道主義イデオロギイは自殺でなく、他殺されかけている。（池上定八「貴志貴四郎論」『満洲評論』一九三四年一月二七日号）

そして、満洲建国とともに起こった日本の〝満洲熱〟も、景気の回復とともに一時の熱狂も潮が引くように冷めていった。そして、時あたかも日本国内では、サトウハチロー作詞・徳富繁作曲「もずが枯木で」の呟くようなメロディーが口ずさまれていた——

兄さは満洲へ　行っただよ
鉄砲が涙で　光っただ
もずよ寒くも　鳴くでねえ
兄さはもっと　寒いだぞ

満洲の冬は零下四〇度にも達するという。その酷寒、朔北の地で建国理念は急速に凍《い》てついていったのである。
光芒が強烈であっただけに陰翳もまたいっそう色濃い。

荊棘《けいきょく》の道——満洲国承認と鄭孝胥

国際的非難の渦巻くなか、満洲国を創出させた日本にとって、次なる課題は、「偽国」「傀儡国家」とみなされている満洲国をいかに独立国として認知させていくかであった。そのためには日本がまず承認しなければならない。だが、日本国内には国際連盟や強硬な不承認政策を取るアメリカなどの出方を顧慮する慎重論も根強かった。しかし、日本が満洲国を承認しないままでいることに対しては、日本が満洲を「第二の朝鮮」とすべく併呑の時機を待っているのではないか、あるいは持て余して投げ出すのではないかなどの見方も出てきており、満洲国を孤立させないために早期に承認すべきであるとの意見が大勢となってきた。かくて一九三二年六月一四日、衆議院本会議において満洲国承認決議案が全会一致で可決された。次いで八月一九日、政府は閣議で満洲国承認に関する「日満議定書」を決定、これを携えて関東軍司令官兼特命全権大使に任命された武藤信義は満洲に赴き、満洲国政府と「日満議定書」の締結に関する交渉に入り、国務総理鄭孝胥との間に鉄道、港湾、水路、航空路などの管理を関東軍に委託すること、日満合弁の航空会社を設立すること、鉱業権を日本ないし日満合弁会社に許与することを内容とする協定を次々に結んでいった。

こうした動きを受けて、内田康哉外相は八月二五日、第六三臨時議会における外交演説において満洲国承認こそ「満蒙の事態を安定し、延《ひい》て極東における恒久的の平和を招来すべき唯一の解決方法」であるとして承認実行を言明した。そして、この演説に対する質問に対して、内田外相は日本による満洲国承認が公正にして適法であることは疑問の余地がないとしたうえで「この問題のためには、いわゆる挙国一致、国を焦土にしてもこの主張を徹することにおいては一歩も譲らないという決心を持っている」と答弁した。これが内田の「焦土外交」演説と称されるものである。そして、この姿勢をもって九月一五日、「日本国は満洲国がその住民の意志に基きて自由に成立し、独立の一国家をなすに至りたる事実を確認したるに由り」（「日満議定書」）との理由をあげて満洲国承認に踏み切った。建国から半年、ようやく迎えた満洲国の法的承認に対し日本のマス・メディアはこぞって歓迎し、次のような論説が紙面を飾った。

満洲国承認の日が来た。切実なる満洲国の願望と熱烈なる我国の信念が結びついて、世界史に一新紀元を画し、東亜和平を保証する礎石としての独立国の新生が唇歯輔車《しんしほしゃ》、共存共栄の関係にある日本によって公々然とその独立を祝福される日が来た。（『東京朝日新聞』一九三二年九月一六日）

しかし、この承認もまた九月四日完成したリットン調査団報告書が公表される前に、独立国家・満洲国を既成事実化しておこうという企図から出たものであった。果せるかな、報告書には「現在の政権は純粋かつ自発的なる独立運動によりて出現したるものと思考することを得ず」と明記されており、前記の「日満議定書」の認識とは真向から対立するものであった。国際連盟は三三年二月二四日、いわゆる満洲国不承認決義案を賛成四二、反対一（日本）、棄権一（シャム）をもって採択、日本代表団は総会から退場し、三月二七日、正式に国際連盟脱退を通告するにいたった。これが満洲国承認の高価な代償であり、日本は日満共同防衛と引き換えに国際的孤絶の険路を歩むことを余儀なくされていった。それはまた三二年一月七日「スティムソン・ドクトリン」によって満洲国不承認原則を打ち出したアメリカとの対立の焦点を形作り、太平洋戦争開戦への底流となってつながっていったのである。

ところで、九月一五日の「日満議定書」の調印式場の光景について『報知新聞』（九月一六日）は、武藤全権大使が署名調印に至ったことを欣賀する旨、挨拶したところ「鄭国務総理は満顔に笑《えみ》を浮かべ、同様挨拶を返し互いに感慨無量の面持で固き握手を交わし軽く会釈し座につ」いたと報じている。しかし、武藤全権大使随員として立ち会った米沢菊二一等書記官が書き遺したメモによれば、武藤の挨拶に対して鄭孝胥が示した反応は全く異なる。

鄭総理は早速に答辞を陳べんとして陳べ得ず、いたずらに口をもぐもぐさせ、顔面神経を極度にぴりぴり動かし、泣かんばかりの顔を五秒、十秒、三十秒、発言せんと欲して能はず。心奥の動揺、暴風の如く複雑なる激情の交錯するを思わせるに充分であった。（米沢『日満議定書調印記録』）

鄭孝胥は調印六日前になって突然辞任を申し出、国務院への登院を拒《こば》んでいたが、その原因には駒井徳三総務長官との確執があげられていた。この対立は建国直後から生じており、三二年七月一〇日の「畑俊六日誌」にも「鄭総理は嫌気がさしたるか、辞職すると言い出し、日本側は引留めに苦心し、漸く思い止まらしめたり」と記されている。しかし、今回の辞意はきわめて固かった。だが、関東軍としては調印を目前に控えて国務総理を更迭《こうてつ》することもできず、調印後駒井を転職させることを条件に辞意を翻させてようやく調印までこぎつけたという経緯があった。鄭と駒井の反目は満洲国政府内では公然の事実であったが、米沢は鄭孝胥の辞意は単なる駒井排斥の意図にとどまらないのではないか、との判断をもっていた。すなわち「調印により売国奴の汚名を冠せられ、支那四億の民衆より後々に至るまで満洲抛棄《ほうき》の元凶として目されんことを恐れ、調印の日の切迫するにつれ煩悶の末、その責任を遁《のが》れんがため、辞職を申し出たるにあらざるか」（同前）と推測していたのである。そのため、最終局面で鄭孝胥が調印を拒絶するのではないかとの危惧が去らず、鄭総理の顔面の異常な痙攣を見て、米沢は一刻も早く調印をすませるべく、本来先に行なうべき日付の記入を後回しにしてまず署名を求めたという。

たしかに、前述した溥儀・本庄書簡や武藤・鄭協定を含むこの「日満議定書」によって満洲国統治の実権が法的にも日本に掌握されることは明らかであった。昭和天皇は武藤信義関東軍司令官兼特命全権大使の親補にあたり、口頭で、「張学良時代よりは一層の善政を布くよう努めよ」との訓示を与えたという。天皇は満洲国の存在を認めるとともに、その政治的実権が誰の掌中に帰すかを知悉していたのである。

そして、そのことを最も切実に痛感していたのは政府組織法上、唯一人の国務大臣として国政遂行の最高責任者であると規定されながら、日系官吏である総務長官に頤使《いし》されるという屈辱を甘受せざるをえなかった鄭孝胥その人であった。鄭は建国早々、新京を訪れて満洲国の今後に対する抱負を尋ねた矢野仁一に対して迷惑気に「わしは雇れて来た旅役者で舞台監督ではない。また脚本も他人が書下ろしたもので、わしは唯その筋書を知らされるだけだから、貴問にはお答しかねる」（菊池貞二『秋風三千里』）と淋しく笑って応じたという。日本における満洲史の権威として満洲国建国の正当性を説き、王道政治の意義を高唱する矢野、それに対する鄭の受け答え、このやりとりの中に満洲国への思い入れと現実のギャップが鮮やかなコントラストをなして現われている。そして、ここで鄭が〝雇われ旅役者〟というのは、福建省福州に生まれて遥か塞北の地でほとんど知己もなく、虚位にある身を精一杯みずから皮肉った評であったろう。しかしそれはまた、偽らざる実感であったに違いない。

国務総理とはいえ、その地位は熙洽ら吉林省系、臧式毅ら奉天省系、張景恵ら黒龍江省系の三派鼎立《ていりつ》のバランスの上に乗っているにすぎない。国務院内でも熙洽は財政部、臧式毅は民政部、張景恵は軍政部という拠点をまがりなりにも持って配下を率いているのに対し、鄭には支えてくれる人脈もなく、官制上の基盤たるべき総務庁は日系官吏で固められ、満系に対する一大敵国をなしている。当然、現地の人々の支持もなく、現地の人々への影響力も皆無である。そして、本来なら鄭の政治基盤となるべきはずの清朝復辟派は、鄭が国務総理になるために溥儀を執政という地位に就かせたとして一斉に鄭に対する反発を強め、ことに羅振玉、陳宝琛《ちんぽうちん》、宝熙《ほうき》、胡嗣瑗《こしえん》らは自ら宰相を各々に任じていただけに公然と鄭の行動を指弾してやまない状況であった。しかも、清朝再興を宿願としている鄭にとって致命的なことには、胡嗣瑗らの誣言《ぶげん》もあって溥儀との間に深い溝ができてきており、溥儀は「日満議定書」調印以前に鄭を更迭する意思を抱くまでになっていた。しかし、たとえ辞任しても鄭孝胥らはもはや長城を越えて故郷に帰ることは許されなくなっていた。なぜなら、三二年三月五日には中国共産党満洲省委員会が、一二日には南京国民政府が満洲国否認声明を発表し、併せて国民政府は満洲国に中国人が参加することを売国行為として治罪法および盗匪懲治条例によって厳しく処断することを明らかにしていたからである。

鄭孝胥の希望はもはや中国東北地方を国際共同管理の下に置いて、そこで帝制を実現することにしかなかった。その希望が実現するためには、逆説的ながらリットン調査団が満洲国を「偽国」と非難する中華民国の主張を容れて満洲国の独立性を否定し、中国東北地方を国際管理とする案を打ち出し、これを日本が受け入れることが必要であった。そして、リットン報告書はまさしく鄭孝胥の希望に沿うものであり、後は日本がどう出るかにかかっていた。ところが、問題が付託されていた三三年一月、日本軍は山海関を占領、武藤関東軍司令官は「作戦行動上、点睛の要機はまさに迫れり」として当初から満洲国の版図として想定されていた熱河省占領の軍事行動に出、ついで日本が国際連盟を脱退するに及んで鄭孝胥の国際共同管理によって日本の羈絆《きはん》から脱するという希望は潰え去った。鄭孝胥は意気阻喪し、総務庁中心主義を着々と強化して満洲国統治の実権を掌握していく関東軍や日系官吏に対して勃々たる不満を胸中くすぶらせていった。しかし、彼にできる唯一の抵抗は関東軍や日系官吏によってなされる政治的決定に対して沈黙をもって応じることしかなかった。鄭孝胥は国務総理（大臣）の地位にあった三年余の間、国政の最高決定機関であった国務院会議で沈黙を守り続け、一言も発しなかったといわれる。だが、政務は放棄せず、夜起庵と号したように毎朝三時に起床、八時出勤、午後四時退庁と時計の針のごとく行動し、国務の重要文書を査閲し、法令原本や辞令などすべて自署したほか、毎日執務日誌を記していた、と日本人秘書官白井康は証言している（「総理大臣に仕えて」『満洲行政』一九三五年四月号)。

そうした執務態度を持した鄭孝胥にとって最も耐え難い屈辱であったのは、彼らをそうした立場に陥れ、それを強いているはずの日本人が心の中では彼らを売国奴と軽侮していたことではなかったであろうか。もちろん、満洲国を作り、それを支持している日本人の口からは真意はどうであれ、そうした言葉は発せられはしない。そのことを言い切れるのは、日本の国策と国内世論に抗しても国際的信義を重んじようとする人である。

満洲事変から満洲国建国へという事態の推移を欧米旅行の途次、見守っていた尾崎行雄は、滞英中親友犬養毅の凶変の報に接し、自らも暗殺されるのを覚悟で日本の針路に対する意見書をしたため、帰国後、自らの生命を賭ける決意を示すために「墓標の代りに」と題して雑誌『改造』三三年一月号にその一部が発表された。しかし、ここでむしろ注意しておきたいのは公表されなかった満洲国に係わる部分である。尾崎は満洲国を独立国として承認し、国際連盟と対立している状況について、「満洲在住三千万人をして、自由投票を行わしめたら、その大多数は満洲国に反対するだろう。また、日本の武力および財力の援助がなければ、満洲国は恐らくは数ヵ月を待たずして倒潰《とうかい》するであろう。……果して然らば満洲国は、世間一般に認定するが如く、日本の傀儡でこそあれ決して独立の国家ではない。これと締結したる条約をもって国際的価値あるものとなすは、結局不可能の徒労に過ぎない。この見地に立って、世界列国と対抗するは、既に失墜したる国際的信義を殆んど皆無ならしむるに終るだろう」と断言した。正論であろう。そして、この警世の一文は次のように続く。

況《いわ》んや満洲国の要人なるものは、少数の除外例はあるべきも、大体において利のために国を売るところの不良人物に過ぎない。この売国的人物を利用して小刀細工を施すため、日本国は精神的にも物質的にも非常の損害を受けるのである。……たとえ全世界の反対を受けて討死する場合にも、売国的人物の集合体たる満洲国を援《たす》けて、これと心中するよりも死心地がよかろうではあるまいか。

住む民の望みに依りて自決《きめ》しなど
　ハイカラめける仮声《こわいろ》はよせ

帝国政府は一方において思想善導なぞと云うかと思えば、他方においては売国的行為を推賛奨励する。

国を売るやから援けて国を建つ
　忠義の道を如何《いか》に説くらん

（「墓標に代へて」尾崎咢堂全集編纂委員会編『尾崎咢堂全集』第八巻、一九五五年）

ここで尾崎が指摘している日本政府の矛盾は、建国直後の三月二五日、国務院令第二号によって「学校課程には四書、孝経を使用講授し礼教を尊崇せしむ」として道義国家の建設を掲げた満洲国政府にとってより一層深甚な問題だったはずである。そして、個人としては儒教の深き信仰者にして実行者と目され、満洲国を王道国家とすべく文教を尊重して文教部を設置し、総長を兼務した鄭孝胥にとって、誰に言われるまでもなく、痛切に感じていた背理であったに違いない。おそらく、鄭孝胥自身、その矛盾を痛感していたのであろう、長く親交のあった正木直彦が鄭孝胥を訪れて「総理の如き重厚なる君子人、台閣に在りて輔弼の任を尽さる、満洲国は安泰なるべし」（『十三松堂日記』一九三四年九月二五日の条）と頌したのに対し、鄭は三十年間の精勤の状を述べたのち、「されど一人も余に追随するものなし、感化の力なきなり」（同前）とその孤立した立場を慨嘆《がいたん》したという。そうした孤愁に陥っていたにもかかわらず、鄭がなお国務総理の座に固執したのは「旧朝廷を前清といえり、已に前清あり、豈《あ》に後清なからんや」（同前）という妄執にも似た王朝復興の焔《ほむら》をなおたぎらせていたからであった。鄭孝胥にとって、日本人に牛耳られた満洲帝国など無用のものであり、後清王朝を再興して北京の紫禁城に帰ることだけが生きていく望みであった。そして、それだけが、売国奴の汚名を晴らす残された唯一の方途だったのである。

しかし、その道も閉ざされた。いや、自ら閉ざすことになったというべきかもしれない。鄭は彼の立場で最も慎まなければならないはずの禁忌——すなわち日本批判というタブーを破ってしまったのである。一八九三年鄭が東京の公使館に勤務していた時以来の知己であった長尾雨山は、鄭の人となりを「自分の考えと違ったらあくまで自分の意見を言う人である。そのかわり、一旦約束したことは後《あと》からじき裏返るといったようなことは決して無い」（「鄭蘇戡先生」『改造』一九三四年五月号）と評していた。そうした鄭が忍従を貫いたのは、ともかくも溥儀を皇帝に復帰させ、帝制によって満洲国の自立をはかることに最後の望みをつないでいたからであろう。しかし、帝制への移行についても清朝の復辟を否定する関東軍との間に激しい角逐が生じ、相互の対立が目立ってきた。こうした雰囲気の中においては建国以来の持説であった「弭兵説《びへい》（いくさを止める説）」や満洲国の模範国を永世中立国であるスイスとする説さえも関東軍に反対する意図を含んだ反軍思想ではないか、と疑われることとなる。鄭もまた帝制移行とともに政治的実権を組織法の規定どおり皇帝が掌握することを、折に触れて「必須放在地下（必ず須《すべか》らく放して地下に在《お》くべし）」という形で暗に要求していく。しかし、帝制実施後一年の経緯はことごとく鄭の望みを打ち砕き、日満一体化という名目のもとで日本への従属化が進展していった。鄭はついに押し殺していた自らの不満を帝制一周年の建国記念日に吐いた。

満洲国は抱かれたる小児の如し。今手を放してこれを歩行せしめんと欲す。……然るに児を抱く者、もしいたずらに長くこれを手に抱かんか児ついに自立の日なし。……ここに至りて我満洲国の未だよく立つあたわざるの状、日本政府あえて手を放して立たしめざるの状況、これ今日自明の所ならん。

鄭はこう述べたのち、沈痛な口調で「庸劣無能」と自分自身を責めたという。この演説は当然、日本批判として大きく取り上げられた。関東軍は鄭に引導を渡した。そして、関東軍の憤激を察知した溥儀は、鄭を弁護することなく、「心中の不満を漏らすがごときは総理大臣としてははなはだ不謹慎である。……総理としての手腕態度に欠く所ある」として自らいち早く更迭の意思ある所を伝えたのである。鄭もまた一九三五年の訪日後、日本の天皇への忠誠を語ることに熱中しはじめた溥儀に対する忠誠心を失っていた。

挂冠《けいかん》にあたってのエピソードとして星野直樹は「（鄭には）相当不満があったようだ。自分の心持を述べて、〝快、玉斗をなげうつに似たり〟という一詩をつくって、一部の人々の非難を買った。玉斗は玉の杯、昔、楚の項羽の参謀范増《はんぞう》が項羽と議あわず辞めた。そのとき、玉斗を床に投げ、鬱《うつ》を散じ快を求めた、という話がある。この故事を引いたものである」（『見果てぬ夢』）との証言を残している。鄭の真意がどうであったかはわからないが、こうした言動も手伝ってか、退官後の鄭の生活は大きく制約された。その様子は次のようであったという。

銀行に貯金しておいた建国功労金さえも引き出せず、北京へ行って居住することも許されなかった。憲兵の厳しい監視の下で、詩を賦すこともできず、仕方なく家に閉じこもって書道に歳月を費していた。そして、一九三八年長春で急死した。……しかし、彼にはなんの病気もなく、その死は突然だった。本当の死因は誰にも分らない。（周君適『悲劇の皇帝　溥儀』）

鄭の死因について、溥儀の『私の前半生』には日本人による暗殺との噂があったと書かれている。しかし、実際は風邪をこじらせて腸疾を併発したもので横死ではなかった。長春（新京）で死亡し、国葬の形式が採られたにもかかわらず、溥儀周辺が死因さえ知らなかったことに、鄭の末路がいかなるものであったかが暗示されているかもしれない。鄭の死後、鄭の秘書に任じたことのある日本人太田外世雄は太夷（鄭孝胥の字《あざな》）精神を講究する顧学社を作り、自宅裏庭に太夷神社を建立して、鄭孝胥の画像を祀った。遺族の強い要望にもかかわらず、鄭の墓を関内に作ることに対し関東軍と満洲国政府はこれを許さなかったからである。

「一人も余に追随するものなし、感化の力なきなり」と慨息した鄭孝胥。その鄭に死後も追随した唯一の人が中国人ではなく、日本人であったことは鄭にとって幸いであったのだろうか、それとも不幸というべきなのであろうか。

ところで、尾崎が前述したように満洲国中国人要人を売国奴と非難した一九三三年、鄭孝胥は「墓標の代りに」を掲載した雑誌『改造』に宛てて次に掲げるような書を送っていた。

雷霆《らいてい》とは激しい雷のこと、転じて憤怒《ふんぬ》をも意味する。はたして鄭はいかなる想いをこめて、この「独立、自《おのずか》ら雷霆に当《あた》るべし」との書を揮毫《きごう》し、尾崎の指弾にどう答えようとしたのであろうか。

鄭が「洋奴漢奸（外国の言いなりになる売国奴）」の汚名を雪《すす》ぐ日は永久に失われた。

菊と蘭―帝制満洲国と天皇制の輸入

一九三四年三月一日午前八時半、首都新京郊外杏花村の順天広場に設けられた天壇に登った溥儀は、天命を受けて即位したことを天に報告する告天礼（告祭）を執り行なった。晴天ながら摂氏零下一二度、強い南西風が吹きすさぶ中、前後両肩に金龍の刺繡をした龍袍《ロンパオ》を着、頂上に紅色の房と真珠飾をつけた皮縁取りの円形帽をかぶり、鹿皮の深沓《ふかぐつ》をはくという清朝の礼装によって告天礼を含む郊祭の儀を終えた溥儀は、急ぎ帝宮へ帰った。

諸事簡潔なるも極めて静粛に行わせらる。沿道奉祝者堵《かき》をなせる処、点在す。日本居留民側多く満洲市民比較的少なし。大同広場より郊祭場に至る間は只《た》だ警戒軍警を見るのみにして一人の拝観者を見ざりしは何となく寂寞を感じたり。

溥儀の侍従武官石丸志都磨は当日の様子を日記にこう記している。熱心な帝制推進論者であった石丸でさえ寂寞を感じざるをえなかった、この沿道の模様は帝制に対する懐疑の念を隠そうともしない外国人通信員たちにとって違った関心をひく光景として目に映じていた。その一人E・スノーは「五万の軍隊がまったく人影がない半マイル幅の道路の両側に向き合って、二列になって並ぶ。着剣した銃をもつ日本軍が、銃剣をつけていない満洲国軍の背後に立つ。これが皇帝を迎える歓迎陣である。皇帝の行進に対して民衆の拍手もなく、歓呼もない。……すべてが静止している」（『極東戦線』）と帝制を迎える満洲国の異様なまでの静寂さを伝え、溥儀の即位の意味を暗示していた。

そして、同じ日の正午から、今度は勤民楼において満洲国陸海空軍大元帥正装による登極の儀が挙行された。式典後、「即位詔書」が発せられ、帝制実施とともに元号を康徳とし、国号を満洲帝国とすることが宣示された。「即位詔書」は「有らゆる守国の遠図、経邦の長策は常に日本帝国と協力同心、以て永固を期すべし」として、国家の防衛、国家の経綸・経営のあらゆる面にわたって日本と一心となって協力していくことが永久に満洲国が存立していくための必須の要件であることを謳《うた》っていた。こののち、黒檀の日本製の玉座にすわった溥儀は、北京から来た愛新覚羅一族と清朝旧臣たちから三跪九叩《さんききゅうこう》（三度ひざまずき、九回頭を地につける）の朝賀の礼を受けて皇帝となる儀式を終えたのである。

こうして、幼帝宣統帝として玉座にすえられ、一九一七年束の間の復辟を経て歴史の舞台から退場した溥儀は、ここに満洲帝国の康徳帝として改めて登場することとなった。しかし、それは熱狂的なアンコールの声に促されたものではなかった。皇帝の前にはただ在満日本人と協和会によって駆り出された少数の現地中国人たちが吹きすさぶ朔風のなか凍《こご》えたように押し黙って立ち尽す姿だけがある。それは「王道を頌唱《しようしよう》謳歌せる人民は、至情を尽して執政の天命に順《したが》いて帝位に即《つ》かれんことを請願して已《や》まず」（一九三四年一月二四日「帝制実施総理声明」）という帝制採用の公式的理由づけが虚構にすぎないことを如実に物語るものである。しかし、民意、民心という点に関しては関東軍も日本政府もそして溥儀・鄭孝胥たちさえ、ほとんど問題としていなかった。いや、それどころか、民意に基づく執政の地位を天意・天命に基づく皇帝へ切り換えることが帝政採用の目的として公然と語られてさえいたのである。建国から二年、国際連盟からも脱退した日本にとって、もはや中華民国の立憲共和制を意識して対抗的に政体を維持していく必要はなくなっていた。

関東軍や日本政府にとって帝制採用の課題は、いかにしてそこから清朝復辟という性格を払拭するかにあった。他方、溥儀や鄭孝胥らにとって唯一、最大の関心事はひとえに帝制採用を清朝の祖業回復としていかに実現するかにかかっていた。そして、この問題での対立の焦点が即位にあたって着用する衣装の問題として表面化したのである。溥儀らは皇帝即位の礼服としての龍袍を着ることを頑強に主張し、関東軍は溥儀の帝位は清王朝の復活ではなく満洲帝国の創出であることを示すため満洲国陸海空軍大元帥の正装によって即位することを言い渡した。しかし、溥儀らは龍袍の着用を要求して譲らず、両者の駆け引きと妥協の結果が、龍袍による郊祭の儀と大元帥正装による登極の儀を併せて行なう形式となったのである。そして、愛新覚羅一族と清朝旧臣による三跪九叩の礼を受けたことによって康徳帝としての即位を清朝復辟と解したかった溥儀の要求をひとまずは満たした形となった。だが、公式には溥儀の即位が清朝復辟ではないことは一貫して主張され、鄭孝胥でさえ「誤りて清朝の復辟となすが如きは建国の理想と使命に忠なる政府の断じて取らざる所」（「帝制実施総理声明」）と言明せざるをえなかった。「皇帝即位対外声明書」においてもまた「我満洲帝国皇帝は天を奉じ、運を承《う》け満洲帝国を新創し、而《しこう》して第一代の皇帝となる。自ら清国の復辟と迥然《けいぜん》（遠く離れて）同じからず」と新創帝国の第一代皇帝であることが強調されていたのである。

それほど清朝復辟と混同される虞《おそ》れがあり、それを懸命に打ち消しながら、関東軍や日本政府はなぜ、この時期あえて帝制採用に踏み切ったのであろうか。

満洲国に帝制を採用し、日本と同じ国体とする方針は、かつて宗社党の満蒙独立運動を支持し、清朝復辟工作にも関係したこともある小磯国昭関東軍参謀長の下で推進された。小磯は着任からほぼ半年後の一九三三年二月二三日、陸軍中央に対し溥儀を皇帝とする適当な「一時期として事変終末期を予想す」との照会電報を打ち、熱河作戦の終了をもって早期に帝制へ移行したい旨を伝えていた。これに対する陸軍次官の回答は「溥儀を帝たらしむる件に関しては特別の事情なき限り、未だ論議せざるを適当す」というものであった。この方針は同年八月八日の閣議決定「満洲国指導方針要綱」においても踏襲され、「満洲国は立憲君主制を究極の目標とするも当分は現制を維持」することとされた。しかし、この決定にもかかわらず、小磯の要請により総務庁長となった遠藤柳作は帝制実施を満洲国治政の第一課題としてこれを進めた。遠藤は小磯のほか、国務顧問宇佐美勝夫、石丸志都磨侍従武官、満洲国宮内府次長入江貫一、日本人参議筑紫熊七、田辺治通らとはかって帝制移行案を作成し、日本政府との交渉に入った。こうした動きと併行して関東軍は参謀部第三課長原田熊吉を東京に派遣し、帝制支持の現地の空気を伝えて陸軍中央の同意を取り付け、一二月二二日ついに日本政府は帝制実施を決定するにいたったのである。

その閣議決定においては建国以来二年に垂《なんなん》とする「今日なお過渡的の執政制度を持し、而《しか》も今後如何なる政体採用せらるべきやも決定せられざるため満洲国要人ないし一般人心に尠《すくな》からざる不安を与えつつある」現状は好ましいものではない、そこで君主制を実施して政体問題に決着をつけることは「頗《すこぶ》る時宜に適すと認めらるる」との判断を示していた。要するに、人心安定のために政体の確立が不可欠であるとみたのである。しかしながら、こうした言辞にもかかわらず、帝制実施が真に人心を重視するものであったかどうかはきわめて疑わしい。そのことは、同じ文書中に帝制実施にあたって「主権在民の思想を排除し、かつ満洲国国務の進展と帝国国策の遂行を阻礙《そがい》または牽制すること無からしむ」として、日本の国策推進のために国務院の強化などが要求されていることからもわかる。人心の重視どころか満洲国統治から現地中国人の意思を排除し、日本の満洲国統治を円滑に遂行することに主眼が置かれていたのである。

そして、この時期、帝制実施によって日本の国策を円滑に遂行する必要性が強調されたのは「昭和十一年（一九三六年）前後において危機百パーセントの国難を予想せらるる日本は少くもその以前において日満造成の天業を不動の地位にまで進捗せしめ置く必要がある」（「満洲国憲法制定に就て」一九三三年八月）と筑紫熊七参議が切言したように、いわゆる一九三六年危機に対応するためでもあった。この一九三六年危機という主張はロンドン海軍軍縮条約のもとで日本の建艦状況が三六年に米英に対し劣勢に陥ること、一九三二年に始まったソ連の第二次五ヵ年計画が完成期に近づきその軍事力が強化されること、などによって日本に対する国際的脅威が最も高まるとみるものである。それは危機感を煽《あお》ることによって軍事力の増強と政治的発言権の拡大をはかる軍部のプロパガンダであったが、対ソ戦の矢面に立つ満洲国としては、ソ連の国力・軍事力の強化が脅威と感じられていたことは否めない。その危機感が満洲国の帝制への移行を急発進させる駆動力となって、次のような議論に収束していったのである。

帝国非常時の最高潮期たる一九三六年に在りては満洲の事態をして情勢の凡有《あらゆる》変転に対し統一安定の境地に置くことを要す。これがため採るべき手段素《もと》より一にして足らずといえども満洲国君主制の確立を以てその尤《ゆう》（最も適切な処置）となす。……而して君主制の確立一日早ければ一九三六年における満洲国事態の安定に一日を利するを以てその時期は成しうる限り近き機会にこれを求むるに如かず。（「満洲国皇帝推戴籌備《ちゅうび》に関する件」一九三三年一〇月一八日）

しかし、それではなぜ帝制をしくことが満洲国の安定と国際的危機に対処しうる最上の方策となりうるというのであろうか。E・スノーは、日本が帝制を採用した意図について、溥儀を傀儡皇帝にすることによって「日本側の意図をすべて皇帝の考えだということにして、満洲国の諸事件を簡単に処理することができる。正式な領土併合協定に溥儀が署名する場合でも、満洲国が中国、ソ連その他の列強に宣戦布告する場合でも、より少ない手間とコストで処理できる」（『極東戦線』）と考えたためだと推定している。もちろん、こうした底意があったにせよ、日本側の文書にそれが表に出てくることはない。その多くは民主共和制に対するイデオロギー的反発であったり、「日本も帝制だし、やはり向うも同じような形にした方がよろしい」(田辺治通「帝制実施と王道政治の要諦」『満洲建国側面史』)といった意見として表明されたにすぎない。しかし、当時の日本人にとって国体を明らかにすることはそれ自体、十分すぎるほどの政治的意味をもっていたことを忘れてはならないであろう。また、台湾や朝鮮という植民地との均衡や統一的支配という観点からも帝制が望ましいと考えられたということもあろう。しかし、現実的な要請としては蠟山政道が指摘していたように「有らゆる守国の遠図、経邦の長策は日本帝国と協力同心」した形で満洲国統治を進めていくうえで、「満洲国の国家機構や政治様式がわが日本と著しく懸絶することは不可能」(「帝制満洲国の世界政治的意義」『改造』一九三四年四月号)とみなされたという要因が大きかったように思われる。それは、すでに日系官吏の進出によって進められた日本の法律体系、行政様式の移植の結果でもあるとともに、さらに強力に日満一体化を推し進めるための前提でもあったのである。

そして、帝制実施とともに政府組織法は組織法に改正され、中華民国の大総統に多く準拠していた執政についての規定は大日本帝国憲法の天皇の規定に依拠して移し変えられることになった。皇帝の地位が形式上、いかに天皇に酷似したものであったかは、主な改正部分を次頁図のように対照してみれば一見して明らかであろう。

このように、全人民に対し施政上の全責任を負うとされた執政の地位は、尊厳不可侵で国務上

満洲帝国組織法	大日本帝国憲法
第一章　皇帝	第一章　天皇
第1条　満洲帝国は皇帝これを統治す。帝位の継承は別に定むる所に依る。	第1条　大日本帝国は、万世一系の天皇これを統治す。
	第2条　皇位は、皇室典範の定むる所に依り、皇男子孫これを継承す。
第2条　皇帝の尊厳は侵さるることなし。	第3条　天皇は神聖にして侵すべからず。
第3条　皇帝は国の元首にして統治権を総攬し、本法の条規に依りこれを行う。	第4条　天皇は国の元首にして統治権を総攬し、この憲法の条規に依りこれを行う。

も刑法上も責任を問われることのない皇帝の地位へと大きく転換したのである。しかし、言うまでもなく満洲帝国においては法制上の規定はなんらその内実を保証するものではなかった。

たとえば、皇帝は「陸海空軍を統率す」（組織法、第11条）とされ、大日本帝国憲法における「天皇は陸海軍を統帥す」（第11条）と規定上はほぼ同じであった。しかし、満洲帝国では陸海軍条例によって皇帝の統率（統帥）権は軍政部大臣（帝制への移行により各部総長は大臣に改称された）に委任されており、皇帝は天皇のように自らの股肱とたのむ親裁する軍隊を持つことはなかった。しかも、それでは軍政部大臣が統率権を掌握していたかといえば、実はそれも認められてはいなかった。満洲国軍は満洲国の官制や法規には全く現われることのないシステムの下で動いていたからである。それが軍政部顧問制であった。軍政部顧問は身分上、関東軍司令部附とされ、あくまで日本軍軍人であって満洲国とは法的にはなんの関係もない。にもかかわらず軍政部顧問とりわけ最高顧問は絶大な権限を掌握しており、最高顧問を務めた佐々木到一の証言によれば「公然の官制はない。しかし実際的には最高顧問は軍政部大臣と同格であり、最高顧問の承認がなければ、軍令も部令もすべての命令、訓令等効力を発生しない慣例であった。この事に関しては、満人側の何人といえども疑念をはさむ者はなかった」(『ある軍人の自伝』)という。軍政部大臣と同格といいながら、最高顧問の承認なしにはいっさいの命令が効力を発しないのであれば、最高顧問が軍政部大臣に対し実質上優位していたことになる。このようなシステムによって動いていたのが満洲国軍であり、皇帝即位の日に銃剣をつけない満洲国軍の背後に着剣した銃をもつ日本軍が立ち並んでいたあの配列こそ二つの軍隊の性格を端的に示す構図であったといえるであろう。そしてまた、その満洲国陸海空軍大元帥の正装によって即位の式典を関東軍が行なわせたという事実には、当事者たちの意図を越えて、満洲帝国において康徳帝溥儀が担った役割とその位置づけがきわめて象徴的にこめられていたようにも思われるのである。

かくて、帝制の採用とともに満洲国は「守国の遠図、経邦の長策」を日本に委ね、協力同心という名の隷従の道を歩むこととなった。また、溥儀は尊厳不可侵の地位と引き換えに政治的決定権を実質的に失った。すなわち、「国務総理大臣は皇帝を輔弼《ほひつ》し、その責に任ず」(組織法、第4条)として政治的に無答責になった皇帝に代わり、国務総理大臣が輔弼責任を負うという形で行政上の総轄者となったのである。しかし、この国務総理大臣への権限の集中とは総務庁中心主義による日系官吏への権限集中に他ならなかった。さらに関東軍と溥儀との関係も「関東軍は高圧の電源のようなもの、私は正確敏活なモーターのようなもの」（『私の前半生』）として動いていったのである。

このように日系官吏や関東軍に実質的に統治される満洲帝国において溥儀は皇帝としての権威と実力を求めた。そして、その方策を溥儀は一九三五年の第一回訪日の際に発見した。それは「天皇の日本における地位は、私の満洲国における地位と同じであり、日本人は私に対して、天皇に対するのと同じようにすべきだ」（『私の前半生』）という論理によって天皇の権威に自らを同化し、一体化することであった。溥儀は回鑾《かいらん》（帰国）後の五月二日、「回鑾訓民詔書」を発して、「朕、日本天皇陛下と精神一体の如し、爾衆庶《なんじ》等更に当《まさ》に仰いでこの意を体し、友邦と一徳一心、以て両国永久の基礎を奠定《てんてい》（定め）し、東方道徳の真義を発揚すべし」と宣明したのである。この詔書は日満親善関係の〃大憲章〃と称され、〃天皇陛下の御精神と一体であらせらる以上、両帝国はすべてにおいて一体であり、日満は一徳一心一体である〃といった論調があふれ出ることとなった。そして、この日満一徳一心、精神一体の強調は、日本側からの強制という以上に溥儀自身の発意であり、詔書草案に「朕、日本天皇陛下と精神一体の如し」という字句は自ら加筆したものだったのである。また、溥儀は「回鑾訓民詔書」渙発の前日、日満の文武官要人を宮中に集め、四〇分の長きにわたる演説を行なっている。それは溥儀によれば「事前にはいっさい日本人と相談せず、原稿も準備しなかったが、立て板に水を流すようだった」（『私の前半生』）という。溥儀の自伝では、そこで「満洲国皇帝に不忠な者がいればそれはすなわち日本天皇への不忠であり、日本天皇に不忠な者がいれば、とりも直さず満洲国皇帝に不忠なのである」と訓示したと記されている。溥儀は自分と天皇とを精神一体とすることによって自らへの忠誠を調達しようとし、それができないまでも天皇への不忠という烙印を持ち出すことにより日系官吏や関東軍を牽制することを企図していた。在満日本人の天皇への忠誠心を逆手に取ったのである。

しかしながら、溥儀の戦略は必ずしも功を奏さなかった。日系官吏や関東軍の軍人たちにとって溥儀を天皇と同視しなければならない必然性などどこにも存在しなかったからである。にもかかわらず、日本人は満洲国の帝制を天皇制の類似形として形成することにだけは異常なほどの熱意を示した。天皇制の皇室に対して帝室が作られ、菊の紋章に対し帝制施行後日本式に蘭花が紋章とされた。このほか宮城に対し帝宮、行幸に対し巡狩（のち巡幸）、御真影に対し御容（のち御影）、皇位に対し帝位、皇后に対し帝后といったように、満洲国帝制は天皇制の模造として作り上げられていったのである。しかし、その神経質なまでの用語の使い分けが示しているのは、皇帝と天皇の同一化というより差異化という志向であろう。日満一徳一心といいながら、皇帝はあくまで天皇の下位に立つ〝児皇帝《アルホワンテイー》〟として位置づけられていたのである。そして、関東軍は溥儀が逆手に取って日系官吏や関東軍を掣肘しようとした論理をさらに逆手に取った。「満洲国皇帝は天意すなわち天皇の大御心に基き帝位に即《つ》きたるものにして、皇道連邦の中心たる天皇に仕え、天皇の大御心を以て心となすことを在位の条件とするものなり」（関東軍司令部「満洲国の根本理念と協和会の本質」一九三六年九月一八日）として、天皇への忠誠と従属が在位の条件であることを露骨に示したのである。そして、その上で「関東軍司令官は天皇の御名代として皇帝の師《し》傅《ふ》たり後見者たるべきものなり」（同前）として関東軍司令官こそ天皇の大御心をもって皇帝を教導し、後見する者であると宣言した。こうして関東軍司令官は皇帝の上位に立つ〝太上皇《タイシャンホワン》〟とみなされるにいたる。それに対応するためにまた溥儀は関東軍さえ触れえないような根源的で超越的な要素をもって天皇と自らを同一化して日系官吏や関東軍を抑え、皇帝として誰よりも優越した権威を得る方途を模索することになる。

　そして、ついに溥儀は自らの生きている証しであったはずの清朝の祖宗を祀ることをやめ、天皇の祖神である天照大神を建国の神とし、日本の神道を国教とすることによって現人神天皇と同様の神格と権威を得るという道を選ぶにいたる。もちろん、それは溥儀自身が案出したのではなく、関東軍との接触の中で浮上してきたものである。関東軍は一九三七年八月、日満一徳一心と民族協和を徹底するため、満洲国の各民族の信仰の中心となる神を定め、建国神廟を創建することを満洲国政府に要望した。政府は国務院企画処や協和会中央本部において論議したものの、祭神に関して諸説紛糾して結論を得られず、頓挫してしまっていた。

　しかし、一九四〇年、皇紀二千六百年慶祝のための第二回訪日を前に溥儀は帝室御用掛吉岡安直の発意を受けた形で建国神廟を創建し、天照大神を奉祀することを決意したのである。日本から帰国するや溥儀は七月一五日「国本奠定詔書《こくほんてんていしょうしょ》」を発した。そこでは、満洲国建国と興隆がすべて天照大神の神庥《しんきゅう》（神の庇護）と天皇陛下の保佑《ほゆう》（保護）によるとの認識が強調される。そのうえで「敬《つつし》んで建国神廟を立て、天照大神を奉祀し、その崇敬を尽し、身をもって国民の福祉を禱《いの》り、式《のっと》って永典となし……庶幾《こいねがわ》くは国本、惟神の道に奠《さだ》まり、国綱、忠孝の教えに張らん」との宣言がなされたのである。この詔書以後、満洲国は「天照大神の神庥と天皇陛下の保佑」によって存立しているものとされることとなり、日満一体化は建国の元神を同一とするところにまで進んだのである。そして、伊勢神宮に対するものとして建国神廟が、靖国神社に対し建国忠霊廟が創建された。このような過剰同化ともいえる試みに対しては、つとに日本政府や皇室、日本の神道家さらには満洲国政府、関東軍内部にも懸念の声があった。溥儀が昭和天皇に天照大神を満洲国に迎えることを希望した際にも、天皇は「陛下がそうお望みになる以上、御意に従わなければなりません」とだけ答えたものの、御神体の鏡を宮中から奉納してほしいとの願いは聞き届けられなかったのである。片倉衷はその日記に「今日、満洲皇帝は建国神廟と吉岡少将とを利用し、その帝位の安泰を図れり」（一九四〇年七月七日の条）との所感を記している。

たしかに、建国神廟を宮廷内に創建し、自ら天照大神を奉祀することは帝位の安泰につながったのかもしれない。しかし、祖先崇拝を第一とする中国人の慣習を踏みにじり、他国の神を奉祀するという試みは溥儀自身認めるように祖先をすり替えるものとして「全東北人民の嘲笑とひそかな罵《ののし》り」（『私の前半生』）を招いた。いや、それにとどまらず、「誰でも神廟の前を通り過ぎる時は、九十度のおじぎをしなければならず、しなければ『不敬（罪）処罰法』により処罰される」（同前）という苦痛と災厄を人々に強いることとなったのである。しかも、すべての中国人の嘲笑と罵りと苦痛と災厄とを代償として溥儀が手に入れようとした天皇と同等の地位と権威は、ついに溥儀の掌中に入ることはなかった。そもそも溥儀の帝国には帝国というには最も根本となるべき三つのものが欠けていた、とドイツのあるジャーナリストはみていた。その三つとは、憲法、宮殿、皇族であった。満洲国では皇族を帝族と称したが、それについての法的規定もなく、皇弟溥傑《ふけつ》（プウヂェ）さえ帝族と認められず、子のない溥儀にとって帝族は一人もいなかったのである。そして、この憲法なき国家、宮殿なき宮廷、皇族なき皇帝によって統治される国家満洲帝国を目して「三無国家（Three have-not nation）」と呼んだという（李念慈『満洲国記実』）。しかし、孤特の皇帝が君臨した帝国に最も必要にして欠けていたもの、それは憲法でも宮殿でも皇族でもなく、実は、なによりも皇帝を歓呼で迎える国民ではなかったのだろうか。

現在、中国・長春市には未完成だった皇宮が戦後中国の人の手によって完成され、地質学院として壮大な姿を見せている。しかし、溥儀がもとの吉黒権運局《きっこくけんうんきょく》を改装した宮廷にあったとき、関東軍司令部や国務院各部はすでに広大な大地に天守閣、国会議事堂、歌舞伎座、九段会館、東京国立博物館などを思わせる庁舎をつぎつぎと完成させ、その偉容を誇っていたのである。権力は目に見える形で整然と配置され、政治的空間装置を形作っていた。そして、〝お城〟と呼ばれた関東軍司令部に比べて、いかにも貧寒とした宮廷にあって、溥儀は「なぐり、どなる、占う、薬を飲む、おそれる」（『私の前半生』）だけの生活を送っていたのである。それが、溥儀が再び即くことを夢にまで見た皇帝の座の現実であり、天皇と同一化すべく、しかしついになりえなかったことの帰結であった。「歴史上の大事件と大人物は二度現われる」というヘーゲルの言葉について、「ただし、一度は悲劇として、二度目は茶番《ファルス》として」と付け加えるべきだとマルクスは『ルイ・ボナパルトのブリュメール十八日』に記しているが、溥儀の康徳帝としての君臨もまたこれにあてはまるかもしれない。

清朝末代皇帝宣統帝は、満洲帝国初代皇帝康徳帝としてもう一度歴史の舞台に現われ、そして、そののち再び帝位に即くことはなかったのである。

日満一体の背理―統治をめぐる相剋

「満洲国の構成要素たる各民族は、殆んど例外なしに、事変初期の熱心なる期待を漸次《ぜんじ》に、しかし直線的に冷却せしめつつある」（「弱小民族の諸問題」『満洲評論』一九三四年一一月二六日号）――不自由な足をひきずって満洲事変以来、各地をめぐり歩いた印象を橘樸はそう記している。満洲国に大同社会を実現させるという夢を託した橘。そして、「満洲国の構成要素たる各民族が彼らの創造した国家に満足して、それを支持すること、換言すれば国民意識を各民族の間に扶植すること」（同前）を満洲国存立の不可欠の条件とみて、それを確かめるべく各地を訪ね歩いた橘。その橘にとって建国から二年半、各民族の満洲国に対する態度は彼の希望と「正反対の方向を指すもの」（同前）と言わざるをえないものとなっていった。

しかし、橘の苦衷を離れて、そもそも現地の日本人を除く各民族の人々が満洲国を自らが創造した国家と当初から考え期待を抱いていたかどうか、それさえ実は問題であった。一般の人々は言うまでもない。建国工作に携わり、新政府に名を連ねた人々にとっても、満洲国とその政府は必ずしも自らが創造した、自らのものという意識は希薄であった。そして、それだけにかえって日本人の満洲国支配への反発も胸底で煮えたぎっていたのである。それではなぜ、満洲国の官吏となっているのか。このE・スノーの問いに対しある中国人官吏は、満洲国の官庁に勤めている中国人のうちの大部分は、自分の財産と身の安全を守るために、あるいは逃亡すれば家族が皆殺しにされることを恐れて、仕方なしにここにとどまっているのであってけっして喜んで働いているのではない、また多くの中国人官吏は反日感情をもち、省や市の役人の中には反満抗日運動をひそかに援助している者も多い、と苦々しく答えたという（『極東戦線』）。しかも、こうした反発は仕方なしに満洲国官吏となっていた人々に限られていたわけではなかった。同様の感情は満洲国に積極的に参加したはずの人々にも共有されていたのである。

火事の時には、消防隊を毛嫌いしてはおれぬ。どんなものでも歓迎する。しかし鎮火後、どんな家を建築するかは家主の権限であって、消防隊から、かれこれ注文を付けられる筋ではない。（菊池貞二『秋風三千里』）

こう発言した交通部総長丁鑑修について、菊池は「断って置くが、彼は終始一貫した親日派の一人であった」（同前）と注記している。菊池の言葉どおり、一九一〇年早稲田大学政治経済科を卒業した丁鑑修は、満洲事変勃発後いち早く関東軍に協力して奉天地方維持会委員、瀋海鉄路保安維持会会長、東北交通委員会委員長を務めて建国工作を支え、建国後も交通部総長（大臣）、実業部大臣、満洲電業社長などを歴任した親日派満洲国要人の一人であった。その彼にして、かれこれ注文をつけられ、日本の意のままに動かされることに不快感を口にせざるをえなかったのである。そして、いかに日本の意のままに動かされていたかを示す丁鑑修にまつわるひとつのエピソードがJ・グルー『滞日十年』に記されている。一九三二年七月、丁はこのとき満洲国承認を求めるために訪日しており、そこで内外記者団との会見に応じた。――

丁が入ってくると、とたんに七人ほどの日本の役人が彼を取巻いてしまった。外国特派員たちは、これは面白いことだと思った。そこで一人が「あなたは満洲国の完全な独立に賛成しますか」と質問すると、丁は肯定した。すると日本人の一人が何か彼の耳にささやき、丁は「満洲人の民族自決に従って……」と付け加えた。別の特派員が日本の満洲国承認について質問し、丁はそれに答えた。すると同じ日本の官吏が立上って何か彼の耳にささやき、丁は「そしてわれわれは同様にして合衆国の承認をも希望するものです」と言い足した。あまりに馬鹿げているので、特派員たちは今にも大声で吹き出しそうになった。

この戯画化された場面が満洲国統治の日常であった。いや、満洲国では、こうした場面さえ見られることはなかった。関東軍の内面指導のもと日系官吏の手で誰はばかることなく統治が進められていたからである。そのことが「奇妙なことに、日本の支配に対して最も激しい反感を抱いているのは、それによって利益を得ている連中である」（E・スノー『極東戦線』）という状況を生み出していた。彼らこそ、日々に屈辱的な立場を強いられ、心中ひそかに憎悪と反感を増幅させざるをえなかったからである。とりわけ、日本からの官僚の導入によって「下級官吏からタイピストまで日本人がはいってきて、すべてが日本式となり、日本の役所化してしまった」（山口重次『消えた帝国満洲』）といわれる各官庁に勤めている中国人の憤懣は強い。

橘が満洲国の各民族が期待を冷却せしめつつあると報じた一九三四年一一月、大蔵公望は昭和研究会で満洲事情視察報告を行なったが、その中である満洲国中国人大臣のもらした不平を次のように伝えている。やや長文にわたるが重要な証言でもあり、そのまま引いておこう。

満洲国の現状は一つとして非ならざるはない。たとえば、本庄将軍当時、中央政府の官吏は満洲人六に対し日本人四であった。しかるに現在は日本人九、満洲人一の割合である（大蔵注：実際は日本人七割二分、満洲人二割八分）。その満洲人官吏もへつらい者、学力なき者のみを採用し、これを無能呼ばわりしている。公文書その他役所の仕事は皆日本流である。まるで彼らは満洲国政府を乗取る腹でいるとしか考えられない。俸給にしても一般の満洲人官吏は百七十円以上は取れず、しかもこれだけ取る者は数える程しかない。日本人はそれに加俸が八割もつく。一体この国の主人は誰なのか分らない。軍は退いて満洲国の政治は委すと言明したが、それは満洲国の日系官吏に委せるという事でしかなかった。しかも日系官吏には全く根本方針がない。満洲国成立当時、我らは日満人相提携して立派な新国家を建設する気であったが、この現状では何をする気にもなれない。国幣統一のみがたった一つ日本の行った改善とも言えようが、その他は何事も張学良時代よりも悪くなった。こんな状態でもし日露戦争でも勃発すれば、全満洲人は日本に反抗して起《た》つであろう。（「最近の満洲事情」『木戸幸一関係文書』）

この証言を紹介した大蔵は、それがけっして中国人の側からの一方的な見方でないことを強調して、在満日本人の証言を併せて紹介している。それによれば新国家に対する不平の原因としては、阿片専売官・憲兵・警察官の横暴、日系官吏の専横、自衛のための銃器の没収などがあげられ、「もし今軍隊が引揚げれば、日本人は全部殺されるといっても過言ではない」という状況にあり、また軍部高官も「今もし日露戦わば、日本軍のうち十個師団ぐらいは満洲人を相手に戦わざるをえない」と述べたという。これら日本人の証言は、おそらく現地で日常的に他民族と接していた人々の偽らざる実感であったに違いない。しかし、これらの証言をまつまでもなく、中国人高官の挙げたことがらの多くは事実として関東軍や日系官吏が認識していたものであった。

たとえば、日系・満系の給与格差は建国当初から日満比率の問題とともに日系と満系の対立の焦点をなしたものであった。その大きな格差を是正するために制定されたはずの一九三四年六月の文官に関する俸給令でも各民族の生活程度と態様に相当な差異があり、実情に対応する必要があるとして日系の薦任官（日本の奏任官に相当）に本俸の四割、委任官（日本の判任官に相当）に八割の特別津貼《しんちょう》（手当）を与えることとされた。このとき、各民族一律平等の待遇を受けるべきであり、日本が親善国というのなら民族平等によってそれを示さなければならないといった旨を主張した熙洽、張燕卿、丁鑑修らに対し、起案に当った総務庁主計処給与科長古海忠之は大要次のように答えたという。「平等を語るためには、まず能力が平等か否かを考えなければならない。日本人は能力が高く当然俸給も高くなければならない。しかも日本人の生活レベルは高く、生まれた時から白米を食し、満人のように高粱《コーリヤン》を食べてはいけない。また、親善を言うのなら、日本人に少し余計にとって下さいと言うことこそ真の親善である」（溥儀『私の前半生』）。こうした給与の民族差別に対しては、民族協和の践行を奉じていた大同学院の学生の猛反発を呼んだものの結局そのまま施行された。これに抵抗して朝鮮人学生が国外に去るといった事態が生じたことを石垣貞一は「同期生らにとって傷痕深く、今もって胸奥の痛みを覚える」（「大同学院と古海さん」『回想・古海忠之』一九八四年）と追憶している。この給与の民族差別は一九三八年九月公布の文官給与令でも大きな問題となったが、形式的な平等化は働きのない満系を厚遇して勤勉で能力ある日系を冷遇することになるといった議論も出て、応能主義の名の下、職務津貼や年功加俸などによって給与の民族格差は解消されることなく終わったのである。一九三九年、満洲国から商工省に帰った椎名悦三郎は「千円近い月給取りが、急に二百何十円に落ちた」（『私の履歴書』一九七〇年）ことを憤っているが、場合によっては日本の四、五倍にもなる高額な給与も日本の官僚が満洲国に渡るひとつの誘因ともなったのである。

しかしながら、給与の格差以上に日系と満系の懸隔をもたらしていたのは、その人事権が日系に掌握されていたことであった。満洲帝国の組織法では「皇帝は官制を定め、官吏を任免しおよびその俸給を定む」（第9条）となっており、それは国務総理大臣の輔弼によって行なわれるはずであった。しかし、その官制大権が実質的に誰の手中にあったか。それは国務総理大臣鄭孝胥の辞任に際し、皇帝溥儀が民政部大臣臧式毅を、鄭が間島省長蔡運升《さいうんしょう》を後任に推したにもかかわらず関東軍の命により参議府議長張景恵が就任したことが如実に物語っている。張の起用について国務院秘書処長であった神尾《かみお》弌春《かずはる》は「日本語も分らず、漢籍も読めず、国政にも発言しそうもないことを、関東軍は買ったのであろう」（『まぼろしの満洲国』）と推測している。そして、この人事とともに満洲国政府内の二大勢力を率いていた臧式毅は参議府議長に、熙洽は宮内府大臣に転じている。つとに次期国務総理と目された臧式毅の政治的力量は衆目の認めるところであり、溥儀も臧を用いて発言力を強める希望をもっていたこと、そして熙洽が日満比率や日満の給与格差への激しい批判者であるとともに、満蒙同志協進会を結成して満蒙民族の団結をはかり漢民族や協和会に対抗する姿勢を示していたことなどを勘案すれば、この措置が二人の実力者を政治の中枢から切り離して棚上げを意図したものであったことは間違いない。すでに一九三四年一〇月、四省制を十省制と変えて中央統制強化をはかった省制改革に際し省長兼務を解かれた二人は自らの権力基盤を分断され、そこからも根こぎにされていたが、今また参議府と宮内府に封じ込められることとなって政治的影響力を著しく縮減していったのである。

これに対し、ハルビンという権力基盤を失って以来「秋の夕陽を想わしむ」と評されて臧式毅、熙洽に大きく水をあけられていた感のあった張景恵は、その政治勢力としての脆弱さゆえに国務総理大臣の座に就くこととなった。張景恵は張作霖とともに日露戦争時、日本軍と呼応して戦った経験から、満洲国は中国人だけの国と考えるべきではなく、日満人ともに自分の国と考えるべきであるとの主張をもっていた。そして「この基礎に立ってはじめて満洲は栄える。若い者は、この歴史を知らないで日本人を邪魔にする。これが間違いの種だ」(星野直樹『見果てぬ夢』)との満洲国観を公言していたという。このことも当然、張景恵を抜擢する要因となったであろう。張景恵は満系官吏からも「好好《ハオハオ》先生」と称されたように関東軍や総務長官の指示に唯々《いい》諾々《だくだく》と従うイエスマンとみなされていた。しかし、正確に評すれば張景恵は満洲国統治に関与する積極的意思をそもそも持っていなかったというべきかもしれない。張景恵の秘書を一〇年間務めた松本益雄によれば、張景恵は「ひまさえあれば一人この部屋(総理室)のなかで、静坐か写経にふけっていた。……その姿には、何か悟りすました高僧を偲《しの》ばせるものさえあった」(「張景恵総理との十年間」平塚柾緒編『目撃者の語る昭和史・満州事変』)という。松本はまた「人事などについても殆ど口を出さず、また人についての好悪など全く顔にも出さない」という態度を張は堅持し、国務院会議でも総務庁案に「反対意見を固執した例はかつてなかった」(同前)とも証言している。

こうした政治行動をとる張景恵の下で総務庁中心主義がいっそうの進展をみたことは言うまでもない。すでに指摘したように帝制の施行とともに皇帝に賦与された大権の行使は国務総理大臣の輔弼によってのみ合法とされていたため、国務総理大臣は政務に関して唯一人きわめて強大な権限をもつことになった。この国務総理大臣だけに権限が集中する国制は「率直にいえば変態的の最も変態的なるも古今冠絶の国家」（岸田英治「満洲国憲法芻議」『満洲評論』一九三四年一一月一〇日号）と評されるものであったが、この強大な権限が実はそのまま総務長官によって行使されたのである。そのため行政機構改革も満系定位ポストの更迭もすべてが総務長官を中心とする日系官吏によって決定され、それを張景恵に提示すると、「張総理は例によって物に動じない。よく見て、『よろしい。これで行こう』と答え」（星野『見果てぬ夢』）て一件落着をみることとなる。こうした体制によって人事が決定される以上、任免の基準が総務庁が進める政策に対して協力的かどうかに傾くのは必然であろう。名古屋高工卒で巧みな日本語によって満洲事変後政界に進出し、財政部大臣、経済部大臣を歴任した韓雲階《かんうんかい》が免官となったのは農地強制買収や産業統制を批判したことによるといわれる。実業部大臣丁鑑修が満洲電業社長に、民生部大臣孫其昌《そんきしょう》が参議府参議に追われたのも経済政策に対して不満を鳴らしたためだという。溥儀は「関東軍があらゆる人物を評価する唯一の尺度は日本に対する態度であった」（『私の前半生』）と述べているが、総務庁の日系官吏もまた同様の尺度を満系官吏にあてはめていたのである。

そして、そういう評価基準をとるかぎり、中国の政界や経済界と強い結びつきをもたず、日本の政策方針や行政様式に理解をもった日本留学経験者が重用されることになるのは必至であろう。一九四二年九月、建国十周年を期して行なわれた人事大異動はまさしく〝建国工作以来の雑多の行懸り〟を一掃し、留日経験者を動員して戦時体制の確立をめざしたものであった。この異動によって「いわゆる『建国組』と称せられる老級大臣が全面的に第一線を後退し、これに代るに青年時代深く日本的教育を受けた新進気鋭の士が一斉に簡抜された」（『満洲国現勢』康徳十年版）のである。ここに谷次《こくじ》亨《こう》（交通部大臣、東京高等師範卒）、閻傳紱《えんでんふつ》（司法部大臣、東大経済学部卒）、邢《けい》士《し》廉《れん》（治安部大臣、日本陸軍士官学校騎兵科卒）、阮振鐸《げんしんたく》（経済部大臣、満鉄南満医学堂卒）、盧《ろ》元善《げんぜん》（総務庁次長、宮城県立農学校卒）、王允卿《おういんきょう》（特命全権大使、明治大学法科卒）、徐紹卿《じょしょうきょう》（奉天省長、東大農学部卒）、王賢湋《おうけんい》（奉天市長、東北大学工学部卒）、王子《おうし》衡《こう》（濱江省長、早稲田大学政治経済科卒）、徐家《じょか》桓《かん》（統計処長、京大法学部卒）、王慶璋《おうけいしょう》（郵政総局長、東京工業大学卒）らが満系官吏の中軸となって前面に立つこととなったのである。しかしながら、この人事によって満系官吏への権限の移譲が行なわれたわけではない。〝二等皇民〟という陰口もあったように、あくまで日本語に通じていて満系ポストでありながら日系に準ずる便宜性を評価されたにすぎないのである。そのことは、この人事に関して「新進を簡抜したと自讃してみても、必ずしも十分の措置とはされないであろう。……国民の大部分が満系だから、大臣は皆満系で占めなければならないといった考えは甘い限りだ。そんなことを一々気にしていたら協和も国防もできはしない」（『満洲国現勢』康徳十年版）といった批判が出ていたことからも推知できる。

こうした人事に対しても張景恵は一切、異議を唱えず、また日本との協力を最優先して資源や食糧の供出にも積極的に応じる姿勢を崩さなかった。そのため〝要啥給啥《ヤオシャーゲイシャー》（欲しい物は何でもあげる）〟の国務総理大臣とも評された。そして、日満関係を「同じひもに括られた二匹のとんぼ」にたとえ、きわめて低い価格による食糧買上げへの不満の声に対しても飢饉など「ズボンのひもをギュッとしめれば片づく（勒緊褲腰帯）」と叱責した言葉など、日本側からは日満親善を身をもって体現したものとして賞讃され、喧伝されたのである。また、日独伊三国同盟を支持し、太平洋戦争が勃発するやいち早く支援を表明、汪兆銘政府を訪れて日本との「同甘共苦、同舟共済」を訴えるなど張景恵は一貫して対日協力の先頭に立ち続けた。それは「満身奴骨（骨がらみ奴隷根性）」とみなされるほどのものであったが、そうした張景恵もやはり日本の満洲国統治や対中国政策について「腹中には相当きびしい批判があったようであった」（前出「張景恵総理との十年間」）と松本益雄は観察している。たとえば、日本の開拓移民のための既墾地強制買収に対しては反対をつづけ、星野直樹にもたびたび善処を要求したほか、松本を小磯国昭拓務大臣のもとに派遣して抜本的改善を迫ったという。また、日中戦争の勃発を痛恨事として早期解決をはかるためには「日本軍は絶対に南京を落としてはならない。落とす前に何とか和平の方法を講ずべきである」（同前）と切言し、その解決のために必要とあればどこにでも飛びこんでいく覚悟を星野に伝えたという（『見果てぬ夢』）。しかし、張景恵が内心で最も憤っていたのは日本人が中国人に対して侮蔑感をもって接することであり、日本語を知らない張景恵ではあったが「ユウエッカン」という語をもって日本人をたしなめたという。

この民族協和、日満一体を呼号した満洲国における日本人の他民族に対する優越感に基づく言動が目をおおうほどのものであったことは、大本営陸軍部研究班がまとめた『海外地邦人ノ言動ヨリ観タル国民教育資料（案）』（一九四〇年五月）でも認め、早急な是正を求めざるをえないほどであった。そのうち官吏の間における相剋については次のように指摘されている。

大部の日人官吏は口に民族協和の国策遂行を叫ぶも未だ内地官吏の旧套《きゅうとう》を脱しえず是正を要するものあり。しかも植民地官吏の弊害たる他民族に対する優越感強烈なるため、意識無意識の裡《うち》に幾多の誤謬《ごびゅう》を犯し満人官吏以下一般満人との間に相剋を生じつつあり。しこうして日人官吏対満人官吏の相剋は主として日人官吏の独断専行と給与上における優遇並びに満人官吏に対する蔑視の傾向に対する満系官吏の反感に基因す。

こうした相剋が生じた原因としては、日本と中国における行政処理の態様が異なっていたということも挙げられるであろう。すなわち、「日系官吏は公文を下僚が返事まで起案して上司に持って行くが、満系官吏の旧慣は上司が閲覧して必要の指示をなし下僚に下げるという風だが、こんな事から意外の意見の扞格《かんかく》を来した」（片倉衷「燃ゆる聖火」小山貞知編『満洲国と協和会』）のである。だがしかし、問題はこうした行政様式の違いが明らかになった場合には必ず日本式が近代的な文明国家のものであり、中国式のものは封建的なものであって日本式に〝改善〟されなければならないとされたことにあった。そうした優越感がさらに相剋を強め、両者の溝を深めることに作用したのである。そして、こうした行政の日本化がもたらした弊害について日系官吏も当然に認識はしていた。そのことは建国十年の治政をふり返って総務庁次長古海忠之が一方で民族協和による国づくりの成功を強調しながら、他方、同時に次のような事実が発生していることを隠しきれなかったことからも明らかであろう。

満洲国が複合民族国家であり、その構成分子の大部分が満洲民族（漢民族、満洲族）であることは当然に、満系の活動分野を拡大し、満洲国建設に対し、最大の寄与・貢献を期待しなければならぬにも拘らず、日本的法制・機構等諸制度移植の数々は満系の積極的活動力の途を狭縮する結果を招来した。また、満系大衆を対象とする第一線現実政治面においては、諸政策の高度化、行政の複雑化は、彼らの理解協力を困難ならしめ、著しく政治、行政の能率を低下せしめている。（「建設十年の回顧と将来への展望」『満洲建国側面史』）

しかし、それではこの事実を認めたうえで、これにどう対処すべきだというのか。古海の解答はこうである――「日本的諸制度ならびに行政運営様式は、その目的精神においてなんら変改の要なく」、むしろ交通、衛生、鉱工などの部門においてはさらに「広範囲に日本的制度、行政を取入れる必要がある」。ただし、「一般的には、日本的な善さを満洲式に濾過《ろか》、吸収されるごとく考案変改を要すべく、殊《こと》に第一線行政は単純素朴なる程度に低下さる可きであろう」。しかしながら、第一線行政を単純素朴なる程度に低下することは、実はきわめて実現困難なことであると古海はみる。なぜか、「日本的意識性格の下に、満洲的形態技術を生む事は智者に愚を求むるに似た困難性を伴う」からである、と。古海は同じ文章の中で「日本民族の『尺度』は他民族に対して通有性に乏しい。……したがって、この『尺度』を基礎として建てた家は他民族にはまことに住みにくく、時には入りたがらない事すら有る」ことを日本民族は猛省しなければならないと力説している。しかし、その当の古海が日本的意識をもって満洲国に適応した形態技術を生むことを〝智者に愚を求むるに似たり〟と臆面もなく言い切っているのである。この膏肓《こうこう》にまで巣食った意識こそ、満身奴骨の譏《そしり》をうけた張景恵さえ憤りを隠しきれなかった日本人の〝ユウエッカン〟そのものではなかったのだろうか。こうして、満洲国行政の中枢を担うはずの満系参事官も「喝茶《ホチヤア》・読報《ドウパオ》・聊天《リヤオテイエン》」すなわち、お茶を飲み、新聞を読んで、世間話をするだけの三事官としてしか扱われず、日々に日系への反感を募らせていったのである。

「満洲は日満提携の国に非ず、日満闘争の国である」、関東軍幕僚がもらしたこの感懐こそ日満一体を担うはずの人々が身をもって示した満洲国の実相であった。

メタモルフォーゼ―キメラの変身

一九三七年九月、陸軍参謀作戦部長を免ぜられた石原莞爾は、関東軍参謀副長に転補された。満洲建国の立役者として一躍英雄的存在に祭り上げられ、凱旋将軍のごとく引きあげてからほぼ五年ぶりの関東軍勤務であった。しかし、満洲国の将来に大いなる希望を抱き意気揚々と帰還したときと異なり、石原の胸底では日中戦争に突入した日本が「今に大きな失敗を仕出かして中国から、台湾から、朝鮮から、世界中から日本人が狭い国土に引揚げなければならないような運命」（岡本永治「予言」『石原莞爾研究』一九五〇年）に陥るのではないかとの想いが重く淀んでいた。そして、そうした事態の種を播いたのがほかならぬ満洲建国をリードした石原ら関東軍参謀たちであったことを石原は今、痛切に思い知らされていた。

本来、司令官「擅《ほしいまま》に兵隊を進退するもの死刑に処す」という陸軍刑法を厳格に適用すれば、満洲事変をひき起こした本庄繁司令官以下関東軍参謀たちは軍法会議で査問を受けるべきであった。にもかかわらず、本庄は大将に進級、男爵を授けられたうえ侍従武官長の重職につき、石原らに対しても進級叙勲の論功行賞がなされたため、規律や命令系統を無視しても結果さえ良ければ恩賞にあずかれるという風潮が軍部幕僚の間に蔓延《まんえん》していくこととなった。そして、出先軍人たちの功名心は寸を得て尺を望むがごとく内蒙工作や華北への政治的・軍事的進出へと駆り立てられ、ついに一九三七年七月七日、盧溝橋事件の勃発となって現われたのである。石原は不拡大方針を採ったが、武藤章、田中新一らの拡大派を制御することができず、逆に石原追い出しの策動によって関東軍へ転出するにいたっていた。

そして、建国から五年半を経た満洲国に石原は再び立った。だが、彼がそこで見たものは、かつて自らが思い描き、成長を夢みた満洲国とはおよそかけ離れた満洲国の姿であった。日中戦争拡大を阻止しえずに参謀本部を追われ、今また満洲国の現実に裏切られた思いの石原は、持前の激越な口調で関東軍と日系官吏が統治する満洲国への批判を繰り広げていく。植田謙吉関東軍司令官に対して日系官吏の減俸や人員整理を要求し、協和会中央本部長橋本虎之助中将を猫之助と呼んで公衆の面前で罵倒する。東條英機関東軍参謀長を軍曹あるいは上等兵とこきおろすとともに、内面指導権を掌握する関東軍第四課長片倉衷を皇帝を凌ぐ満洲国の王様と皮肉る。また、関東軍司令官の豪壮な官舎をさして「泥棒の親分の住宅を見ろ。……満洲は独立国のはずだ。それを彼らは泥棒した。満洲国皇帝の住居は、国民の現状から住居の修築を遠慮しているのに、泥棒根性の日本人はこれを不思議とも思っていない」（横山臣平『秘録　石原莞爾』）と痛罵し、植田関東軍司令官に宿舎の移転を具申したのみならず、軍司令官として不適格であると直言する……。こうした言動が関東軍首脳や日系官吏との間に激しい感情的対立をひき起こさないはずはなかった。とりわけ東條英機との確執は憎悪ともいえるほど激しくなり、年来師弟とも同志ともいえる関係を続けてきた片倉衷とも修復しがたい亀裂を迎えた。

一九三八年八月石原は「軍部横暴の声天下に満つ。……軍部はその本然の任務に復帰すべき時来れりと信ず。世に先んじて兵を進めし関東軍は此際《このさい》世に先んじて鉾《ほこ》を収むべきなり。即ち軍は周到なる計画の下に成るべく速に満洲国の内面指導を撤回し、満洲国の独立を完成するを要す」とする意見書「関東軍司令官の満洲国内面指導権撤回に就て」を提出した。この中で石原は、内面指導機関である第四課を廃止して協和会に国策決定権を与えること、政治的独立を達成するために行政官を満洲国で自給する体制を作ること、中央政治は治安、裁判、徴税、統制経済だけを職掌としその他の行政を自治にまかすこと、地方でも「省次長、副県長など長官を『ロボット』化する恐れ」のある日系定位の官職を廃止すること、満鉄および関東州を満洲国に譲与すること、などを提案している。しかし、そのいずれの一つも容れられるはずはなく、石原は満洲国にその身の置き所さえ失っていったのである。甘粕正彦は「石原が満洲にいることは、今日では満洲国のためにならぬから、私は彼に帰れ」（武藤富男『甘粕正彦の生涯』）と石原に対し引導を渡したという。七年前万斛《ばんこく》の涙を呑んで独立国家案へと転じた石原は、今やその満洲国が日本の従属国家となってしまったことに万斛の憂憤を抱いて辞表を提出し、協和会服のまま悄然として満洲国を去らなければならなくなっていた。そして、この時を最後に石原は再び満洲国に足を踏み入れることはなかった。満洲国は名実ともに石原の手を離れてしまったのである。

いや、石原が満洲国に赴いた一九三七年にはすでに満洲国は建国に携わった人々の手をはるか遠く離れて能吏型軍人、行政テクノクラート、特殊会社経営者の鉄の三角錐によって運営される体制となっていたのである。その体制を象徴するのが世に二キ三スケと称された星野直樹（総務長官）、東條英機（関東軍憲兵司令官、関東軍参謀長）、岸信介（産業部次長、総務庁次長）、鮎川義介（満洲重工業総裁）、松岡洋右（満鉄総裁）である。そして、もちろん彼らを頂点としてピラミッドの底辺にいたるまで多数の同型の人々がひしめいている。また、日満関係についても石原が考えていた以上に、その一体化の動きは着々としかもきわめて巧妙に進められていたのである。一九三七年一二月、治外法権の撤廃と満鉄附属地行政権の移譲が最終的に実施され、同時に他の第三国に対しても治外法権を認めないこととなったため、満洲国は主権を回復し独立性を確保する形となった。この治外法権の撤廃については「日本が一徳一心の仗義《じょうぎ》により、満洲国の健全なる発達を冀求《ききゅう》して大乗的見地よりなせる賜物に外ならない。……かくて国民の中に治外法権という甲冑《かっちゅう》を着けたる民族の存在もなく、各民族とも素面素手で握手をしながら協和を楽しみうる」(『満洲建国十年史』)こととなったとして、日本が民族協和のために進んで特権を放棄したものと宣伝された。しかし、必ずしもこれを恩恵的措置とみることはできない。なぜなら、治外法権撤廃によって満洲国は日本国民に対して全領域における居住往来の自由、農工商その他公私一切の職業に就く自由、土地所有権その他各種の権利を享受できることを保証し、これによって満洲事変以前から問題となっていた日本人の在満権益がすべて公式に確認されることとなったからである。しかも条約によって神社、教育、兵事に関する行政については日本政府が行なうこととされたほか、「日本国臣民はいかなる場合においても満洲国人民に比し不利益なる待遇を受くることなし」と定められており、日本人に関するかぎり素面素手などではけっしてなかったのである。要するに外国を排除して満洲国を日本人にとって日本国内と同一化したのが治外法権撤廃であり、これによって日本と満洲国の行政の一体化がはかられたのである。

そして、このように満洲国を法的に日本と同一状態に置き、日本人の対満進出を容易に進めるためにも、満洲国の全般的日本化が必須の要件として声高に叫ばれたのである。筑紫熊七は溥儀が一九三五年五月の「回鑾《かいらん》訓民詔書」で宣示した日満一徳一心に触れて当時から「日満両国関係を親子化するためには、満洲国の政治、経済、文教、思想その他一切の問題が少くも帝国のそれと相似形の体制に建直らざる限り、一徳一心の実態を顕現することはできぬ」(筑紫「満洲建国の回顧」『創造』一九四二年一一月刊「満洲現状報告」)と力説していた。この満洲国の政治その他一切を日本のそれと相似化する役割を担ったもの、それが日本から送り込まれた行政テクノクラートすなわち日系官吏だったのである。そして、この日系官吏によって当初中華民国に対抗的に形成された国制が日本の天皇制国家の〝相似形の体制に建直〟されていった。一九三七年には刑法、刑事訴訟法、民法、商人通法などの商事諸法、民事訴訟法、強制執行法などの法令の日本化が一応の達成をみている。そして、治外法権撤廃をひかえた一九三七年七月の監察院の廃止などを含む行政機構の大改革は、もはや満洲国が中華民国の国制や法令に準拠する必要もないほどに日本の体制に相似形の体制に建直されたことを示すものでもあった。

こうして日々に日本の模造国家として満洲国を形成していった日系官吏について、現地でこれを目のあたりにした森島守人《もりしまもりんど》が「私はこれらの人々によって、軍の専断的遣り口が牽制されることを期待していたが期待は全然裏切られた。その行ったところは、満洲の実情や満人の風俗、習慣、心理を解せず、いたずらにイデオロギーにとらわれた画一的行政や法規万能の行政に堕し、内地においてすら非難の的だった属僚政治を満洲に移植し、ここに『土匪』に配するに『法匪』の新熟語さえ産むに至った」(『陰謀・暗殺・軍刀』)と証言していることは、日系官吏による満洲国家統治の特質を示すものとしてやはり看過できないであろう。順天安民、仁愛、王道や協和といったさまざまなアジア的な言辞、そして西洋諸国の帝国主義的支配への反発とそれからの解放という満洲国建国の理念にもかかわらず、満洲国統治の正当性根拠は西洋近代が生み出した法による支配に結局は求められ、それがまた満洲国の文明化であり近代国家としての表徴であるとされたのである。すなわち、「文明を普及させる使命（mission civilisatrice）」が支配の正当化根拠とされたという点で日本もまた自らが批判したはずの当の西欧帝国主義の植民地支配と異ならなかったのである。いや、法規の適用に対して日本人がきわめて厳密であった分だけ現地の人々にとって災厄はより大きかったかもしれない。

いずれにしろ、一九三二年七月の大蔵省からの星野直樹、古海忠之、松田令輔、田村敏雄、山梨武夫、青木實、寺崎英雄らの派遣にはじまった日本の行政テクノクラートの満洲国への進出は、別掲の表のように日本の各省退官時高等官であった者だけをとってみてもかなりの数にのぼったのである。もちろん、こうした官僚の派遣は漫然と進められたわけではなく、満洲国統治の政策課題とその変遷を密接に反映したものであった。すなわち、建国から一九三六年にいたる治安粛正と財政確立が国家存立の急務であるとされた時期には金融・財政の基盤整備と通貨統一のために星野ら大蔵省からの派遣者のほかに阪谷希一、源田松三ら大蔵省出身者が招聘され、また、治安維持と地方制度の整備のために内務省から一九三二年には和歌山県知事であった清水良策のほか品川主計ら二一名の幹部職員が派遣されるとともに関東庁から竹内徳亥、星子敏雄、塩原時三郎らが採用されている。この時期はまた郵政、通信の整備も重要な政策課題であり、これに対処するために逓信省から藤原保明、飯野毅雄、岡本忠雄らが派遣された。なお、治安維持は満洲国にとって一貫した難題であったことから、内務省からはその後も武内哲夫、薄田美朝、大坪保雄、大津敏男、菅太郎らが送られたし、総務長官歴代六人のうち四人が内務省出身で県知事経験者の遠藤柳作、長岡隆一郎、大達茂雄、武部六蔵で占められた。この人事はあるいは満洲国統治が日本の内政の延長として各県なみに扱われていたということを示してでもいるのだろうか。それはともあれ、一九三三年治外法権撤廃が課題となってくると法令起草と司法制度整備のために司法省からの派遣が急増し、古田正武、前野茂、及川徳助、柴硯文、青木佐治彦、菅原達郎、武藤富男、井野英一らが陸続として玄界灘の波濤を越えて行った。司法省からの派遣者の多くは司法官であったため、三年後同期の者と同じ待遇で復職を保証するなどの措置が採られ、そのローテーションも早かった。ただ、その中には建国とともに満洲国に渡り、文教部総務司長となった皆川豊治のほか、協和会総務部長となった菅原や弘報処長とな

	退官者数	帰国後再任官者数
宮内省	8	1
内閣	4	
外務省	31	7
内務省	65	14
大蔵省	23	4
陸軍省	14	
海軍省		
司法省	114	16
文部省	20	
農林省	64	11
商工省	35	11
逓信省	18	6
鉄道省	3	
拓務省	4	2
厚生省	11	3
会計検査院	3	
計	417	75

1)原史料のタイトルは『満洲国官吏ト為ル為退官者人員調』(陽明文庫蔵『近衛文麿公関係資料』所収)。
2)なお、原史料には備考として「内務省ノ地方部局、拓務省関係外地等ヲ含マズ。関東局未集計ナリ」との但し書きがある。

った武藤のように司法以外の分野へと活動の場を広げていった司法官も少なくない。

こうして、大蔵、内務、逓信、司法の各省からの日系官吏の投入によって一九三七年までに独立国家としての体裁を整えた満洲国は、次なる政策課題として産業開発を掲げた。もとより満蒙の各種資源を開発して日本の総合国防力を増強することは、関東軍が満蒙支配をめざした最も大きな要因であり、生産力拡充は満洲国全期を通じて一貫して追求されたものであった。しかし、建国から一九三六年ごろまでは最大時三十数万人にもおよぶといわれた反満抗日運動の鎮圧に追われており、ようやく三六年に満洲産業開発が政策の中心課題としてクローズ・アップされるにいたったのである。かくて、三七年から四一年にかけての産業開発重視時代に入る。この時代を象徴するのが産業開発五ヵ年計画であった。そして、これに要する資金調達のため関東軍は鮎川義介の日産コンツェルンを満洲国に移駐させ、満洲重工業開発株式会社を設立させたのである。そして、この政策推進を担うために招請されたのが商工省、農林省、拓務省などの官僚であった。

商工省からは建国以降、高橋康順、小野儀七郎、美濃部洋次らが送られていたが、文書課長であった岸信介は「満洲の産業行政については関東軍の第四課が勝手なことをしている。軍人だから見当違いのこともずいぶんある……これではいかん、産業行政の問題については、商工省の最も優秀な人間が行って、軍人から産業行政を取上げてやるべきだ、いずれ自分が行ってやらなければいかん」(『岸信介の回想』)との考えをもって人材の派遣をはかったという。その勧めに応じたのが椎名悦三郎ら一七名であった。三三年、実業部計画科長として赴任した椎名は産業開発のためには資源調査が不可欠だとして臨時産業調査局を創設、ここで収集されたデータはその後の重要産業統制法の立案や開拓地の選定、ダム建設などに活用されていった。商工省からは椎名につづいて神田暹、稲村稔三らが派遣され、一九三六年には岸信介が渡満、以後岸のもとで統制経済が推し進められることになる。そして、この時期、産業開発五ヵ年計画および三九年からの北辺振興三ヵ年計画につぐ重要政策として推進されたのが百万戸移住二〇ヵ年計画に基づく開拓政策（以上の三つが満洲国三大国策といわれた）であり、二十年間で一〇〇万戸五〇〇万人の移住が目標として設定された。これは二十年後の満洲国総人口を五〇〇〇万人と推定し、その一割を日本人が占めることをめざしたものであった。この開拓政策とそれに伴う農業政策を実施するために農林省から野田清武、井上俊太郎、五十子《いらこ》巻三《けんぞう》、石坂弘、楠見義男らが、また拓務省から稲垣《いながき》征夫《いくお》、森重干夫《もりしげたてお》らが派遣されている。さらに農林次官であった小平権一が満洲糧穀理事長、興農合作社中央会理事長に、拓務次官であった坪上貞二が満洲拓殖公社総裁となっているのもこの時期の特徴を示すものであった。しかし、日中戦争の拡大そして一九三九年のドイツの開戦などの影響を受け、さらに労働力や資材の欠乏、統制経済における資材配給の凝滞などにより、これら産業開発に係わる政策課題の多くは所期の目標どおりの成果をあげることなく終った。

　そして、一九四一年一二月の太平洋戦争勃発以後、満洲国のあらゆる政策は日本の戦争遂行に寄与・貢献することに集中されることになる。そこでは鉄鋼・石炭の増産とともに「日本の食糧庫」として各種食糧の統制蒐荷が最優先課題となり、日本への食糧供給の要請は一九四五年には三〇〇万トンに達している。この時期には占領地域の軍政要員として日本人官僚の需要が高まったことや食糧の増産・蒐荷には満洲国の実情に通暁する必要もあって新たな官僚派遣はきわめて限られたものとなっていった。

ところでこのように日本から満洲国へ官僚が派遣されるに際しては、日系官吏任免権をもつ関東軍の指名、招請によるという形式を踏んだものの実質的な人選は各省ごとに行なわれていた。これは関東軍が独自に調達できる範囲の人材がきわめて限られているということとともに、各省もまた「省内でも、将来性のある、優秀なものを現地に送る」（美濃部洋次追悼録『洋々乎』一九五四年）ことによって満洲国経営の主導権を握り、あわせて人材の育成をはかろうとしていたことの現われでもあった。

すでに述べたように、対満行政体制としては一九三二年七月、関東軍司令官が臨時特命全権大使と関東長官を兼ねる三位一体制が成立していたが、これはあくまで権限を一人が兼ねただけで行政機関そのものが統合されたわけではなかった。そのため、軍中央と関東軍は在満行政機関を統合し、これを掌中に収める機構改革をねらい、三四年一二月、対満事務局の設置と関東長官の廃止によって、二位一体といわれる体制を実現させたのである。この機構改革によってそれまで外務省、拓務省がもっていた在満行政権のほとんどが関東軍司令官によって統轄されることとなった。しかし、このことは日本の満洲国支配が関東軍の独裁体制のもとに置かれたということにただちにつながるわけではない。それは他面で「外交領事事務以外の一切の産業行政警察権を内閣直属の対満事務局に帰属」（『日本経済年報・第18輯』一九三四年）させることを伴っていたからである。つまり、関東軍が満洲国統治を専掌しようという事態に対して「内閣の中に、やはりシビルサイドで満洲の建国の創業にかかわりを持つ機関が出来なくちゃいかんという……シビルサイドからの非常なプレッシュアというか欲求が起って」（内政史研究会編『栗原美能留氏談話速記録』一九七七年）きたことが対満事務局創設の駆動力となっていたのである。

かくて、陸軍大臣を総裁とする対満事務局には大蔵、外務、内務、拓務、商工、陸軍などの関係各省の局長をもって構成する参与会議が付設され、また各省の満蒙に関するエキスパートが事務官として集められることとなった。これにより「対満各行政については各省総掛りの精神」（片倉衷『回想の満洲国』）をもって日本政府が総体として満洲国統治に参画し、政策調整に当たることとなったのである。具体的には満洲国で実施しようとする政策課題が生じた場合、「陸軍省が関東軍から受けて対満事務局にいき、対満事務局から各事項別に各省に連絡して、諒解を得て→陸軍省→関東軍に返って来て、それから満洲国に対して『よろしい』ということになる仕組みであった。日本側の要請も、同一のルートを経て満洲国総務庁に伝達された」（古海忠之「満洲国の夢は消えない」）のである。もちろん、こうした公式のルートの他、満洲国に派遣された官僚は出身省庁の意向を受けてその政策意思の実現をはかっていたし、日満二国間協議機関として設置された日満経済共同委員会、日満食糧会議などを通しても日本の各省庁の統治意思が満洲国政府に伝達されたのである。満洲国の官制では満洲国の法と政策は、各部―総務庁―国務院会議―

参議府会議—皇帝という簡明な回路によって決定されることになっていた。にもかかわらず、満洲国の政策決定過程の実態は図に掲げたようなものであった。それがきわめて煩雑であるとともに官制とは著しい懸隔があったことは一見して明らかであろう。そして、これこそが独立国家満洲国における〝独立性〟の質が、いかなるものであったかを如実に示すものであった。

このように満洲国統治が〝各省総掛り〟の体制によって進められ、満洲国への人事派遣が各省あげての組織的対応として制度化されたことによって、派遣される官僚の身分保障が当然問題となってきた。そこで満洲国という外国の官僚となるために退官した者に対しても、満洲国官吏としての在職年数を日本のそれに換算して復職を保証するという制度の検討が一九三六年から始められ、一九四〇年勅令第八八一号として公布をみている。満洲国政府が日本人官僚にとって外国政府であることはいうまでもないが、その官吏となることが国内の他省庁へ出向することと質的にはほとんど同じものとなったのである。そして、太平洋戦争の勃発とともにいわゆる大東亜共栄圏を形成した日本は、その統治機構として一九四二年一一月大東亜省を設置した。これによって拓務省と対満事務局は廃止され、満洲国統治の統制機関として大東亜省内に満洲事務局が設置された。満洲事務局は「満洲国に関する外政事項」などを所管することとなったが、東條英機首相は「大東亜圏内には外交なし」と公言し、満洲国統治もまた外交ではなく内政の一部とみなされるにいたった。重慶放送がこの措置に対して「満洲国並に陥落地域において速成せられたる傀儡政府治下は今後正式に日本の植民地となり日本政府直轄の統治地域となれり」(馬場明『日中関

満洲国政策決定回路

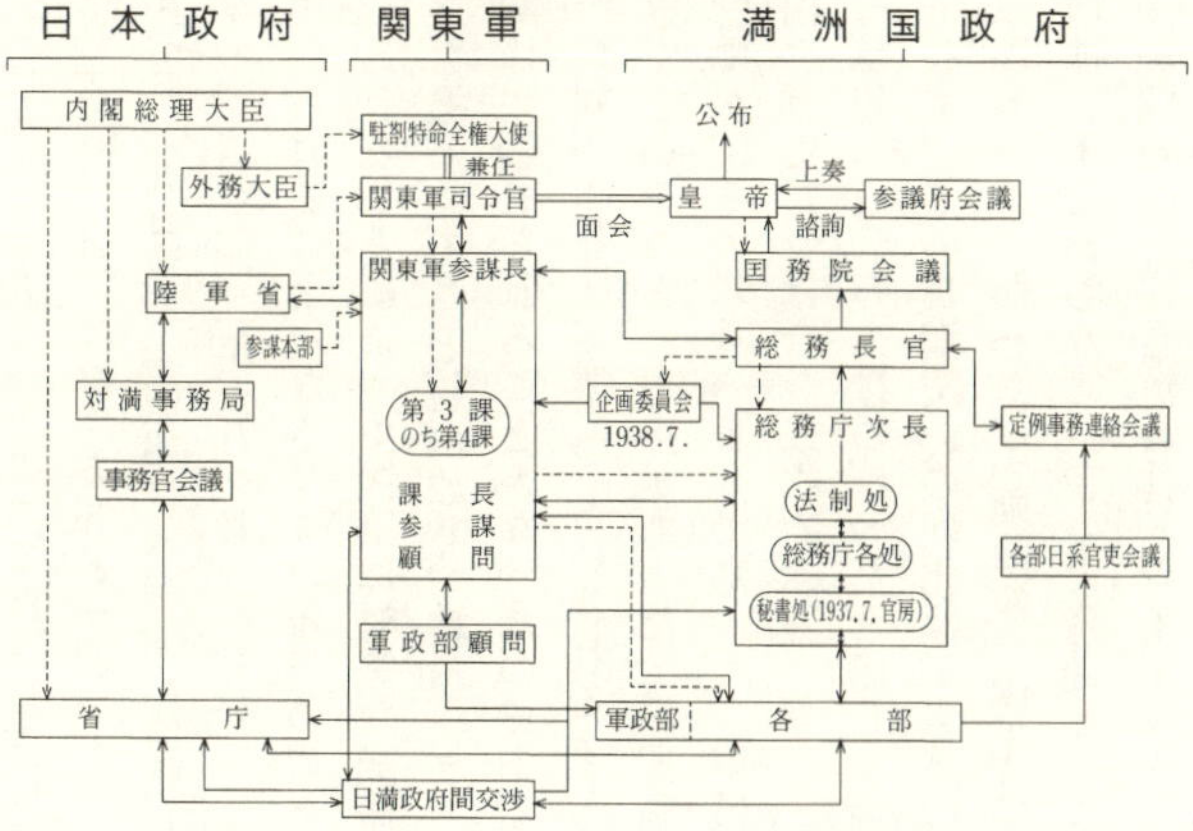

注：1）──→は政策決定回路、----→は指揮系統。　2）対満事務局は1942年11月1日廃止。大東亜省満洲事務局に移管。

係と外政機構の研究』に拠る）と論評したのもけっして失当ではなかったのである。こうして外国である満洲国への官僚派遣が国内への出向と同様に処遇されるとともに満洲国の統治も直轄統治と等し並みに扱われることになった。C・シュミットがイギリス、フランスの植民地支配のあり方を批判して評したように、日本にとって満洲国は国内法的には外国として差異をつけながら国際法的には国内同様として他国を排除する(staatsrechtlich Ausland, völkerrechtlich Innland）という位置に立つことになったのである。

日満関係はこうして独立国としての対等な関係から次第に日本の国内に準ずる地位に転化していったが、この変化は満洲国で公表された文書でも明白に看て取ることができる。すなわち、「建国宣言」（一九三二年三月一日）ではたんに「手を隣師に借り」と表わされていたものが、「日満議定書」（一九三二年九月一五日）では「日満両国間の善隣の関係」となる。ついで「回鑾《かいらん》訓民詔書」（三五年五月二日）では「友邦と一徳一心」と友邦となり、「協和会創立五周年記念日の勅語」（三六年七月二五日）で「盟邦日本帝国に倚頼《いらい》して永久に渝《かわ》らず」と盟邦に変わる。そして、「建国十周年の詔書」（四二年三月一日）において「大東亜聖戦に献じ親邦の大業を奉翼し」と親邦の文字が用いられることになる。この親邦の親とは親《した》しいの意味ではなく、親《おや》をさす。つまり、呼称が改められることによって次第に対等な関係から非対等な上下関係となり、日満関係は「明明として之を鑑とすること親の如く、穆穆《ぼくぼく》（うやうやしく）として之を愛すること子の如し」という親子関係に擬せられることとなったのである。そして、ここでいう親子関係とは「報本の至誠を尽し」（「建国十周年の詔書」）といわれるように、親の恩に報いるために一方的に至誠と孝養を尽すべきだということに力点があった。満洲国の農民が飢餓に苦しみながら供出した糧穀や無償の強制労働が、その孝養の証しであった。溥儀は自伝『私の前半生』で満洲国最後の六年間で日本に輸出された穀物は合計三六六二万トン、一九三八年以降強制徴用によって無償労働を強いられた者は毎年二五〇万人にのぼったと記している。

そして、この日満関係の変化は、当然のごとく満洲国の建国理念そのものに変質をもたらすことになった。すなわち、「両国の一体化は実にその源を日本肇国《ちょうこく》の大理想たる四海同胞共存共栄の精神、すなわち八紘一宇の大精神と、これとその軌を一にする順天安民、五族協和を本義とする満洲国建国とが合流合体したものである」（関東軍参謀部編『史の日満』一九三七年）と説かれ、満洲国建国も八紘一宇の皇道精神の現われとされていく。すでに一九三四年、京都帝国大学教授牧健二は「今満洲国が王道国家をなすについては勗《つと》めて日本の皇道主義を参考として王家の永久的に安泰なるようにしなければならぬ」(「満洲国の統治に就いて」『法学論叢』第三一巻一号)と王道主義から皇道主義への転換の必要性を強調していたが、三八年には満洲国でも次のような懸念が表明されることになっていく。

建国の当初は何から何まで王道ずくめであった。それが此頃《このごろ》ではいつの間にか皇道に変わっている、しかもその変わった理由は誰も知らしてはくれない。……しかし、ここに心配になることが一つある。それは日本が東洋の盟主として神聖な政策を宣伝している以上あまり無反省な独善をやると、ひいては日本の天子様の面子にかかわるおそれがある、これはよほどな重大問題である。(満洲国治安部『鉄心』一九三八年五月号)

しかし、王道から皇道への転換の理由は示されないまま、「満洲国は天皇の大御心に依る道義世界創建の第一歩的顕現なり」(「満洲国の根本理念と協和会の本質」一九三六年九月)といった主張は、あたかも建国当初から自明の理念であったかのごとく謳われていく。そして、駐日満洲国大使李紹庚《りしょうこう》によって「我国思想の根基は日本惟神の道に生成発展帰一し、我国は日本の肇国精神たる八紘為宇の顕昭として大東亜共栄圏の長子となったのである」(「我等は斯く建設せり」『創造』一九四二年一二月刊「満洲現状報告」)とさえいわれることになるのである。こうした変化も、あるいは満洲国の国家内容が変化したというよりも、その本質が次第に顕在化したにすぎないとみるのが妥当であるのかもしれない。

だが、このように「八紘為宇の皇謨《こうぼ》に光被され……天照大神の御神威によって始めて出現しえたもの」（『満洲建国十年史』）と王道立国の建国理念を否定された満洲国では、もう一つの建国理念である民族協和もまた大きな変質を余儀なくされることとなっていった。従来、民族協和の意義は「単に諸民族が闘争を止めて和合することなりとの理解に止まったのであるが、いまや『民族協和』とは、建国理想実現に向って諸民族がひたむきに精進するための必要条件であり、それは平面的な融和関係ではなくて、指導的先達的民族すなわち日本人の建国理想実現への奉仕精神を中心として、他の民族が追従努力することである」（同前）とされるに至ったのである。

民族協和もまた平面的で平等な共存を意味するのではなく、指導民族たる日本人に奉仕し追従するという垂直的で階統的な指導―追従関係へと転化した。もはやそれはいかなる意味でも民族協和とはいえないものとなっていたのである。

かくて、太平洋戦争勃発とともに王道立国、民族協和という建国理念さえも遡って変更されてしまった。それが建国理念の終焉を意味したことはいうまでもない。すでに身中に入った日系官吏によって進められた天皇制の嵌入《かんにゅう》によってキメラの肉体の一部、すなわち龍（皇帝と中国）の部分は骨肉ともに羊（天皇制国家）に化し、原形を喪失してしまっていた。

今やキメラは獅子の頭と羊の肉体をもつだけの怪獣へと変《メタモルフォーゼ》身を遂げていたのである。

死生存亡、携を分たず——日本洲国の命運

このように日々に日本の国家あるいは天皇制に同化するように変態を遂げていく満洲国を指して、フランスのある作家はマンチュリア（満洲）をもじってマヌカンチュリア（マネキン王国）と呼んだという。フランス語のマヌカン（mannequin）には、もちろん他人の言いなりになる人、つまり傀儡という含意がある。また、同様に、あるアメリカのビジネスマンは満洲国を旅した感想として満洲国《マンチヨウグオ》は日本洲国（Japanchukuo）と称するのがふさわしいと語ったという。たしかに、日本の国内と同視されその統治も日本の内政の延長のごとく扱われていった満洲国は、マヌカンチュリアあるいはジャパンチョウグオと呼ぶのが至当といえるかもしれない。しかし、問題はそうした相貌の下で、日本と満洲国とが相互に投影と反射を繰り返しながら、いかなる変化を遂げたか、ということである。つまり、満洲国をもったことによって日本自身がどのように規定を受けることになり、いかなる変容をこうむらざるをえなかったのか、ということの解明なしには真に満洲国がもった歴史的意義を知ることはできないのではないだろうか。

そこで、その相互性をまず満洲国に即していえば、すでに指摘したように日本的行政文化が強制され、それになじみのない中国人官吏は無能視されることになる。そのことがもたらした意味は次の証言に尽きている。

満系は無能かも知れぬ、しかしヨーロッパの政治学を日本の学校で翻訳して、そして満洲へ持ってきて組織の網で覆いかぶせるのよりは満系の方が満人に対しては急所に投ずるであろう。しかも日系とあればその適不適に論なく全満に限なく頭数だけ揃えているのはどういうわけか。民意にお構いなしの通訳政治、これが新興満洲国の現状である。こんな具合で満人は漸次生気が無くなって行く。国民的感激も興奮も起こりっこはない、満洲国は一体どうなるのだ。……一徳一心とはどの程度のものかわからないが満人をロボットにして置いては一徳一心は望めないし、日本人に優越感を持たせるような制度を作っておいて、いくら優越感を示すなという所で詮のないことだ。(満洲国治安部『鉄心』一九三八年六月号)

この文章が書かれて以降、日本化が強まりこそすれ、改善されることなどついぞなかったことを考えれば、こうした批判がそれ以後表立って現われなかったとしても、それはけっして日本の法や政治の様式が受け入れられ、定着していったということではなかったはずである。沈黙ほど絶望の淵の底知れぬ深さを示すものも、またないのである。

だが、満洲国で行なわれた政策や行政、立法をもって日本のそれの直接的移植、直訳的あてはめとだけみることはできない。アメリカの雑誌『フォーチュン(Fortune)』の「日本」特集号(一九四四年四月号)がいみじくも満洲国政府を〝陸軍満洲学校文官部〟と呼んだことからも明らかなように、満洲国はそれ自体がひとつの実験室、研修室の役割をもっていたからである。つまり、『フォーチュン』誌の見解によれば、まだまだ日本本土を思うがままにできる政治力も知識もなかった日本陸軍は「満洲を稽古台にして、人と組織を動かしてみようとしたのである。かくして、満洲国をひそかにその研修室と決めた関東軍は、ここに大は政治、経済から小は日常茶飯、住民の起居往来に至るまで細大漏らさず、まちがいなくこれを一手に握るプランを練り上げた。今日、政治の前面に立つ人物はここで研修を積んできたのである」ということになる。ここには、もちろん誇張がある。しかし、軍人では東條英機、小磯国昭らが内閣総理大臣になったほか、文官では遠藤柳作、田辺治通が内閣書記官長、星野直樹が企画院総裁・内閣書記官長、大達茂雄が内務次官となっている。また、一九四一年商工省にあっては商工大臣岸信介の下に次官椎名悦三郎、総務局長神田暹、総務課長毛里英於菟と満洲国からの帰還者が揃い踏みをするという人事が現われていたのである。関東軍幕僚をとってみても陸軍大臣となった板垣征四郎、軍務局長となった武藤章、内閣総合計画局長官となった秋永月三や池田純久、総力戦研究所長となった飯村穣など総力戦遂行に重要な役割を果たした軍人が輩出している。

これをさらに戦後にまで時間の幅を広げてみれば閣僚や国会議員、地方公共団体の首長となった日系官吏の数はきわめて多く、満洲国が人事研修室としてもった機能を否定することはできないであろう。また、「大蔵省における一流人物、すなわち将来の大蔵省を背負って立つべき人物」（有竹修二『昭和大蔵省外史』中巻、一九六九年）を選抜して満洲国に送るといった人事研修の機能を満洲国に託していたのは大蔵省だけにとどまらなかったのである。

そして、政策や立法さらに行政機構についてみても、満洲国が日本に対して実験性、先行性をもって試行された例が少なくない。そもそも満蒙占領の主要目的の一つとして「我国情はむしろ速に国家を駆りて対外発展に突進せしめ途中状況により国内の改造を断行する」(石原莞爾「満蒙問題私見」一九三一年五月)ことが挙げられていたように、国内改造を断行するための跳躍台ないし実験台としての役割が期待されていたのである。そしてまた事実、満洲国には「日本本土に於て不可能とせる所をここに於て求めんと欲する情熱に駆られ」(佐々木到一「満洲統治に於ける憂患」一九三三年五月)た人びとが集まってきてもいたのである。その行政的中核となったのが国務院総務庁であった。総務庁は関東軍の武力と機密費をバックに、「計画統制機能の整備強化」(一九三七年五月「満洲国政治行政機構改革大綱」)を一貫して追求し、それによって「簡明にして強力政治の確立」(同前)をめざしたのである。その中で総務庁企画処や企画委員会などの国策企画・政策立案機関が設けられ、それが満洲国行政の特徴とされた企画政治、計画政治となって現われたのである。この企画—指導—経営、計画—統制—動員などの一連のキイ・コンセプトをもって表わされた統制主義、計画主義《プラニズム》はアメリカのテーラー主義やソ連のゴスプラン、ナチスドイツの四ヵ年計画などの影響を大きく受けたものであった。そして、そうした企画政治、計画政治と呼ばれるものが満洲国でともかくも可能であったのは、議会によるチェックもなく、行政が民意とは無関係に運営されるシステムになっていたからにほかならない。

産業開発五ヵ年計画、北辺振興三ヵ年計画、百万戸移住二〇ヵ年計画の三大国策をはじめとして総合立地計画、自興村設置五ヵ年計画、農産物増産一〇ヵ年……、満洲国行政は計画策定に追いまくられていた感さえある。もちろん、そうした計画や企画の噴出は、必ずしも実効性を伴わないまま、多くが机上プランとなって「土の香りなき企画政治——空廻り政治」（『満洲国現勢』康徳九年版）と評されざるをえない運命にもあったのだが。

とはいえ、たとえば総合立地計画は日本の国土計画に先行し、モデルとなったものであったし、毛里英於菟や美濃部洋次らが満洲国で企画政治の手法を学びとり、のち企画院や総合計画局において計画策定をリードしていくこととなるなど、企画政治が日本に還流し、影響を与えたことも無視することはできない。また、国策企画機関としての総務庁企画処（一九三五年一一月設置）も日本の企画庁およびそれを改組した企画院（ともに三七年設置）に先行したものであった。さらに、国防国家を形成するための強力な国策統合・推進機関の設置構想の中では満洲国の国務院や総務庁がモデルとしてクローズ・アップされたのである。たとえば、石原莞爾が浅原健三や宮崎正義らに組織させた日満財政経済研究会で立案した「政治行政機構改革案」（一九三六年）では、内閣制を廃止して国務院を創設し、国務院に経済参謀本部ないし総務庁を直属させて人事と予算を掌握する案が提起されているし、陸軍が一九三七年にまとめた「重要産業五ヵ年計画要綱実施に関する政策大綱案」でも総務庁の設置が要求されていた。このほか、個別の法案や政策についても満洲国で実験のうえで日本国内で実施に移されたものが少なくないが、ここではその一例として米穀管理制度を挙げるにとどめる。満洲国における米穀管理法は日本の農林省から満洲国に派遣された小平権一を中心に起草されたものだが、なぜ、満洲国で起草されたかについて、この

「米穀管理法の意図は、当時日本で漸く問題となって来た米穀の国家管理を先ず満洲に於て試験的に実施したもの」（「満洲に於ける食糧蒐荷機構と蒐荷対策」一九四三年）と説明されている。日本で直接に実施して起こる混乱を未然に防ぐために満洲国がその実験台として使われたのである。

しかしながら、同時代において満洲国における実験的試行の日本への流入として最もセンセーショナルに取り上げられたのは、議会政治を否定し一国一党制を採る協和会とそのイデオロギーであった。一九三六年九月、植田謙吉関東軍司令官は「民主的、唯物的、西洋的政治に堕《だ》し易き虞《おそれ》大なる議会政治は満洲国の本質上これを採用すべきものに非ず」（「満洲国の根本理念と協和会の本質」）と議会政治を排斥し、協和会を政治的実践組織体とすることを声明した。この文書は二・二六事件以後急速に政治的介入をはかりはじめた軍部の議会政治批判として、政党政治家の危機感と反発を招くこととなった。そして、一九三七年一月二一日、政友会の浜田国松は衆議院本会議において軍部が政治の推進力と自認して政治、経済の諸領域に進出している現状を、この協和会イデオロギーの採用であるとして次のように指摘した。

満洲におけるこの政治思想というものは、日本の内地へも自然と入って来る、入れたいという思想の如くに想像する……軍民一致協力の新体制に依り、強力政治を断行して、憲政常道論を排斥すると言えば、その精神にすっかり嵌《はま》って居るではありませんか。このイデオロギーは玄海灘を渡り、黄海を横断《よこぎ》って日本の内地に既に上陸を致したものであります。

この浜田発言は協和会批判を通じて軍部の政治介入に警鐘を鳴らしたものであり、協和会なり、そのイデオロギーなりが具体的に日本にどう入っているかを指摘したものではない。協和会が現実に日本における政治運動のモデルとみなされるにいたるのは、近衛新体制運動の結果として一九四〇年一〇月、大政翼賛会が組織されてからであった。そこでは、「満洲の協和会運動が日本の既成政党運動に致命的影響を与えたことは見逃すべからざる事実であって、大政翼賛会の成立を見てもまた協力会議の実施などを見ても、これは多分に協和会運動を参考としたものである」（小山貞知『満洲協和会の発達』）といった見方に現われたが、事実、大政翼賛会の協力会議における「衆議統裁」という組織運営方式は協和会の全国聯合協議会で用いられていたものであった。この衆議統裁方式とは、建国大学副総長作田荘一によって満場一致主義に代わるものとして案出されたものであり、議長が「構成員の意見動向を達観しつつ国家並びに国民に貫く建設的目的意識の下に統裁帰一」（「全聯協議会要綱」）するという採決方式で、一種の指導者原理に基づくものであった。

この例に限らず、植民地ないしそれに相応する国家をもつ国家の国民は、そこを支配する原理によっていずれ自らが支配されることになる。そして日本が満洲国の親邦として一体化して動いていく限り、日本から満洲国へ投射されたものは、さらに光と翳をいっそう強めて満洲国から日本へと反射してくることになる。たしかに満洲国は日本の実験台、実験国家として構想され、そのように現実に機能した。しかしながら、それは多く双方向的な流れとしてあり、かつまたフィードバックしつつ補正されていったものであった。重要産業統制法しかり、国家総動員法しかり、国土計画しかり、といえよう。あるいは大政翼賛会の道府県支部長の知事による兼任などの行政組織との一体化が進むと、時を同じくして協和会でも省長などの行政機関の長が協和会の省部長などを兼任する政府と協和会の二位一体制が実施されている。橘樸とともに『満洲評論』を担い、また協和会運動のスポークスマン的役割を果たした小山貞知は「満洲国は新進国家であるが故に新体制を布《し》く場合、常に白紙に立帰り案外手軽にこれを試みることが出来るのである。満洲事変に当りても識者先達は日本の庶政更新を図るために満蒙問題の解決を先行すべきであると意識さえしていた」（『満洲協和会の発達』）と満洲国の実験国家としての先導性を力説したのち、次のように論を進めている。

満洲で試み、日本に応用し、日本が肇国精神に基づいて大きく踏み出せば、満洲は当然その支配的影響を受けるという事態が将来、永遠にまた幾度も幾度も繰返されるであろう。

まことに悪循環こそ永遠である。日本と満洲国とはあたかも合わせ鏡の中の像のように、日本は満洲国の像の中に、満洲国は日本の像の中に各々を投映させて無限の像を重ねていく。そして、いずれが自己であり、いずれが他者であるかさえ見きわめがたくなっていく。そのようにして日本も満洲国からの反射によって自らの像を歪《ゆが》められていたとするなら、満洲国という一方の鏡面が破《は》砕《さい》され消えることにより、日本もまた本来の自らの姿を取り戻すことができたといえるのではあるまいか。

しかし、日満両国が緊密な相互性をもって動いていかざるをえなかったのは、そうしたイデオロギーや政策、立法などのレベルにとどまるものではなかった。戦況の悪化は、満洲国から供出される食糧や鉄鋼などを欠いてはアジア・太平洋戦争を遂行することが困難なほど切迫した情況となっていったからである。劉恵吾・劉学照編『日本帝国主義侵華史略』によれば、「一九三二年から一九四四年の間に日本は、二億二三〇〇余万トンの石炭、一一〇〇余万トンの銑鉄、五八〇余万トンの鉄鋼を東北から掠奪した」としている。日本にとって満洲国は存立のための不可欠の条件となっていた。そして、むろん満洲国にとっては日本の存続こそが国家存立の要件であった。日本が対英米宣戦を布告した当日、溥儀は「時局ニ関スル詔書」を発し、「死生存亡、断じて分携《ぶんけい》せず……国人を挙げて奉公の誠を尽し、国力を挙げて盟邦の戦を援《たす》け」ることを誓った。その言葉どおり、まさしく両国は死生存亡、携を分つことができない同生共死の関係のまま、死の淵に向けて転げ落ちていったのである。——

そして、一九四五年、八月九日のソ連軍の対日参戦、八月一四日の日本のポツダム宣言受諾、それに伴う関東軍の武装解除を受けて、一七日国務院会議において満洲国は解体を決議。一八日午前一時すぎ、皇帝溥儀は蒙塵《もうじん》先の通化省大栗子で満洲国解体と皇帝退位の詔書を読上げ、ここに満洲国はその歴史に終止符を打った。

この詔書の原稿には、はじめはあの絶対に欠くことのできない「天照大神の神庥《しんきゅう》と天皇陛下の保佑《ほゆう》に頼《よ》り」という言葉が残っていた。しかし、橋本虎之助（祭祀府総裁）が苦笑しながらそれを削ってしまったのである。

溥儀は『私の前半生』にこう記しているが、満洲国解体と退位が「天照大神の神庥と天皇陛下の保佑に頼り」というのでは、たしかに橋本ならずとも苦笑を禁じえなかったであろう。しかしまた、これほど満洲国という国家が存続し、崩壊した条件を穿《うが》った表現もないかもしれない。

こうして退位した溥儀は、高官ひとりひとりと握手して別れの言葉を述べていった。張景恵国務総理大臣は高齢を恥じず、日本の敗戦を痛嘆したが、これを見た一人の中国人高官が声を立てて嘲笑したという（松本益雄「張総理と満洲国」『あゝ満洲』）。その高官とは溥儀を満洲国皇帝とすることに力を尽し、満洲建国の時、長春駅頭で黄龍旗を掲げた満洲旧臣迎鑾団《げいらんだん》を率いていた熙洽、満洲国国務総理大臣となる希望をもちながら政治的実権から切り離されて宮内府大臣となっていた熙洽、その人であった。熙洽はなぜあたりかまわず嘲笑の声をあげて狂態を演じたのか。今になっても日本という親邦に拘《かかわ》ることに対する腹立ちからであったのか、それとも自らを含め日本などに賭けてしまった者たちへの嘲笑でもあったのか、それとも満洲国という国家が演じた一場の茶番そのものに対してであったか、今となっては確かめる術もない。しかし、いずれ中国人高官や従者たちの間には多かれ少なかれ熙洽と同じ感懐が抱かれていたのであろう、退位式が終るや否や、皇帝に随従すべき宮内府大臣熙洽をはじめ中国人高官たちは、新たな糊口の道を求めて蜘蛛の子を散らすように先を争って四散してしまい、後刻、大栗子を立去る溥儀を見送った中国人高官は一人もいなかったという。

そして、ちょうどそれと時を同じくして、長春という名に戻った旧首都にある満洲映画協会の理事長室の黒板には甘粕正彦の筆蹟である文句がなぐり書きされていたという。甘粕とはいうまでもなく大杉栄殺害事件で知られる、あの陸軍憲兵大尉であった甘粕である。彼は一九二九年渡満後、関東軍と呼応して特務工作に従い、満洲建国工作ではハルビンで謀略を実行したほか溥儀の警護など多方面に暗躍。建国後は民政部警務司長、宮内府諮議、入満苦力《クーリー》を統制する大東公司主宰者、協和会中央本部総務部長、満洲映画協会理事長を歴任するなど、満洲国統治に陰然たる発言力を持ち続けた政治的実力者の一人であった。「昼は関東軍司令部が満洲国を支配し、夜は甘粕が支配する」（武藤富男「満洲建国の黒幕・甘粕正彦」平塚編『満州事変』）とさえいわれた甘粕、その甘粕の手で黒板に書かれていた文句とは次のとおりであった。

大ばくち　もとも子もなく　すってんてん

この句がどれほど甘粕の心情を映したものであるかはわからない。しかし、満洲国が関東軍にとって、また日本にとって大ばくちであったことは、のるかそるかで引き起こされた満洲事変から始まって建国、満洲国承認、国際連盟脱退……等々の一連の決断が確たる見通しもなく、既成事実を作りあげてしまってから成否の賭けに出るという行動様式を採り続けたことをもってしても紛れもない事実である。

そして、八月二〇日朝、甘粕は青酸カリを仰いで自ら命を絶った。甘粕もまた日本に身の置き所なく、満洲国という大ばくちに命を張って生きた人びとの中の一人であった。その甘粕なりに紡いだ夢の対象であった満洲国がこの世から消失したとき、甘粕をこの世につなぎとめておく絆はなにもなかったのかもしれない。甘粕は自分もまたその一人として作りあげた満洲国と命をともにしたのである。満洲国に殉じたのである。

しかし、それは大杉栄殺害事件で近代日本のある暗部を一身に引き受けて責を負った人間が、満洲国を作ったことにおいてもう一度引き受けねばならなかった責任を、誰に転ずるのでもなく、彼なりの流儀で果たした、その最後の方法であるのかもしれなかった。甘粕の遺骸は三千人の日満人につきそわれ満映本社裏にある湖西会館まで、消防の手押し車で運ばれた。右列の綱を日本人、左列の綱を中国人が引き、葬列は一キロに及んだという（同前）。満洲国消滅ののち、甘粕の遺骸を引き、葬列に加わった中国の人びとはいったいいかなる思いを抱きながら歩を進めたのであろうか。徳を以て怨みに報いる、ということであったのか、あるいは死者に国境なしということであったのか。あるいは甘粕とともに満洲国を永遠に葬り去り、新たな国家を迎えるべく一歩一歩進んでいったのか。……

そして、甘粕の葬送が行なわれた八月二〇日、大同大街にあった関東軍総司令部の庁舎に進駐してきたソ連軍カバリョフ大将らが入った。

その日、すでに遠くシベリアの地にあった溥儀は抑留生活を始めていたのである。

終章　キメラ――その実相と幻像

満洲国の双面性—民族の協和と反目

こうして満洲国は生まれ、消え去った。

四千年にもおよぶ中国の治乱興亡の歴史からすれば、一三年五ヵ月余の歳月などほんの一瞬の光芒にすぎないとしかいえないであろう。しかし、歴史の重さは時の長さによって測ることはできない。歴史の重さとして感得されること、それは、そこに生きた人びとの愛憎の総量としてしか測れないようなものではないのだろうか。そして、また満洲国を今ふり返り、論じることに何らかの意義があるとするなら、その理念と現実との双方に孕《はら》まれていた激しい愛憎の層の中から、真に引き継ぐべきものは何であり、批判すべきものは何であるのかを見定めることでしかないであろう。たとえ、言葉として美しく、観念として崇高であろうともその内実を問うことなしには、軽々にその歴史的意味をあげつらうことなどできないはずである。

そこで、国家としての相貌を描くことに主眼を置いたために、当然取りあげるべきでありながら書き遺してきた側面を瞥見《べっけん》しながら、本書を終えることにしたい。それによって「序章」において掲げたさまざまな満洲国像や満洲国論をどう考えるか、について私なりのスタンスを明らかにして結論に代えたいと思う。

わたしたち当時の日本青年は、満洲の地に民族協和する理想国家を建設しようと情熱を燃やして満洲国に馳せ参じた。そして、国づくりに精魂を傾けた。……民族協和の理想は、歴史の発展とともにますます輝きを増すであろう。これなくしては、世界の恒久平和はあり得ないと信ずる。その意味でも、満洲建国の理想は永く生きつづけるであろう。（古海忠之「満洲国の夢は消えない」）

古海は満洲国の歴史的意義をこう総括している。このように、満洲国が掲げた民族協和をもって今後の世界平和を達成するための基礎となりうるものと主張する論者は少なくない。そして、今なお世界各地で民族紛争が絶えず、日々流血の事態のニュースに接するにつれ、民族が協和することの必要性はいっそう痛感される。なぜ、民族が違うことがそれほどまでに憎しみの感情を生むのか。なぜ、差異を尊重することができないのか。その想いは、二〇世紀の最終段階に立つ今日、いよいよ深い。しかし、そのことがはたして、満洲国の生んだ民族協和という理想が「歴史の発展とともにますます輝きを増す」ことに、ただちにつながるのであろうか。

満洲の日本人は、日常生活のさまざまな面で中国人を差別していた。パーティや宴会などで、同じ円卓を囲み、同じ料理をたべ、同じお酒を飲んでいるのに、日本人には白いご飯が、中国人にはコーリャンのご飯が出るのである。（山口淑子・藤原作弥『李香蘭・私の半生』）

日常茶飯という言葉があるが、まさしくそのご飯によって目に見える差別をしていたのが民族協和・満洲国の日常だったのである。「満洲国ができると一等は日本人、二等は朝鮮人、三等は漢・満人と区別し、配給の食糧も日本人には白米、朝鮮人には白米と高粱半分ずつ、中国人には高粱と分け、給料にも差をつけた」（安藤彦太郎「延辺紀行」『東洋文化』第三六号、一九六四年、朱海徳の証言）といわれる。こうした、食糧の格差について、その政策を推進した一人である古海は次のように述べている。「わたしは、このやり方は正しかったと思うのであるが、やはり非難は出た。日本人にばかり米を配給して、われわれ満系には米を食べさせない、というのだが、実際には彼らは米をふだんは食べていなかったのである。それはとにかく、やり方としては正しかった、と信じている」（「満洲国の夢は消えない」）。ここに現われた民族差別ということへの無自覚と、それを指摘されても問題がどこにあるのかを察知できない無感覚、それはけっして古海一人のものではなかったはずである。しかし、いまはその当否について、贅言を費やすよりも、次の満洲国陸軍軍官学校の実情についての証言を読んでいただくにしくはないと思う。陸軍軍官学校は建国大学と並んで満洲国の武、文の最高学府であり、民族協和の国家を担うエリート養成所とみなされていた学校である。そこでの日常がいかなるものであったか。

軍官学校の生徒は、中国人と日本人がそれぞれ半分ずつを占めていた。カリキュラム、教材などは同じであったが、生活の待遇には雲泥の差があった。服装についていえば、日本人生徒は上から下まで全部新品だったが、中国人生徒は外出着のほかはほとんど古いものであった。寝具その他の生活用品も服装と同じで、日本人生徒は新品、中国人生徒は古いものであった。

食事にも差別があった。日本人生徒は主食は米飯、おかずは栄養豊富なものを食べていた。中国人生徒の食事は高粱だけで、それも馬や牛に食べさせるような飼料用の赤い高粱だった。そのとき胃病とか胃潰瘍などにかかった生徒たちは、四十数年後の今でもときどき持病に悩まされている。これが「民族的抑圧」の現われの一つであることは明らかだ。（高山《カオシャン》「満洲国軍官学校」『中国少年の見た日本軍』）

日本人経営の企業における賃金格差

		工場		鉱山	
		実収賃金(円)	日本人同性に対する比率	実収賃金(円)	日本人同性に対する比率
男性	日本人	3.78	100	3.33	100
	朝鮮人	1.52	40.2	1.30	39.0
	中国人	1.09	28.8	0.98	29.4
女性	日本人	1.82	100	—	
	朝鮮人	0.76	41.8	1.02	
	中国人	0.53	29.1	0.30	

1939年8月，労工協会調査。『満洲労働年鑑』(1940年版)に拠る。

これに対し建国大学では、日系学生の主唱で初めから全学生平等の米・高粱の混食であったという（作田荘一「満洲建国の回顧」『あゝ満洲』）。また、こうした措置を採った学校についての新聞記事も少なくない。しかし、それが新聞記事になるということは食事の差別が一般的であったことを逆証するものであり、日本人以外で米のご飯を口にすると「経済犯」として処罰されたといわれる。また、給料の格差は別掲の表にその一例を見ることができるし、電車でも特等に日本人、並等に中国人が乗ることになっていて、特等に中国人が乗ることは許されなかったという（李占東「心に残る歌」『中国少年の見た日本軍』）。さらに、民族協和の内実をうかがわせる他の例として次のような史料がある。

満洲国では関東軍司令官が日系官吏のために特に「服務心得」という手帳を作成配布したといわれている。これについてはこれまでのところ、日本でその内容が紹介されたことはないようである。古海は『官吏心得』という名称で日満比率が記されていたとしているが（『満洲国と日本』）、全体としていかなるものであったかは不明である。そこで、今は国務総理大臣秘書を務めた王子衡が同室の松本益雄の『服務須知』を見て書き留めたというメモで内容をうかがわざるをえない。この史料には矛盾もあり全幅の信頼は置けないが、ともかくそこには「朝鮮民族と漢民族の間は疎遠にさせるべきで、親密にさせるべきではない。両民族が衝突した時、その是非が同等なら朝鮮民族の肩を持ち、漢民族を抑える。朝鮮民族に非があれば漢民族と同等に扱わなければならない」といった項目のほか、各民族の民族性とそれに対する対応策が詳細に記されていたとされる。その中には、満系官吏に対して、「親日家であれ反日家であれ、彼らの言論、行動、公私の生活にはすべて注意すべきである。『わが民族に非ざれば、その心は必ず異なる』という言葉を忘れてはならない」ということが書かれ、また「日本人を除いた他民族の財産は、ただ縮小減少させるだけとし、これを増やさせてはならない」とも記されていたという（王子衡「偽満官吏的秘密手冊」『文史資料選輯』第三九輯）。これらがすべて真実であったとは思えない。だが、傍証としていえば、たとえば関東憲兵隊の定めた「対満戦時特別対策」には「複合民族相互間の反目、離間対策と相互利用」（『日本憲兵外史』一九八三年）が任務のひとつとしてあげられており、民族協和どころか民族間の反目、離間をはかることを統治手段とみていたことがうかがえるのである。

しかし、満洲国における民族協和が孕んでいた最大の問題性は、それを進めるにあたって日本人がもっていた自民族中心主義《エスノセントリズム》ではなかったろうか。

> 実にわが大和民族は内に優秀なる資質と卓越せる実力とを包蔵しつつ、外に寛仁もって他民族を指導誘掖《ゆうえき》し、その足らざるを補い努めざるを鞭打《むちう》ち、まつろはざるをまつろはせ（服従しない者を服従させ）もって道義世界の完成に偕行《かいこう》せしむべき天与の使命を有す。（関東軍司令部「満洲国の根本理念と協和会の本質」一九三六年九月）

ここには、日本の一九三〇年代の時代精神を反映したステレオタイプの誇張もあり、今日では多少割引いて読む必要がある。しかし、そうであるとしても、やはりそこに独善的で自意識過剰な日本民族観があることは否めない。こうした意識から離れられない人びとによっては、政治的、経済的、文化的に侵し、侵されることのない関係としての協和が達成されることはないであろう。そして、事実、「民族の坩堝《るつぼ》」であった満洲国で、日本人はほとんど他の民族と交わり合うことなく、棲み分けて生活していたのである。

たしかに、複合民族国家満洲国での歴史的体験は、日本人が初めて大規模にかかわった人種、言語、習俗、価値観の異なる人たちと共存していくという多民族社会形成の試みであった。しかし、そこで現実に行なわれたことは、異質なものの共存をめざすのではなく、同質性への服従をもって協和の達成された社会とみなすことであった。そのため指導と追従による一枚岩的統合がめざされた。それは反面で異質なものを「まつろはざる」ものとして排除していくという形で現われ、「討匪」「粛正工作」とともに、憲兵隊、特務機関、秘密偵諜機関である保安局を通じての反対者の「剿滅」工作や、「思想不良者」を思想矯正輔導院や保護監察所などに収容しての思想「矯正」工作などが強行されたのである。

おそらく、真の民族協和とは、異質の民族や文化が、混在しながら衝突や摩擦をひき起こし、そのぶつかり合いが発するスパークスを活力源として新たな社会編成や文化を形成していくことによってもたらされるはずのものであろう。そうであるとするならば、それは、心に長城を築き、自らを他民族に文明と規律を与える者という高みに置いた日本人、多様性を無秩序と捉える日本人によって達成されるはずもなかったのである。

いや、日本人に限らない。侵略という事態のもとでは、いかに崇高で卓越した民族であれ、民族協和を実現することなどできはしない。また、それができる民族なら、そもそも他民族を侵略し、自らの夢を強制したりはしない、はずである。日本人によって唱導される民族協和について「協とは協助、和とは大和」のこと、すなわち民族協和とは「大和民族の中国侵略を協助すること」――そう中国東北の人々は揶揄《やゆ》していたという。

民族協和は、たしかに人類の夢であるとともに必須の前提でもある。しかし、同じく民族協和とはいえ、いかなる意味においても満洲国のそれをもって「理想は永く生きつづける」などということはできない、と私には思われる。

安居楽業―雪はナイフのように……

産業交通の開拓を図り、以て支鮮蒙その他満洲在住各種民族の福祉を増進し、真の安楽境とし、共存共栄を図る。（関東軍参謀部「満蒙に於ける占領地統治に関する研究」一九三〇年五月）

支那民衆の利益を尊重し、安居楽業の理想を実現せしめ、以て満蒙の開発に貢献せしむ。（板垣征四郎「満蒙問題に就て」一九三一年五月）

関東軍はこのように満洲領有をもって在満諸民族の共存共栄を図り、ここに安楽境、安居楽業の地を実現するとの統治理念を掲げていた。これをうけて満洲国建国の諸文書でも「安居楽業」「共存共栄」のほか、「順天安民」「経済開発」「人民の安寧」「福利の増進」「民生を聊《やすん》ず」などのキャッチ・フレーズが踊ることとなったのである。それでは、はたして満洲国では「建国宣言」が約束したような「必ず境内一切の民族をして熙熙《きき》皞皞《こうこう》として春台に登るが如くならしめ」るという境地に達しえたのであろうか。

ここに満洲国最高検察庁がまとめた『満洲国開拓地犯罪概要』（一九四一年）という史料がある。そこには開拓用地買収に関して次のような証言が載せられている。

吉林省樺甸《かてん》県朝鮮人農民―行く処も無い吾々に対し十一月か十二月の頃家屋を渡せと言うのは、間接的に吾々は殺されたる気がする。実に哀れなものだ。

吉林省額穆《がくぼく》県中国人地主―満拓（満洲拓殖公社）の買収せる地価にてはいかなる不良地と雖も買収できえざることとなれば売買せざる意向なり（と答えたところ）県職員に殴打せられ、翌日遂に県公署係職員来たりて三百晌《シアン》を四万円にて強制的に買収決定せられたるが、個人間の売買なれば十万円余りになるに当局の採りたるは余りの不当買上なれば家族一同悲嘆に暮らし居る状態にして真の王道楽土建設の主旨に反するもの。

吉林省額穆県中国人農民―匪賊は金品を掠奪するも土地までは奪わず。満拓は農民の生活の基《もとい》たる土地を強制買収す。土地を失うは農民として最も苦痛とする処なり。

農民の生命である土地を奪われるだけでなく、行くあてもないまま厳寒の地で真冬に家屋からも追い出される。中国の人々が開拓局《カイトウオヂユイ》を開刀局《カイタオヂユイ》すなわち人殺し局と呼んだというのも当然であろう。こうした開拓用地強制買収に一九三八年三江省宝清県で携わった津久井信也は、五族協和、王道楽土の理念にひかれて渡満、大同学院を卒業し、「無我至純」を奉じて中国人との接点を求めて農村へ入っていった人であった。彼は強制買収に当ったときの想いを次のように記している。

土地に執着する農民の意欲を踏みにじり、号泣、跪拝しての哀願を圧殺して買収を強行し、二束三文の買収価格を押しつけなければならなかったとき、これではたとえ開拓団が入植したとしても、むしろ禍を将来に残すことを憂れうるとともに、自己の行為に罪の意識を抱いた。(「嗚呼『無我至純』」『辺境』第九号、一九七二年一一月)

このようにして、数十年の歳月をかけて中国人、朝鮮人農民によって切り拓かれ、そこから強制的に追い立てられた人びとの怨嗟《えんさ》の念のこもった土地、それこそが日本の農民や中小商工業の整理統合による転業者、満蒙開拓青少年義勇隊などに提供された「希望の大地」「新天地」に他ならなかったのである。そして、その日本の開拓移民たちも、日本国内における経済の矛盾を背負わされ、しかも「一朝有事の際においては、現地後方兵站の万全に資する」(「満蒙開拓青少年義勇軍編成に関する建白書」一九三七年一一月)という国防の一環を担わされていた人たちであった。しかし、もちろんこうした開拓移民政策によって矛盾が解決されるはずもなく、それは矛盾を輸出して中国人・朝鮮人農民たちと日本人開拓移民たちとの間の矛盾を増幅させたにすぎなかったのである。あるいは日本の開拓移民の人びともまた、国策によって加害者となるべく運命づけられたという意味での被害者であったと言うべきかもしれない。

しかし、安居楽業をめざしたはずの大地で現出した事態は以上のことにとどまらなかったのである。「匪民分離」工作のための集団部落建設、過酷な農産物蒐荷、労務供出、強制貯蓄、金属献納運動……。こうした運動の前面に立っていた津久井信也の証言を再び聞いておこう。

勃利・宝清（県・三江省）において抗日義勇軍と銃火を交えつつ、集団部落建設のために焼き払われる民家の火炎を見つめながら、捕虜となった抗日少年隊と問答を重ねつつも「満洲国」の「建国の理念」と人民のもつ民族意識との距離の遠さを思い、それを短絡する方法としての、討伐集家工作の罪悪感に懊悩して、展転反側の夜を抗日軍包囲下の前線部落においてすごしたのであった。そしてこの環境の中に、「蘆溝橋事件」勃発の報道を受け、「満洲国建国」の未来について大きな挫折感を味った。

関特演（関東軍特別演習）・太平洋戦争勃発の年、私は通陽県（吉林省）に在ったが、この年から軍政の要求は急激に増大した。農産物の出荷、労務者の徴発はいよいよ拡大する戦争の内容に比例して厖大化し、食糧事情はついに県内の一部の貧農に飢餓状態をひき起し、軍工事・炭鉱における非人道的な労務管理は多くの死者を続発させ、密山県（東安省）を視察した際、県の労務者の死屍が霖雨の中に十数体並べられているのを見て、私はもはや、罪の意識をこえて罰を予想した。

さらにまた、関東憲兵隊チチハル憲兵隊の憲兵であった土屋芳雄は、一九四四年龍江省林甸《りんてん》県を真冬に訪れたときの見聞として、「統制経済が極限にきて、われわれ農民の生活は最低のところまで追いつめられている……この付近には、もう着物も布団もない家がある。なかには丸裸で生活している子供もいる」（朝日新聞山形支局編『聞き書き　ある憲兵の記録』）との中国人老農の声を聞いている。北満でも屈指の穀倉地帯の一角、真冬に着る物もない生活をしているはずがないと訝った土屋であったが、実際に丸裸の子供二人を見て愕然とする。聞けば父親は二年前、労務供出によって出かけたまま生死不明であるという。土屋はこの「労工狩り」によって集められた中国人労務者が、陣地構築など作戦上必要な施設建設に関係した場合、容赦なく銃殺や生き埋めにされることを知っていたため、父親の運命を察したという。そして、帰途、康安の警察署で日系警察官が事もなげに「そんなことは、ここでは少しも珍しいことではない。この近くの村では、生まれたばかりの赤子が草を敷いた『えずこ』の中に、丸裸で入れられて育てられている。それも一人二人ではない、たくさんいる」と話すのを聞いて再び衝撃を受ける。だが、衝撃はそれに止まらなかった。「調査の結果、当地はまだ少ないほうで、熱河省の長城線付近では住民の大半が丸裸同然で生活しており、手のつけようがないということがわかり、何の手も打たないまま、立ち消えになった」からである。

　零下三〇度にも四〇度にもなる酷寒の地で、丸裸同然の生活を送ることが、いかなる意味で、「熙熙皞皞《ききこうこう》として春台に登るが如く」、つまり、大きな恵みを受けて春のぽかぽかとした日ざしの下で和らぎ楽しむといった安居楽業の境地にあることになるのであろうか。戦犯となった土屋はのちに中国の詩人の詩の一節に「雪はナイフのように……」とあるのを見出して衝き動かされたという。雪がナイフのように人々に突きささるごとく降りそそいでくる国家、それが日本人以外の人々にとっての満洲国であった。満洲国での生活、とりわけ一九四一年以降の満洲国に生きるということは、春風駘蕩《しゅんぷうたいとう》どころか秋霜烈日たる日々を送るということでしかなかったのである。

中国では満洲国で採られた政策を総括して三光政策と表現することがある。三光とは軍事面では「殺光（殺し尽す）」「搶光《そうこう》（奪い尽す）」「焼光（焼き尽す）」ということであり、経済面では「捜光（捜し尽す）」「刮光《かつこう》（搾り尽す）」「搶光（奪い尽す）」ということである。あるいは、これを単なる語呂合せの誇張と解される人もあるかもしれない。しかし、もし、奪い尽されることなく、いくらかでも残されたものがあるならば、誰が人の親として、わが子を零下三、四〇度の地で着物ひとつ着せないで放置しておくことができるであろうか。

魯迅は、東北抗日連軍の苦闘を描いた蕭軍《しょうぐん》（シアオチュイン）の長編小説『八月の郷村』（一九三五年）に寄せた序文の中で作者のありったけの思いが、次のものと一体となっていることに読者の注意を引いている。すなわち、

失われた空、土地、難にあえぐ人民、そして失われてしまった草、高粱、きりぎりす、蚊《か》（失去的天空、土地、受難的人民、以至失去的茂草、高粱、蟈蟈、蚊子）

土地や草や高粱を奪っただけでなく、空そして害になるはずの蚊さえ失われてしまったという蕭軍の叫び、そしてそこに限りない共感を寄せる魯迅——ここには奪われた者の身を震わす悲しみと底知れぬ憤りがある。抑えた激情がある。

こうした血を吐く言葉の前で満洲国の成果を、「一九四五年八月、太平洋戦争に敗れて中国に返還した時は、かつての曠野は幾多の近代都市を抱き、東洋においても屈指の近代産業を擁する

地となっていた。……その動機はともあれ、日本人の技術と努力がこれを主導したこともまた歴史上の事実である」（満史会『満州開発四十年史』上巻）と、日本人による〝開発〟とその〝遺産〟を誇示することが、いかに虚しく、また心なく響くことか。

赫々《かくかく》たる開発は、丸裸の子どもに一枚の着物すら与えなかったのである。

王道国家―国民なき兵営国家

追い詰めて　刺したる土匪の　血吹く顔
　まだ若かりしが　眼の底にあり　　栖田光哉

生々《なまなま》し　血にぬれまみれ　手に砂を
　握りてありぬ　死せる支那の兵　　堀内喜春

治安工作に　たふるる兵の　今もありて
　三十四体の　遺骨かなしき　　加藤鐶

匪賊討伐　おもしろしといふ　手紙《ふみ》寄せし

戦場の友に　心は及ぶ　　　　　　　　　　秋川十四夫
満洲の　興奮はさめし　この頃を
たたかひて死ぬる兵　五六人づつ　　　谷鼎
（太田青丘他選『昭和萬葉集』巻二）

これらはいずれも、満洲国における「匪賊討伐」をうたったものである。そこには各々の立場から満洲国に対して向けられた眼差しと感応がある。だが、それらの底を通じて共通して流れている思いは、民族協和・王道楽土のはずの満洲国で、「なぜ、人々が殺し合い、憎しみ合わなければならないのか」という不条理への名状しがたいやるせなさではなかったろうか。

しかし、立場を変えて反満抗日の人々の立場からすれば、「なぜ、自分たちが土地を奪われ、家郷を離れて流亡の日々を送らなければならないのか」という、不条理への身を焦がす怒りこそが銃を手に取らせていたのである。反満抗日の人々にとって王道国家・満洲国がいかなるものとして存在し、いかに立ちはだかっていたのか、その一例を一九三六年四月二六日付をもって東北人民革命軍第四軍によって濱江省虎林県一帯で撒かれたビラに見てみよう。

抗日救国のため群衆に告ぐるの書
工・農・商・学各界同胞達よ!!
この五年間、日賊の血腥《ちなまぐさ》き統治下に、我らが父母と兄弟は幾人彼らに屠殺されたか知らず。

我らが妻、姉、妹、嫂《あによめ》の彼らに強姦されたるもの、強迫によって妓女となりたるもの、我らが家屋の焼却せられたるもの、土地証明書と銃器を没収せられたるもの、等々、幾何《いくばく》なるかを知らず。我民族の商工人は皆彼らに倒産せしめられたり。

中国人は毎日諸所において屠殺の上、大江に流され、焼死・生埋・扼《やく》死・獄死等、種々の危害、数うるを得ず。さらに貧死・凍死・餓死の現象あり。尚これに日賊は甘んぜず、兵士を徴して中国人を自ら殺戮せしめ、集団部落としては、これを一網打尽的に屠《ほふ》る。（満洲国軍政部軍事調査部編『満洲共産匪の研究』一九三七年）

ここに並べ上げられた所業について改めて詳述する必要はないであろう。しかし、最後に挙げられた集団部落によって「一網打尽的に屠る」とはいかなる意味であろうか。集団部落とは、治安不良地区において分散した住戸を一ヵ所に強制的に移住させることによって、住民が「匪賊」と通じて食糧や武器弾薬、情報を提供するルートを絶ち、あわせて討伐隊の拠点とするために建設されたものである。これは当然に無住地帯の設定と集家工作によって進められることになるが、集団部落では外壕をめぐらした中に高さ三メートル前後の土塀を築き、四隅に望楼や炮台を設け、四ヵ所の門から出入りするといった形状をとる。そして、一二歳以上の住民には指紋採取のうえ、居住証、通行許可証、購買携帯物品許可証の所持が強制される。部落内には警察派出所か村公署が設けられ、一〇人以上の武装警官が監視に当っていた。さらに青壮年男女によって自衛団が編成され、軍事訓練のほか道路、通信施設の修築といった労役に駆り出される。また、「通匪」者についての密告が奨励され、賞金制度も設けられた。これが〃王道小社会〃と政府が呼んだものの実態であり、集団部落とは要塞ないし兵営そのものだったのである。こうした集団部落は間島省をはじめ、吉林、龍江、安東、奉天などの各省で建設されたが、その居住条件は劣悪で馬小屋なみの〃人小屋〃と称される質のものであった。集団部落建設のために、農民は長年住みついた家と土地を離れ、移住を強制されたが、それがいかに農民に苦痛を強いたか、「農家の前に立って工作班に住家の焼却を命ずるとき、老幼婦女子が泣き叫びつつ家具類を搬出する有様を見ては断腸の思いをした」と集団部落建設の正当性を強調する『満洲国史・各論』でさえ記さざるをえないほどであった。

　この集団部落建設とともに治安確保のために実施されたのが保甲制度である。保甲組織とは「先ず十戸を以て最少単位たる牌《はい》を組織し、村またはこれに準ずべきものの区域内の牌を以て甲となし、一警察の管轄区内の甲を以て最大単位たる保を組織する」（民政部警務司『保甲制度論』一九三六年）ものであり、市街地ではおおむね一〇牌をもって一甲とされた。そして、保甲制度の基礎単位である牌では連坐制が適用され、牌の中から治安を紊《みだ》す者を出した場合、牌全体が連帯責任を取り、連坐金という罰金を払うこととなっていた。しかし、牌内の犯罪を未然に防止したり、警察に通報した場合には、連坐金の減免が行なわれた。さらに保甲の中では一八歳以上、四〇歳未満の男子によって自衛団が組織され、警察機能と自衛機能を果たすことが要求された。保甲制は全国的に施行され、一九三五年末には保の数が一四五八、牌の数が四四万を越えるに至ったと報告されている（永井定「保甲制度の現在と将来」『満洲行政』一九三六年一一月号）。保甲制もまた住民を相互に監視させて治安維持と反満抗日運動の鎮圧をめざしたものであった。

こうして集団部落や保甲制（一九三七年以降、街村制）の実施によって王道国家満洲国は生活基盤の末端までが、反満抗日運動と日常的に戦うための組織として編成され、国家全体が兵営と化していったのである。兵営国家《ガリソンステイト》となったのである。あるいはそれは王道国家という道義国家であるがゆえに、反対者はあるべきでなく、反対者は抹殺されなければならないとの要請の下に、ある人が他の人を、他の人をある人が監視しなければならないという、ヘーゲルが『法の哲学』で述べた正真正銘の「ガレー船としての国家」だったといえるかもしれない。

そこでは、道義性や仁愛さらには文明に基づく法治が唱えられながら、軍隊や警察官に「臨陣格殺」という権能が認められていた。「臨陣格殺」とは「盗匪」討伐にあたり、状況に応じて「その裁量によりこれを措置することを得」というもので、要するに満洲国に敵対すると判断された場合、即座に殺害できるということである。この「臨陣格殺」の権能は、建国直後の一九三二年九月に制定された「暫行懲治盗匪法」において規定されたものである。しかし、この法律が一九四一年一二月に廃止され、「治安維持法」が代わって施行されたのちも「臨陣格殺」は「当分の間、その効力を有す」とされたため、実質的に満洲国崩壊まで存続したことになる。「法匪」と悪罵されるほどに大量の法を制定し、司法制度の整備をもって文明的統治と誇示した満洲国のもう一つの顔がここに紛れもなくあった。それは、法治主義という体裁に拘《こだわ》っていられないほどに王道国家への抵抗が根強く、一貫して存在しつづけていたことの証左でもあった。

　こうした集団部落や保甲制などは反満抗日運動の攻勢に対し、いわば防禦的に兵営国家化の方向を選択したものにすぎなかった。だが、日中戦争の長期化、張鼓峰事件（一九三八年）、ノモンハン・ハルハ河事件（一九三九年）などの軍事衝突によるソ連・モンゴルとの国境緊張の高まりに応じて、満洲国はより積極的な人民動員によって国内体制を戦時体制そのものに再編成していく必要に迫られることになった。

　一九三七年、産業開発五ヵ年計画実施に当って関東軍は満洲国の「組織運営を平時より努めて戦闘態勢に近似せしめ、速に物心両面にわたる、戦争準備を完整《ママ》せしむるごとく指導する」（『自昭和一二年度至一六年度・満洲国戦争準備指導計画』）と定め、この年度から割り当て制による募兵制度に着手していた。そして、一九四〇年四月国兵法を公布して徴兵制採用に踏み切り、これによって「国軍の中核をなす士兵の素養改善および人民の中堅分子の練成」（国兵法事務局『国兵法要覧』一九四〇年）がめざされることになった。国兵法によって徴兵された中国人に対しては、建国理念の注入や治安維持軍として演習に重点が置かれ、兵営が満洲国への忠誠心の刷り込み教育の場となったのである。

　これと並んで満洲国政府は、人民総服役主義を唱え、壮丁男子は兵役に服しないかぎり、国家に対する勤労奉公に服するとする国民勤労奉公法を一九四二年一一月に公布している。このナチスの全国民勤労奉公制度（Arbeitsdienst）に倣ったといわれる国民勤労奉公制は「帝国青年をして高度国防国家建設事業に挺身せしめ……国家に対する奉公観念を旺盛ならしめ、以て建国の理想達成に向かって邁進せしむる」（国民勤労奉公法・第1条）との目的を掲げていた。これにより一九歳の時から三ヵ年間に累計一二ヵ月間勤労奉仕隊員として国家に対する勤労奉仕が義務づけられることとなった。こうして「兵営が、国民を錬成する道場であれば、これに劣らぬ道場に収容し国兵の義務を負わぬ青年を錬成する必要がある」（高橋源一『大軍需廠満洲国』一九四四年）といわれたように、徴兵と勤労奉公とを両輪として〝国民錬成〟が進められ、国家への忠誠の調達が図られることとなったのである。

しかし、国兵法によって徴兵された中国人にとって、満洲国は守るべき国家という実感を持つにはあまりに遠く、これに対し「討伐」すべき「匪賊」はあまりにも身近な同胞であった。当然、士気も低く、逃亡者も少なくなかった。また、生産費の五割以下の収買価格での糧穀供出を強制されていた人々にとって、一年間のうち三ヵ月間の勤労奉仕を強制する国民勤労奉公法に従う余裕などあろうはずもなく、ここでも逃亡、忌避者が相次ぎ、動員は困難をきわめることとなった。こうした情況に対処すべく満洲国政府は〝国民〟の総体的把握をめざして、国内に居住する一五歳以上の男子に一〇本の指の指紋を押捺した国民手帳を交付する国民手帳制を一九四四年一月から施行することとした。これによって「国の総力発揮に必要なる人的資源の実態を把握し、併せて帝国人民の身分証明の用に供し、以て国政の円滑なる運営特に勤労動員体制の確立」（国民手帳法・第1条）を図ろうとしたのである。

しかしながら、国兵法や国民勤労奉公法による〝国民総服役〟と〝国民錬成〟、国民手帳法による〝国民〟の身分証明とその実態把握、そして、それらを通しての〝国民〟動員による高度国防国家建設という満洲国政府の懸命な政策嚮導にもかかわらず、実は四千三百数十万人といわれた満洲国居住者の中に、法的にはたった一人の満洲国民もいなかったのである。

なぜか？　それは様々な試案や草案が作成されたにもかかわらず、満洲国ではついに国籍法が制定されることがなかったからである。そして、残された試案や草案を検討したかぎりでいえば、満洲国で国籍法が制定されなかったのは立法技術上の困難さによるものではなかった。

国籍法制定を阻んだ最大の原因、それは民族協和、王道国家の理想国家と満洲国を称しながら、日本国籍を離れて満洲国籍に移ることを峻拒し続けた在満日本人の心であった、と私は思う。王道楽土満洲国とは、国民なき兵営国家にならざるをえなかったのである。

キメラの死滅

このように民族協和、安居楽業、王道楽土を謳った満洲国は、民族差別、強制収奪、兵営国家という色彩を抜き難く持っていた。しかも、その国家は国民なき複合民族国家、モザイク国家ともいうべき国家であった。あるいはそれは、支配機構、統治組織だけから成る装置《アパラート》としての国家にすぎなかったとみるべきかもしれない。

しかし、満洲国が支配機構としての国家形成に比べて国民形成や国民統合の側面でその達成度が低かったということは、必ずしも満洲国が国民形成に無関心であったことを意味するものではない。いや、それどころか国民形成に欠けることが明白であっただけに、そこでは一二〇パーセントの内面的強制同化なしには解体してしまうという強迫観念が働くことになったのである。だが、その自己同一化の対象は皇帝溥儀に求められることはなかった。というより、すでに皇帝溥儀自身が天照大神や天皇に帰依し、また満洲国自体が惟神道に国本を定めていた以上、国家の構成員に自己同一化の対象を与えるとしても、それ以外にありえなかったということであろう。

こうして、獅子の頭と羊の肢体に変身したキメラ――それは取りも直さず日本そのものであったのだが――への自己同一化が強制されていくことになる。

一九三七年、満洲国は学制を公布したが、そこで定められた言語教育の基本方針は、「日本語は日満一徳一心の精神に基き国語の一つとして重視す」というものであった。こうして日本語が満洲語（満洲国では中国語、中国人という用法は禁句であり、中国語は満洲語とよばれた）、モンゴル語と並んで満洲国の国語、しかも満洲国のすべての地域で修得を課される第一国語と定められ、「日本語の修得は如何なる学校に於ても必須とされ、将来の満洲国に於ける共通語は日本語たるべく約束されている」（満洲日日新聞社『昭和十五年版・満洲年鑑』）といわれるにいたった。満洲国総人口に占める日本人の割合は最大でも三％に満たなかったにもかかわらず、である。

そして、言語の次は宗教であり、日本人にとってさえわかりにくい惟神道への信仰が他民族に強制されることとなった。そして、一九四五年までに二九五におよぶ神社が建立されて参拝のほか、前を通るときは脱帽、最敬礼が強制された。さらに、各学校の校庭にも建国神廟、建国忠霊廟が作られて朝夕の参拝が行なわれることになる。そこでは同時に天皇制を模倣した学校行事が進められ、皇帝の御影と詔書の写しは奉安殿に安置されて火災等に際しては身を犠牲にしても守らなければならないという擬似天皇制が現出していった。そして、日本の米英との開戦一周年にあたる一九四二年一二月八日には、国務院佈告第一七号として、「国民訓」が制定されることになる。この「国民訓」は日文読方《にちぶんよみかた》によれば次のようになる（傍訓のみ現代かなづかいで示す）。

一《ひとつ》、国民ハ建国ノ淵源《えんげん》、惟神《ゆいしん》ノ道ニ発スルヲ念《おも》ヒ崇敬《すうけい》ヲ天照大神ニ致シ忠誠ヲ皇帝陛下ニ尽スベシ
一《ひとつ》、国民ハ忠孝仁義ヲ本《もと》トシ民族協和シ道義国家ノ完成ニ努ムベシ
一《ひとつ》、国民ハ勤労ヲ尚《とうと》ビ公益ヲ広メ鄰保《りんぽ》相親ミ職務ニ精励シ国運ノ隆昌ニ貢献スベシ
一《ひとつ》、国民ハ剛毅自《みずか》ラ立チ節義ヲ尊《とうと》ビ廉恥《れんち》ヲ重ンジ礼譲ヲ旨《むね》トシ国風ノ顕揚ヲ図ルベシ
一《ひとつ》、国民ハ総力ヲ挙《あ》ゲテ建国ノ理想ヲ実現シ大東亜共栄ノ達成ニ邁進《まいしん》スベシ

これが一九四〇年の「国本奠定《こくほんてんてい》詔書」と同じく一国の根本を惟神の道に求め、日本の神話を受け入れて天照大神を信仰することを強制したものであることは明らかであろう。それはまた日本の「教育勅語」や一九三七年朝鮮で制定された「皇国臣民ノ誓ヒ」と等質のものであり、この「国民訓」の朗唱を含む学校儀礼は次のような構成をとることになる。まず国旗掲揚（学校によ

っては日章旗も掲揚される）があり、建国神廟、宮城（日本の皇居）、帝宮の遥拝をし、皇軍すなわち日本軍の武運長久と戦没英霊のために黙禱《もくとう》、ついで校長を先頭に「国民訓」の朗誦と訓話があり、その中で皇帝陛下や天皇陛下という語が出たときは教員、生徒全員が、「気をつけ」の姿勢をとり、最後に建国体操が行なわれる。

同様のことは日本人の軍事顧問によって訓練、指揮を受ける満洲国軍でも行なわれている。まず、建国神廟や宮城、帝宮への遥拝、皇軍のための黙禱のほか、日本と同じく大元帥である皇帝によって出された「軍人勅諭」および「国民訓」の朗唱そして祝詞《のりと》の暗唱が強制された。それは関東軍に対して批判的な言辞を極力ひかえていた溥儀の弟溥傑さえ「関東軍が満洲国軍を指導するのはまあいいとしても、東方遥拝をさせたり、あの祝詞と称する〝カケマクモカシコキ　アマテラスオオミカミ……〟だけはやめてくれないかなあ。そのうえ覚えが悪いからといって、撲《なぐ》ったり蹴《け》ったりするのだから、乱暴だよ！」（愛新覚羅浩『「流転の王妃」の昭和史』）と憤激し

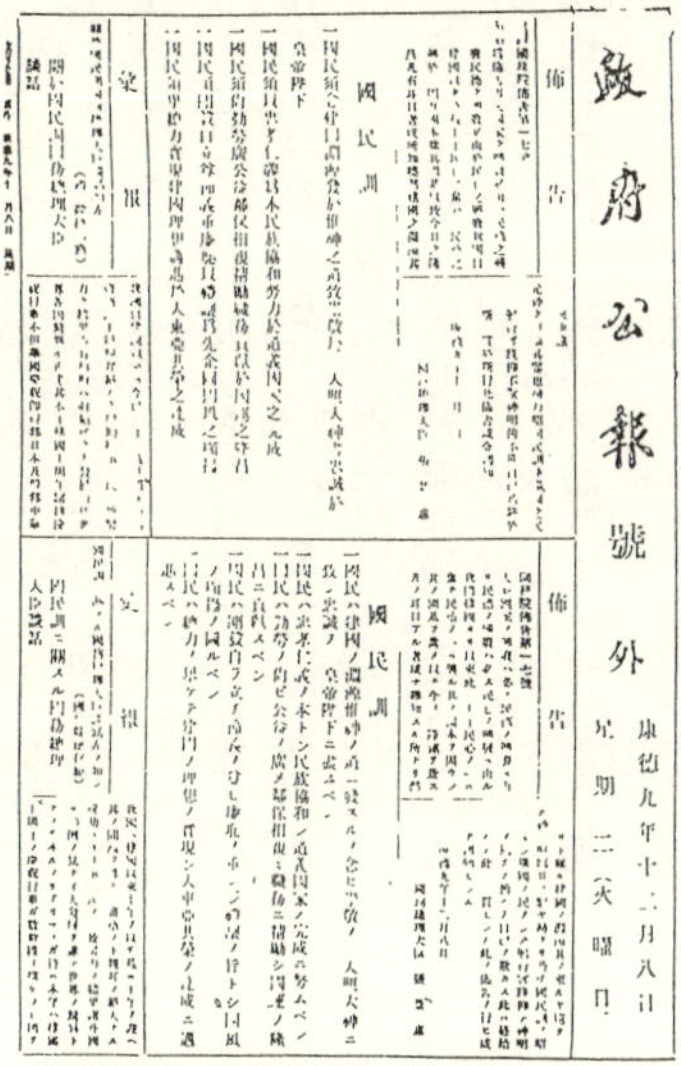
政府公報　號外
康徳九年十二月八日　星期二（火曜日）

『満洲帝国政府広報』（1942年12月８日）に掲載された「国民訓」

ていたほどのものであった。日本の陸軍士官学校から陸大へ進んだ溥傑すら、それほどの苦痛を感じていたのである、日本語も知らない一般の兵士たちにとってそれがいかなる苦行であったかは想像に難くない。

また、一般の人びとに対しても日本人の憲兵や警察官が各所で訊問を行ない、「おまえは何人か」と尋ね、「満洲国人」あるいは「満人」と答えないかぎり死ぬほど殴られたという（安藤彦太郎「東北紀行」『中国通信』一九六六年）。

それでは、こうした無理強いともいえる形で進められた〝国民〟意識の注入は、功を奏したのであろうか。一九四五年八月一七日、建国大学助教授西元宗助のもとに朝鮮民族と中国人の学生が別れの挨拶のために訪れて、それぞれ次のように語ったという。

朝鮮民族学生―先生はご存知なかったでしょうが、済洲島出身の一、二のものを除いて、われわれ建大（建国大学）の鮮系学生のほとんどが朝鮮民族独立運動の結社に入っておりました。しかし先生、朝鮮が日本の隷属から解放され独立してはじめて、韓日ははじめて真に提携ができるのです。わたしは祖国の独立と再建のために朝鮮に帰ります。

中国人学生―先生、東方遥拝ということが毎朝、建大で行なわれました。あのときわれわれは、どのような気持でいたか、ご存知でしょうか。われわれは、そのたびごとに帝国主義日本は要敗——必ず敗けるようにと祈っておりました。それから黙禱という号令がかかりました。あの黙禱!!　は、帝国主義日本を打倒するため刀を磨け、磨刀の合図と受け取っておりました。中国語では黙禱と磨刀とは、遥拝と要敗と同じように殆んど同じ発音なのです。先生、わたしたちは、先生たちの善意は感じておりました。それだけに申訳ないと思っております。しかし、先生たちの善意がいかようにあれ、……満洲国の実質が、帝国主義日本のカイライ政権のほかのなにものでもなかったことは、遺憾ながらあきらかな事実でした。（湯治万蔵編『建国大学年表』）

キメラはすでに死滅していた、八月一八日の満洲国解体宣言を待つまでもなく。しかも、身体組織の一部が生命機能を失う壊死《えし》の結果として、その中枢から。

西元は「これらの言葉をききながら、わが〝建国大学〟のもろくも無残に崩壊していく轟音をきく思いがした」（同前）と記している。たしかに、満洲国統治を支える「楨幹棟梁の材を造就する」（「建国大学ニ賜リタル勅書」一九三八年五月）という観点からいえば、建国大学がその内部で、満洲国崩壊と日本の敗退とをひたすら望みつつ思想の刃《やいば》を研ぐ学生を育んでいたことは、教育の失敗ともいえるかもしれない。しかし、「建国精神の神髄を体得し、学問の蘊奥《うんのう》を究め、身を以て之《これ》を実践し道義世界建設の先覚的指導者たる人材を養成する」（建国大学令、第1条）という建学の精神に照らせば、朝鮮民族学生の言葉こそ民族協和という建国精神の神髄を体得し、身をもって実践したものといえるのではないだろうか。逆説的にいえば、建国大学はこうした学生を育んでいたことにおいて成功し、〝無残に崩壊〟したことによってはじめて建学の目的を達することができたといえるかもしれないのである。

そして、中国人学生が万感の思いをこめて述べた言葉――「善意がいかようにあれ、満洲国の実質が、帝国主義日本のカイライ政権のほかのなにものでもなかったことは、遺憾ながらあきらかな事実でした」という凛乎《りんこ》たる言葉ほど、キメラとしての満洲国の生のありかたを的確に示した言葉はないであろう。そして、この言葉ほどキメラの死を送るにふさわしい言葉もないであろう。

しかし、にもかかわらず、本書の「はじめに」において触れたように、戦後においても、そしてなお、現在においても、満洲国を「西洋政治学のプペット・ステート（傀儡国家）の概念でかたづけることはアジアの歴史そのものが許さぬ」（『満洲国史・総論』）といった林房雄の主張に同調し、共鳴する人は少なくない。そして、満洲国はけっして日本の傀儡国家などではなく、日満関係を西洋の政治学の概念を用いて説明することなどできない、とするこの主張は戦後になって初めて現われたものではなく、満洲国の独立国家としての正当性と日満関係の特殊性を示すためにつとに用いられていた言説様式であった。たとえば、「支那では満洲国を日本の傀儡だという。即ち日本に対する独立はないという」（金崎賢「三位一体制に代るもの」『外交時報』一九三四年八月一五日号）見方に対して異議を唱えた金崎賢は、日満関係について次のように述べていた。

元来、日満両国の関係は欧米には類のない関係である。満洲国の王道政治が欧米の政治学で説明できないものである通りに、皇道国と王道国との提携は欧米の国際法で律することもできなければ、その必要もない。吾々は欧米の政治学では分らぬ王道政治を行う国を扶助するのである。その関係も王道的であって、必ずしも法律的ではない。欧米の国際法で律し得べき関係ではない。

なるほど、金崎が主張するように、欧米の社会で生まれた政治学や法律学があらゆる社会の、あらゆる事象を説明できるとするのは知的驕慢であり、それを普遍的であるかのごとく強要するのは知的帝国主義であるといえるであろう。しかし、日満関係が真に新たな理念の下に、独自の国際関係を創出したのなら、それを語るに足る概念と体系をもって欧米の政治学なり法律学に対しても納得させるだけの説明能力を高めなければならないともいえるはずである。その努力なしに欧米の政治学や法律学でいう「傀儡国家の概念でかたづけることはアジアの歴史そのものが許さぬ」といった主張をすることは、それ自体、とりも直さず知的驕慢であり、知的帝国主義の異なった現われといわざるをえないであろう。そしてまた、満洲国を傀儡国家とみることを許さぬ「アジアの歴史そのもの」とは、いったい、どこの、いかなる歴史であるのか。建国以来、一貫して満洲国を傀儡国家と指弾しつづけた中華民国や三十数万にもおよんだ反満抗日軍の戦士たち、そして先にあげた建国大学の中国人学生は「アジアの歴史そのもの」には含まれないのだろうか。もし、アジアを持ち出すとき、わたしたち日本人は過去も現在も常にそれを欺瞞の楯としてきた。

自らの生をないがしろにするつもりがないのなら、二一世紀においては、この「アジア」という言説によって自他ともに欺くことだけは絶対に避けたい、と切に思う。

しかも、こうした主張の一方で日本がアジアへ進出する際の、また満洲国統治を正当化する際の根拠としたのは、欧米の政治学、法律学であり、欧米最新の科学技術であったし、文明であった。そして、その文明こそが野蛮を生み、奪い、奪われ、憎み、憎まれ、傷つき、傷つけられ、殺し、殺されるということが民族と民族とのつながりとしてあった時代、すなわち満洲国《キメラ》の時代を生んだのである。

本書を通読された方には、すでにキメラの実像がいかなるものであったか、は明らかであろうし、今、あらためて傀儡国家であったか否か、を問い直す必要もないであろう。ただ、これに関し、ひとつだけ史料をあげておけば、駒井徳三に初代総務長官への就任を促した本庄繁関東軍司令官は、駒井に対し「いわゆるパペット・ガバーメントを作って置いて、そのまま逃げて仕舞《しま》うということは甚《はなは》だ卑怯ではないか?」(駒井『大満洲国建設録』)と説得したという。満洲国を作った当事者たる二人にとって、それが傀儡政権であったことは、あまりにも自明のことだったのである。そして、この文章を含む『大満洲国建設録』は、一九三三年中央公論社から公刊されており、当時の日本人にとってもまた自明のこととして受け取られていたに違いないのである。

そして、これに関連してもう一点、是非とも触れておかなければならないことは、満洲国統治における日本人の「善意」という問題である。本文でも幾度も取りあげたように、満洲国の理想に共鳴したにせよ、しないにせよ、満洲国を存続させようと努力した日本人が、そもそも「悪意」をもってそれにかかわったとは私には思えない。それは日本人である私の僻目《ひがめ》に違いないであろうが、人びとはみな、それぞれの場で、それぞれの仕方で満洲国に対して自分なりに「善意」を抱いていたように思われる。そして、その「善意」と「現実」のズレに対して、まったく無感覚でいられたわけでもなかったのである。たとえば、総務庁次長であった古海忠之は、建国から一〇年におよぶ自らの統治体験を顧みて、次のように述懐していた。

この国の指導的立場に立ち、中核を形成する日本人の中には現にいわゆる「善意の悪政」に悩んだ覚えがあるに違いない。つまり、日本的意識、性格、方法において企画実行した結果が失敗となって現われたのである。（古海「建設十年の回顧と将来への展望」『満洲建国側面史』）

このように悪政であり、失敗であることが認識されながら、しかしそれは「善意」であるがゆえに、そしてまた日本の行政が満洲のそれに優越したものであるとの確信のもとに、結局、是正されることはなかったのである。そして、こうした「善意」を表に出すことによって満洲国統治を正当化しようとする言説は、戦後になってもなお根強く、たとえば、高宮太平は同時代を生きた体験から「満洲国の治政は、住民のためには悪いものではなかった」（『順逆の昭和史』）と満洲国統治を総括したうえで、ただ配慮に欠けた点として行政の日本化を挙げ、「殊に法規の乱発は、法治になれない満人にはどうしても諒解されず、日系官吏のことを『法匪』とまで極言していた。植民地行政に不馴れの日本人としては善意の過失である」という形で片づけている。

〝善意の悪政〟〝善意の過失〟――はたして「善意」であれば、すべてが赦《ゆる》されるのか。このことについて論ずべき点は、多い。だが、いま、ここでは溥儀がその自伝の中に引いている『書経』の一文を掲げるにとどめる。

天の作《な》せる孽《わざわい》は猶お違《さ》くべし。自ら作《な》せる孽は逭《のが》るべからず。

そう、自ら作せる孽《わざわい》からは、いかに「善意」に発していたといえども、逭《のが》れることはできないのである。

さて、最後に、それでは、そのように存続し、消えていった満洲国とは、いかなる歴史的位相をもっていたということになるのであろうか。

満洲国、それを伊藤武雄は「幻造国家」と呼んだが、おそらくその人造国家を日本近代の生み出したひとつのユートピア、しかも最も苛烈で悲惨な現実を生み落したユートピアとみることもまったく不可能とはいえないかもしれない。だが、同時にそれが王道楽土や民族協和といった大旆を掲げたことによって日本人の道義感覚を攪乱させ、他民族に対する人間としての感受性を麻痺させてしまったこともけっして忘れてはならないであろう。しかし、そうした面を含みつつも満洲国とはつまるところ最後の総務長官武部六蔵がもらしたように「満洲国そのものが、日本陸軍の機密費」(武藤富男「満洲国にかけた夢」『思想の科学』一九六三年一二月号)として存在したにすぎなかっただけなのかもしれない。いや、たとえそうであるにしろ、近代日本の歴史は日清、日露、日中、そして太平洋戦争とそこに向けて流れ込み、そこでひとたびは途絶したことも事実である。しかも、そこにおいて近代日本が形成した軍隊や天皇制や官僚制がひとつの焦点として凝縮的に現われ、他方、そこには中国、ソ連をはじめとする諸国家との係わり方がもう一つの焦点をなして現われていた。あるいはまったく視点をかえて、一つの戦争が次の世界戦争を用意した時代、共産主義革命が大きく共鳴を呼んでいた時代、それが満洲国を孕み、育んだとみることもできるであろう。そして、まぎれもなく、そこには世界戦争、革命、民族、アジア、圧迫からの解放、理想国家といったわれわれの世紀、二〇世紀のあらゆる課題が、それこそ混沌としたまま投げ込まれ、うねっていたのである。その意味では満洲国をつきつめていくということは、近代日本の問題性、そして二〇世紀という世紀が孕んだ問題性を剔抉《てっけつ》していくこととまっすぐ繋がっているともいえるのではないだろうか。

かくてキメラは、その一三年五ヵ月余の生命を「帝国日本」とともにした。

成否をもって歴史を語ることにどれほどの意味はないとしても、石原莞爾が考えたように満洲領有が「日本の活くる唯一の途」であったかどうかは、大いに疑わしい。しかし、満洲国建国が近代日本の滅びへの道であったことには、いささかの疑いもない。

ともあれ、満洲国《キメラ》の一生は中国東北の大地の限りない恵《めぐ》みをむさぼり食いながら、時々刻々と変態を遂げ、その母体と生死をともにしたものであった。ギリシア神話のキメラは口から炎を吐き、大地を荒らし、家畜を略奪して去っていくという。

そして、そのキメラの欧米語における通例の意味、それはいうまでもなく、幻想、しかも奇怪なる幻想を意味するのである。だが、その奇怪なる幻想＝キメラのためにいかに多くの悲惨が生み出され、いかに多くの人々の運命が翻弄されていったことか。

「時されば、みな幻想は消えゆかん」と歌ったのは、萩原朔太郎であったか。まことに往事は茫々として夢のごとく、はかない。満洲国に生きた人も大半が鬼籍に入り、すなわち今は亡《な》い。一九四五年ソ連の対日参戦によって満洲国《キメラ》は死滅し、それから四六年、時は巡りそのソ連も共産主義という幻想とともに地上から姿を消した。そして、漸《ようよ》うとして世紀は移り変わった。

しかし、国失われ、人は逝っても旧事は厳然たる事実として今に在《あ》る。それが消え去ったごとくに思いなすのは、人々の心が、かつての戒めを民族の遺すべき記憶として思いとどめておくには、あまりに軽浮《けいふ》に過ぎて他者の痛みへの想いを欠いているためであるのかもしれない。


人びとの夢と希望、罪と憤怒、そして悲惨と艱難とを集め、人びとの血と汗と涙を吸った満洲《キメ》国《ラ》は、消えた。

しかし、その凄絶な歴史を糧としながら、中国東北の大地は、渺茫《びょうぼう》として果てしなく、今日も人びとをのせて悠久に広がっている――。

あとがき

あの夜から、すでに二〇年以上の歳月が流れたというのに、その時に受けたいわく言い難い感情は、今なお、時にあるいは強く、時にあるいは弱く、打ち寄せる波のように甦ってくる。

――その夜、いつものようにゼミを終えて、長尾龍一先生の御宅にうかがった。おそらく、その日のテーマであった大アジア主義からの話の流れであったのだろう。「それじゃ、君、これ、どう思う」といった例の柔らかい微笑を浮かべながら、書棚から取り出して示されたのが、『笠木良明遺芳録』であった。大学に入って間もなくの知識も読解力もない私が、その内容を読み取れたはずもない。しかし、その行間から噴き出る怒気を含んだような文章に気圧されるような強い衝撃を受けたことだけは鮮かに今も記憶に残っている。もちろん、その印象は時とともに私の中で増幅されただけであって、その時の私はただそれまで接したことのない文章に戸惑い、おののいただけであったかもしれない。ただ、『笠木良明遺芳録』に収められた文章には、理想に燃えた時代への矜持《きんじ》と追慕、そして、一転挫折し追放されたことへの憤りと憂傷、といったもろもろの感情があからさまに表出され、そこには信仰を共にしないものを峻拒するような気配が立ちこめていたことだけは確かに感じられた。

　おそらく、何年かのちに、その文章に初めて接したとすれば、それも世の中によくあることとして、なんの感懐もなくすましたであろうと思う。要するに、それは私の無知と無経験が引き起こした過剰反応にすぎなかった。しかし、笠木らの向こうにある満洲国は、その夜から私にとって、どこか近寄りがたく、だが、いったん足を踏込めば、どこまでも引きずり込まれていくような漆黒の闇のような存在となった。私は満洲国の発する毒気のようなものにたじろぎながら、しかし、満洲国について書かれたものがあれば求め、そして、いつも「なにか違うな」という違和感のようなものを抱きつづけてきた。それは、常に薄い膜の向こうにあって、捉えようとしても手をすり抜けてしまい、しかも、私が最初に感じたあの印象とどうしても合致しないのである。

　J・ジョイスは「歴史とは、ぼくがそこから目覚めたいと願っている悪夢だ」といったが、文脈こそ違え、私にとっての満洲国もまさにそこから目覚めたいと願っていた悪夢であったといえるかもしれない。

　しかし、一九八六年度の準備会を経て、京都大学人文科学研究所の共同研究として山本有造教授が「『満洲国』の研究」を始められることとなり、私は自分にとっての漆黒の闇であり、悪夢である満洲国と向き合うことになった。山本教授をはじめ、古屋哲夫、西村成雄、副島昭一、井村哲郎、岡田英樹、水野直樹、松野周治、松本俊郎、村田裕子、奥村弘、西澤泰彦、安冨歩といったさまざまな専攻において該博な知識を蓄えられた方々に啓発されること、すこぶる多かった。

そして、この一九九二年三月まで続いた共同研究の談論風発の場に連なることによって、少しずつ、おぼろげながらではあるが、満洲国の輪郭が浮かび上ってくるような気がした。

この間、一九八七年から一年間、アメリカのハーバード大学イェンチン研究所で史料を漫読しているなかで、満洲国をキメラとして捉えるイメージが次第に湧いてきた。帰国後、日頃、御誘掖を受けている『中央公論』本誌の宮一穂氏と会ったおり、満洲国についての本の感想など語り合っているうちに、宮氏は鋭敏な触覚でそれをすくい上げ、イメージを形にする道をまたたく間に切り拓かれた。私はただその道にしたがって初めて私の満洲国像を文章にした。それが「最後の『満洲国』ブームを読む」(『中央公論』一九八九年六月号)である。この小文に対しては国内外で賛否両様の反応があり、イメージだけを放り出して終れりというわけにいかなくなった。いかに答えるべきか。躊躇の末、「書いてみなければ、なにも始まりませんよ」という宮氏の一言で、私は意を決し、その後の道筋は中公新書編集部長早川幸彦氏によって示されることとなった。

私は執筆の約束ののち、天安門事件直後の中国に渡り、中国人日本研究者養成のため設けられた大学院である北京日本学研究中心で授業を担当するかたわら、史料を集め、同僚であった朝鮮民俗研究者野村伸一氏とともに中国東北地方を訪ね歩いた。それは東北の大地と朝鮮民族の存在の大いさを知る得難い体験となった。そして、一九九〇年初春、帰国とともに執筆にとりかかった。「一九九一年の満洲事変六〇周年までにはなんとしても形にする」、その心算であった。しかし、書けなかった。何ものかに魅入られたように、鉛筆を持ったまま一字も書けない日が、幾日も幾日も続いた。それでも、早川氏に促されつつ、一九九二年三月、本書の第二章までの原稿を渡すことができた。動き出した以上、書けるであろうと自分でも思った。だが、またピタリと書けなくなった。一節ごとが一編の論文を書く以上の苦痛と重みをもってのしかかってきた。

私は書くことに畏れのようなものを感じていた。現在、残されている史料の数百倍、数千倍にもおよぶであろう焼却、紛失された原文書の中にこそ、さらには回想録などに書き遺されることなく、口に発せられることもなかった沈黙の深みの中にこそ、満洲国の真実は身をひそめているにちがいない、自分は幻を摑もうと虚空に手を伸ばしているのではないか――そうした不安ともどかしさに抗《あらが》いつつ、幾度も放棄しかけては、早川氏の督励の御手紙や電話で再び気を取り直すといったことを繰り返した。早川氏も半ばあきれておられたのではないか、と思う。しかし、なぜ、書けないかという私の愚痴にもならぬ言い訳を聞かれては、とにかく突破口を指し示すということを、本当に辛抱強く重ねられ、ようやくここまでたどり着いた。

おそらく、満洲国をキメラとして捉えようとした本書の意図そのものが、異質なものの接合のうえにでき上った幻想の所産にすぎないのかもしれない。また、満洲国の肖像といいながら、とうてい、その肉づきや表情までは描きえていないであろう。しかし、正直、これが限界である。今は、それを作り、そこに生きた人びとにとって満洲国とは何であったのか、を私が了解したかぎりで、こうした形で提出してみるしかない。だが、いうまでもなく、満洲国の真の姿は、日本から見ただけではわからない。中国や朝鮮などからの視点が不可欠である。しかし、この至極《しごく》当然すぎるほど当然のことが、日本人である私にとっては最も困難なことである。中国や朝鮮などの方々から見れば日本人としての偏見に満ち、考察も一方的であるとの批判を免れえないであろうと思うが、その御批判をうけて今後も歴史を共有する方向へと進んでいきたいと念じている。

本というものは、すべて、ひとりの著作であれ、多くの人びとの先行業績や意見に依存しないものはない。だが、本書は通例以上に多くの方々のさまざまな援助を仰いで初めて形を成したものである。まず、「『満洲国』の研究」共同研究班の方々から受けた学恩は計り知れず、どうこの感謝の気持を表わせばいいのか、わからないほどである。しかし、本書はいかなる意味においても、共同研究班の意見を代表するものではないし、また、できるはずのものでもない。それどころか、様々の点で私の見方と反対の見解を取られている方々も多い。それらは、参考文献に掲げた著作を一読いただければ明らかになるはずである。

また、宮氏との対話なしには本書は生まれるはずもなかったし、早川氏の忍耐と時宜を得た的確な誘導なしにはとっくに放り出していたに違いないことは、すでに述べたとおりである。両氏の御厚情を忘れることはできない。

さらに、一九八六年に現在の職場に移って以来、中国についての私の見当違いの質問について常に快く御教授を惜しまれなかった狭間直樹、吉川忠夫、小野和子、森時彦、石川禎浩の諸氏がおられなかったなら、私にはとうていこの程度の本さえ書けなかったに違いない。ここで心から謝意を表したい。そして、次から次へと史料を漁る私にいつも笑顔で応じ、たちまちのうちに処理してくださる研究所図書室のスタッフの方々にもただ深甚な感謝あるのみである。

加えて、史料のみならず、日常的にさまざまな点で御助力をいただき、また怠惰な私に活力を注いで下さっている源了圓、石田雄、島田虔次、松本三之介、飛鳥井雅道、G・マコーマック、栗原健、松尾尊兊、岡田与好、樋口陽一、佐藤慎一、鈴木董、田中慎一、金子文夫、金子勝、平野健一郎、浜口裕子、渋谷由里、土屋英雄、岩崎隆二、広岡守穂、柳沢遊、赤羽孝之、熊田俊郎、李廷江、張啓雄、馮瑋、賀躍夫（順不同）の方々に対しても深く御礼申し上げたい。

本書は、以上のすべての皆さんの御力添えの賜物である。

最後に、一九九二年一〇月突然クモ膜下出血で倒れながら、日常生活に復帰しようとしている母とそれを支えている父の健勝を祈らずにはいられない。

わが心、ここにおいて去る。

一九九三年五月

山室信一

補章　満洲そして満洲国の歴史的意味とは何であったのか

本書は「満洲国の肖像」という副題にありますように、そもそも満洲国という国家の形成から始まってその変遷・変容を経て壊滅に至る歴史的過程を、主として政治学・法政思想史的観点から解明することに主眼を置いて執筆したものでした。そのため、満洲や満洲国の歴史的意義を、その前史や第二次世界大戦後の問題、さらに満洲についてのイメージなどを含めて総体として知りたいという読者の方にとっては、紙幅の制約もあり不充分なものであったと思われます。

また、新書という本の性質上、その問題に関するガイダンスとしての役割を果たすべきことも当然に求められる要請であることは間違いありません。そこで、以下では、想定問答という形式を採りながら「満洲そして満洲国の歴史的意味とは何であったのか」を考えていただくにあたって、読者が抱かれると推定される御疑問に対し、簡略に私見を述べてみたいと思います。なお、史料などの引用にあたっては、読みやすさを優先して、表記法などを変えた箇所があります。

問1　満洲というのは地名とも民族名ともいわれているようですが、そもそも満洲という名辞は、いかなる歴史的由来と意味をもっているのでしょうか？

一九四五年以前に日本が満洲と呼んでいました地域には、女真《じょしん》族、女直《じょちょく》族などと表されるジュルチンという民族が住んでおりました。この民族は、仏教のなかでも智慧《ちえ》を司《つかさど》り東方を鎮護するといわれる曼珠室利《まんじゅしり》・文殊師利《まんじゅしり》を尊崇するマンジュ菩薩《ぼさつ》信仰をしていましたので、漢字を用いるようになってから、このマンジュに同音の満洲あるいは満殊の字を宛《あ》てました。そして、一七世紀の初めに建州女直の太祖ヌルハチ（姓は愛新覚羅《アイシンギョロ》）は、建州《けんしゅう》・海西《かいせい》・野人《やじん》などの部に分かれていた女真（女直）族全体を統合して建てた国家をマンジュ＝グルン（Manju Gurun 満洲国・満殊国）と称することとし、民族名としてはジュセンないしジュシェンを用いることにしました。ただし、明《みん》や朝鮮の王朝に対しては、アイシン（Aisin 金、愛新）という名称も用いていましたので、金《きん》（大金）ないし後金《こうきん》とも呼ばれますが、本来の満洲語名の国号はマンジュでした。しかし、一六三六年に太宗ホンタイジ（皇太極）が国号を大清《だいしん》と改めたことによって、マンジュは国号ではなくなり、以後はジュセンなどに代わる民族名として用いられることになりました。

このため、異民族である清王朝を倒した一九一一年の辛亥《しんがい》革命においては「滅満興漢《めつまんこうかん》」がスローガンとなり、漢族を中心に満族（満洲族）を滅ぼして主権を回復することをめざし、これによって中華民国が成立しました。こうした経緯からしても、征服王朝が興った地域に、満洲族の溥《ふ》儀《ぎ》を元首にして満洲国を関東軍が建てたことは、中華民国の多数を占める漢族にしてみれば受け容れ難いことだったといえます。ただ、当時の日本の歴史学界では、太宗が大清に国号を改めるにあたって、それまでの大金や後金という国号を抹消し、太祖ヌルハチの尊称でもあった満住《マンジュ》

（ヌルハチはマンジュ菩薩の化身であるとみなされていました）から偽作して、満洲という国号を創り出したという市村瓚次郎《いちむらさんじろう》の偽作説が有力でした。そのため、一九三二年に建国された満洲国をもって、女真族のマンジュ＝グルン（満洲国）の復興などと考えた人は皆無であったと思われます。

問2 戦後の日本では、「満州」や「満州国」と「州」の字が用いられているにもかかわらず、本書ではなぜ「満洲」や「満洲国」と「洲」の字を使用しているのでしょうか？

前問でお答えしましたように、マンジュに宛てられた漢字が、そもそも満「洲」であって満「州」ではなかったことがまず挙げられますが、それとともに「さんずい」が付けられたのは王朝としての正統性弁証ともかかわって重要な意味をもっていたことを考える必要があります。中国の王朝は自らの正統性を「木、火、土、金、水」の五行《ごぎょう》によって示しますが、清の前の王朝である明は「火」をシンボルとして「火徳」の王朝でした。これを倒して建てた清王朝は、火に勝る水をシンボルとして「水徳」の王朝としましたから、王朝名もさんずいの清、民族名もさんずいの満洲としました。さんずいが付くのは地名だからであるという説明がされることもありますが、阿桂《アクエィ》らの勅撰《ちょくせん》による『満洲源流考』（一七七八年）では満洲は部族名であって、けっして地名ではないと注意を促しています。ただし中国でも正式ではなかったにせよ、清朝時代には東部内《ない》蒙古《もうこ》以東、鴨緑江《おうりょっこう》・豆満江《とまんこう》以北、黒龍江《こくりゅうこう》以南の地を指す地域名として使われる場合がありました。

なお、一九世紀末になると中国では当該地域を遼東《りょうとう》、東三省《とうさんしょう》、東北などと呼んでいましたが、一九〇七年には中国本部と同じく総督が任命されたため、東北あるいは遼寧《りょうねい》（時代により盛京《せいけい》、奉天《ほうてん》）・吉林《きつりん》・黒龍江の三つの省から成ることから東三省と公称されることになりました。このように二〇世紀において満洲という呼称は、あくまで日本人が用いたものであって中国では地域名称としては使われていなかった事実を踏まえつつ、しかも固有名詞や歴史的名辞については由来や沿革に基づく正字表記に拠《よ》るという立場から、満洲ないし満洲国という表記にしています。

問3　日本では、歴史的にこの地域をどのように認識してきたのでしょうか？

古くは粛慎《しゅくしん》、高句麗《こうくり》や遼東、靺鞨《まっかつ》などによって当該地域を呼び、六九八年に建国された渤海《ぼっかい》とは渤海使が一九〇余年にわたって三四回も来日するなどの交流がありました。その後、遼、金、元《げん》などの支配下にある地域として認識し、江戸時代には韃靼《だったん》あるいは山丹《さんたん》、黒龍、兀良哈《オランカイ》などで当該地域を指していたと思われます。山丹は黒龍江域に居住していたオルチャ（Olcha）がジャンタと呼ばれており、その転訛《てんか》したアイヌ語がサンタンであるといわれますように、山丹人は樺《から》太《ふと》などで日本と交易をしておりました。中国製の古官服や錦織《にしきおり》は、満洲官人などから山丹人が得たもので、それがアイヌを経て日本に渡り、蝦夷錦《えぞにしき》の名で珍重されました。ただ、当該地域が韃靼として認識されていたことは、一六四四年に一五人の越前の漂流民が盛京（現・瀋陽《しんよう》）と北京を訪れ、帰国後に陳述した口上書が『韃靼漂流記』と題されたことでも明らかだと思われます。

地理的名称として満洲と呼ぶようになった経緯は、明から清への王朝交替のあった一六四四年以来の海外消息を、幕府が林鵞峰《はやしがほう》（春斎）に命じて編纂させた『華夷変態《かいへんたい》』（鵞峰没後は子の鳳岡《ほうこう》が受け継いで一七二四年まで編修されました）における記述の変遷のなかに窺《うかが》い知ることができます。それによれば、当初は女真族を指して韃靼北虜《だったんほくりょ》といい、次いで清朝を韃靼・韃虜《だつりょ》と呼んでいます。朱子学を奉じる林家（鳳岡は初代大学頭《だいがくのかみ》）としては、朱子学を尊重した明朝の中華に対し、清朝を韃靼・韃虜の夷狄《いてき》と見たのは当然だったのでしょう。しかし、一六八四年以降、康熙帝《こうきてい》の治世の様子が長崎に入る中国人を通して知られるようになりますと、「康熙帝の本国韃靼人」という表現が現れ、それが一六八七年には「康熙帝の本国満洲」あるいは「大清の本国満洲」となって韃靼の代わりに地域名としての満洲が使われ、以後この用法が定着していったようです。

日本人の地理的認識において満洲が、具体的にどのようにとらえられていたかを示す例を挙げておきますと、一八〇四年に近藤正斎《せいさい》（重蔵《じゅうぞう》）が刊行した『辺要分界図考《へんようぶんかいずこう》』には「西はカラフト地方より満洲山丹境に至るまで古今未だその地理を極《きわ》むる者なく……蓋《けだ》し極北の絶海、戎夷《じゅうい》の巣《そう》窟《くつ》、耳目の常に見聞せざる所なればなり」とありますように、未開拓の辺地で〝戎夷の巣窟〟つまり野蛮人の住処《すみか》である〝辺界〟とみなしていました。ただし、近藤は戦前には「満洲地理学の開祖」と称されていましたように、この著作に収められた「満洲考」では中国と日本の史書を博捜したうえで、韃靼や兀良哈が満洲とは異なることなどを明快に説いています。

その後、一八一一年頃に高橋景保《たかはしかげやす》が作成した地図「日本辺界略図」で当該地域は満洲・盛京となっており、これを転載して一八三二年以降に刊行されたシーボルトの『ニッポン』では Mandscheu と音訳されていました。なお、一八四〇年代以降になりますと、ヨーロッパ人がこの地域をマンチュリア（Manchuria）と書いた洋学地理書などから世界情勢を日本人が学んでいったことも、地域名として満洲が認識された要因となったと思料されます。

そして、ロシアやアメリカなどが開国を求めて来航した幕末になりますと、満洲は日本の命運と密接な関連をもつ地域として認識されるようになります。たとえば、日露同盟論を提唱した橋《はし》本左内《もとさない》は「山丹、満洲の辺、朝鮮国を併せ、かつアメリカ洲あるいはインド地内に領を持たずしてはとても望みのごとくならず」と考え、吉田松陰《よしだしょういん》がロシア・アメリカとの条約を遵守したうえで「国力を養い、取り易《やす》き朝鮮・満洲・支那を切り随え、交易にて魯国《ろこく》に失う所はまた土地にて鮮満にて償うべし」と提唱したことなどは、よく知られています。こうした議論をもって近代日本が幕末以来一貫して朝鮮や満洲の領有を企図してきたとみなすこともできるかもしれませんが、もちろん、この段階では何ら現実的な裏づけのない夢想に近いものにすぎませんでした。

ただ、幕末において、すでに朝鮮と満洲の問題が、ロシアやアメリカとの関連性のなかでしか考えられない状況になっていたということには注意しておく必要があります。

問4　日本が満洲と呼ぶようになった一七世紀中葉以降、この地域はいかなる状態にあったのでしょうか？

清朝は北京に入ってから自らが興った地域を祖宗《そそう》発祥の故地（龍興の地）として神聖視し、保護する目的から行政上も満洲八旗《はっき》（満洲駐防）という特別の行政・軍事機構の下に置き、盛京将軍や吉林将軍などを配して漢民族など他の民族の進入・移住を禁止する、いわゆる満洲「封禁」と呼ばれる政策を採りました。しかし、この封禁策によって土地は荒廃し、人口も減少したことから事実上緩和せざるをえなくなり、一九世紀前半には漢民族の流入が進むことになりました。

他方、一七世紀中葉以降、ロシア人はアムール川（黒龍江）を南下して清の北辺に迫ったため、康熙帝は反撃に出て、一六八九年ネルチンスク条約によってアルグン川と外興安嶺《そとこうあんれい》に国境線が画定されました。しかし、その後もロシアは南下政策を採り続け、一八五八年の璦琿《あいぐん》条約によってロシアはアムール川左岸の領有や松花江《しょうかこう》の航行権などを認めさせました。清朝はこれを否認して争いましたが、一八六〇年の北京条約で再確認させられただけでなく、さらにウスリー川の東岸地方を割譲させられました。海参崴《ハイシャンウエイ》と呼ばれていた一漁村が、「東方を征服せよ」という意味をもつウラジオストクとなり、ここを中心とする沿海州がロシア領として開発されていきます。

また、一八五八年にはアロー戦争の際にイギリスと結んだ天津《てんしん》条約によって牛荘《ニユウチユワン》が開港させられたことにより、南方からも外国の権益が拡張されていくことになりました。こうして一九世紀末には、中国東北部はアジアに残された最大の植民地として浮上してきていたといえます。

問5　ロシアやイギリスなどが進出しつつあった時代に、日本はどのように満洲にかかわるようになっていったのでしょうか？

日本人が満洲へ入るようになったのは一八八〇年代ですが、一九〇四年の日露戦争時の在満日本人数は約三〇〇〇名程度であったといわれますから、日清戦争の戦勝による下関条約で遼東半島を割譲された時にも重要だったのは、移民のための用地獲得というよりも旅順《りょじゅん》港の掌握など軍事戦略拠点の確保という地政学的な意義が重視されていたためであったと思われます。

日本から見れば満洲は朝鮮半島のかなたに存在していますから、直接的にまずそれが問題となったというよりは、まず朝鮮の地政学的重要性についての認識があり、次にその接壌《せつじょう》地帯として満洲の意味が浮上してきたものと思われます。そのことを象徴的に示すのが、一八九〇年の第一議会における山県有朋《やまがたありとも》の首相演説にある「主権線」と「利益線」という考え方でしょう。これは基本的に井上毅《いのうえこわし》が起草したものですが、主権線というのは国境線のことで、その国境を守るためには、国境線に先に外敵の侵攻を食い止めるための自己の影響力を行使できるゾーンを設け、そのゾーンの外辺《フリンジ》となる境界線を利益線として守らなければならないという空間認識に基づく国防論です。そうした見方に立てば、日本の地政学的な条件のなかで、長い国境線をもつ日本列島のうちで最も弱点となる脇腹につきつけられた匕首《あいくち》（短刀）ともみなされる朝鮮半島をまず利益線として確保しなければならなくなります。そして、その匕首に侵入して来るのは中国とロシアである、ということになれば、日清戦争、日露戦争は避けがたい必然性をもつものとなります。そして、事実この二つの戦争を経て、朝鮮を確保した後には朝鮮の先の満洲、さらに蒙古も支配しなければということになって「満蒙生命線」という議論につながっていきます。

このように、利益線論は、次々に絶え間なく国境の先にもう一つの勢力圏をつくるという発想になり、そうでないと安全でないという強迫観念に近い考えに囚《とら》われていくことになりました。もちろん、こうした見解が出てくる背景には、第一議会で山県が演説を行なった一八九〇年という年が問題となります。そこには翌九一年に、ロシアがシベリア横断鉄道の建設に着工することになっていたことが大きく作用しているはずです。すでに一八八七年にシベリア鉄道着工計画が報じられますと、八月一二日の『朝野《ちょうや》新聞』が「この鉄道は西比利亜《シベリア》を開拓し、満洲蒙古の北に於いて繁華なる境土《きょうど》を現出するの結果あるべきこと論を俟《ま》たずといえども、その専ら目的とする所は是にあらずして却《かえ》って用兵上の便利を開くに在《あ》り」と看破していますが、その建設によって帝政ロシアが極東まで容易に軍事力を展開できるようになることは、誰もが想定しえたのです。それまで日本海を越えた、朝鮮半島の向こうには未開発の荒涼たる大地としての満洲があるにすぎなかったものが、シベリア鉄道の開通によって、その背後にある強大なヨーロッパにまでつながる空間が日本に向けて押し寄せてくる可能性が開かれたわけです。ロシアが二週間程度でヨーロッパに配備している世界一の兵員数を誇る陸軍を太平洋岸まで運ぶことができることになったことにより、満洲のもつ軍事的有意性は飛躍的に増大することになります。

ただ、シベリア鉄道ができてもウラジオストクが冬季に凍結することを考えれば、それ自体の脅威は半減します。むしろ、より大きい脅威はシベリア鉄道を敷設したロシアが不凍港を求めて満洲を南下し、朝鮮半島や遼東半島において実質的な支配権を求め、日本海の制海権を独占してしまうことにありました。そうであればこそ、三国干渉によって日本が返還させられた遼東半島において、一八九八年にロシアが旅順・大連《だいれん》の租借権を獲得し、シベリア鉄道に連絡する鉄道を大連まで敷設し、大連港を構築し始めたことは、切迫した脅威の到来として危機感を増大させることになりました。日本が一八九八年ソウルと釜山《プサン》を結ぶ京釜《けいふ》鉄道の敷設を韓国に強制したのは、こうしたロシアの鉄道による南下策に対抗するための北上政策に他なりませんでした。

問6　満洲におけるロシアの進出は、どのように日露戦争へとつながったのでしょうか？

満洲におけるロシアの存在が東アジア世界において一挙に問題化するのは、一九〇〇年の義和《ぎわ》団《だん》事件が契機となりました。すなわち、義和団運動が満洲へ広がり、ハルビンと大連を結ぶ鉄道の約三分の二を破壊されたロシアは鉄道再建と居留民保護を唱えて出兵しました。しかし、一九〇一年に北清事変最終議定書が結ばれて事件は解決したはずであったにもかかわらず、ロシアは清国との三次にわたる協定を無視して軍隊を撤兵しないまま居座りつづけます。この問題は日清戦争によって朝鮮を確保したはずの日本にとって、ロシアが満洲から国境を接する朝鮮半島に進出してくる危険な予兆として黙過できない事態でした。

これに対し、伊藤博文《ひろぶみ》や井上馨《かおる》らは日本の韓国における優越権をロシアに認めさせる代わりに、満洲におけるロシアの優越権を認めることによって日露の勢力を画定し、衝突を回避するという満韓交換論や日露協商論を唱えました。しかし、桂太郎《かつらたろう》、小村寿太郎《こむらじゅたろう》、林董《はやしただす》らは、ロシアと協商を結んでも、その南下を防ぐことは不可能であり、それを効果的に抑止するためにはロシアと対決するイギリスと結ぶ日英同盟こそが有効であると主張し、一九〇一年一二月の元老会議において日英同盟締結の方針が決定されました。他方、ロシアからすれば、韓国においては一八九六年に朝鮮国王高宗《コジョン》らがソウルのロシア公使館に避難するなど親露派の勢力が強まっていただけでなく、そもそも満洲においては日本がロシアに対して提供し、交換すべき権益などは何もありませんでしたから、満韓交換論などという議論など成立しようもなかったはずです。

他方、懸案となっている満洲はあくまで中国領でしたが、満洲に出兵したロシアが北満国境地帯で中国人大量虐殺事件を引き起こし、しかも事件解決後もロシア軍が駐留しつづけていることは、中国におけるナショナリズムに火をつけ、日本にいた中国人留学生が中心となって拒俄《きょが》義勇隊が結成されます。俄《オー》は俄羅斯《オールオス》（オロス）つまりロシアを指し、この運動は実力でロシア軍を排除しようというものでしたが、西太后《せいたいこう》や光緒帝《こうしょてい》は西安《シーアン》に逃れたまま、外交上の懸念からそれをむしろ抑える動きに出て、ロシアの自主的撤去を希望していました。このことは清朝に対する不信感を呼び起こし、反清革命運動に火をつけることになりました。拒俄義勇隊は軍国民教育会を経て、最終的には一九〇五年に東京で結成された孫文《スウンウエン》らの中国同盟会につながっていきます。こうして発祥の地であった満洲におけるロシア問題への対処方法を誤ったことが、結果的に清朝を滅亡に導いていきます。清朝の満洲族にとって満洲は神聖な故地ではありますが、すでに満洲を離れて二七〇年近くを経て漢民族化し、漢民族にとっては、そもそも満洲というのは中心から遠い関外《かんがい》の地という発想がありましたから、満洲の防衛にそれほど重きを置いていなかったという事情がありました。そのためにこの地域にある種のエアポケットが生じていたことは事実です。

そこにロシアが進出し、さらに韓国に対する影響力の浸透を図ったことは日本の危機感を高めます。そして、一九〇四年にシベリア鉄道が開通すれば、ヨーロッパから大連まで軍事輸送が可能となり、また旅順と大連に不凍港をもつことによって日本海の制海権を獲得することになりますから、それでなくとも軍事力に格差のある日本がロシアを満洲から排除できる可能性はさらに低くなります。そうであればこそ、ロシア陸軍総兵員二〇七万に対して日本陸軍二四万という圧倒的劣勢にあったにもかかわらず、日本はシベリア鉄道の完成前に日露開戦に踏み切りました。

満洲への出陣にあたって森鷗外《もりおうがい》が、「鉄道北京に　いたらん日　支那の瓦解《がかい》は　まのあたり　韓半島まづ　滅びなば　わが国いかで　安からん」「三百年来　跋扈《ばっこ》せし　ろしやを討たん　時は来ぬ」（『うた日記』「第二軍」）と兵士たちの士気を鼓舞したのは、東アジア世界へのロシアの鉄道による進出が、いかにとらえられていたかという精神状況を、如実に示しています。

問7　日露戦争の結果、満洲における日本の位置はどのように変化したのでしょうか？

日露戦争の戦勝の結果、日本は一九〇五年の日露講和条約（ポーツマス条約）および「満洲に関する日清条約」によって、ロシアから旅順・大連などの関東州の租借権と南満洲鉄道の経営権・付属地租借権などを受けつぎ、満洲統治の基礎を築くことになりました。

しかし、この満洲統治は新たな国際的な紛争の呼び水ともなりました。日本は日露開戦とともに、清朝に対して戦争終結後は満洲を還付すると約束し、欧米に対しても通商の自由のために満洲を開放するとして支援を求めていました。しかしながら、日露講和条約締結後も児玉源太郎《こだまげんたろう》参謀総長らが満洲の占領地に軍政を布き、軍政署を管轄する関東総督府を設置して軍事目的優先の施策を採ったことは、清朝の東三省当局やアメリカ・イギリスとの衝突をよぶことになりました。これに対し、列国協調・門戸開放主義を堅持すべきだとする韓国統監伊藤博文は西園寺《さいおんじ》公望《きんもち》首相に一九〇六年五月、満洲問題協議会を開催させ、軍政の漸次撤廃、大連開放、関東総督の改称などを決議案として提案しましたが、「戦後満洲経営の唯一の要訣《ようけつ》は、陽に鉄道経営の仮面を装い、陰に百般の施設を実行するにあり」と考えていた児玉らは日本の排他・独占的な満洲経営を当然の前提としていました。このため、伊藤は「児玉参謀総長らは満洲における日本の位置を、根本的に誤解して居《お》らるるようである。満洲における日本の権利は、講和条約によって露国から譲り受けたもの以外は何物も無いのである。……満洲は我国の属地ではない。純然たる清国領土の一部である」と説き、西園寺首相もこの趣旨に沿って対処することとなりました。

しかし、この清国の主権尊重による満洲開放という方針は、一九〇七年ロシアと協約を結ぶことによって変更され、日ロ両国による満蒙統治の拡大・安泰を図る方向へと転じていきました。すなわち、一九〇七年七月の第一次日露協約の秘密協定において、朝鮮と外蒙古をそれぞれ日本とロシアの特殊権益圏として相互に認めたうえで、南満洲を日本の、北満洲をロシアの利益範囲と定めました。次いで一九一〇年の第二次日露協約では、アメリカの満洲進出を阻止するために鉄道権益確保をいっそう強化することとし、両国による満洲の現状維持を図っていきます。

こうした日ロによる満洲の排他的支配に向けた動きは、日英同盟を結んでロシアの南下を防ごうとしたイギリスや、日露戦争で日本を支援して戦後の満洲への経済進出を企図していたアメリカなどの反撥《はんぱつ》を生むことになります。とりわけ、アメリカは日露戦争直後に鉄道王E・H・ハリマンが満洲の鉄道買収を図るなど、門戸開放政策によって満洲へ進出することを期待していただけに、日本がロシアと結んで進出阻止を図る方針を採ったことを背信行為とみなすようになりました。そして、一九〇九年の満洲鉄道中立化提案を日ロ両政府から拒絶されたアメリカは、国務長官P・C・ノックスが述べたように日本を満洲から〝燻《いぶ》り出す〟ことによって経済的な支配力を浸透させるという方針を採ったため、満洲は日米対立の舞台としてクローズアップされていくことになります。アメリカのH・リーが『日米必戦論』を書き、日本でも『日米もし戦わば』といった標題の日米戦仮想小説が続出します。石原莞爾《いしわらかんじ》が日米決戦のため満洲領有を必至と考えたのも、こうした歴史的文脈のなかで生まれてきたものでした。

さらに、一九一一年の辛亥革命によって成立した中華民国においては、清朝が結んだ条約によって国権が侵害されることに反撥が出てきます。満洲でもロシアの租借権を継承した旅順・大連の租借期限が切れるにあたって日本が一九一五年、二一箇条要求によって租借期限九九年を押しつけたことは国恥とみなされて反日国権回収運動を呼び起こし、日中関係は厳しい対立関係に入りました。こうした排日運動への関東軍の対応が満洲事変へとつながっていきました。

問8 ソ連成立以前には、ロシアと協約を結んでその脅威が減退したにもかかわらず、日本はなぜ中国の激しい反対を押し切ってまで満洲に拘《こだわ》りつづける必要があったのでしょうか?

日本は一九一六年の第四次日露協約に至るまで、ロシアと協調しつつ満洲経営の拡充を図りましたが、それはロシアとの敵対関係が解消したという意味では全くありません。そのことを明確に示すのが、一九〇七年に日本が初めて策定した「帝国国防方針」でした。そこではまず「一旦《いったん》有事の日に当たりては、島帝国内において作戦するがごとき国防を取るを許さず、必ずや海外において攻勢を取るに在らざれば我が国防を全うする能わず」として、明らかにそれまでの国内での防衛型の守備方針から外征型の前方進出方針へと大転換を図っています。それが意味することは、満洲をもって国防の第一線とするということであったはずです。次いで、「将来の敵と想定すべきものは露国を第一とし、米、独、仏の諸国これに次ぐ」と仮想敵国を明示しています。そして、ここでも満洲は第一の仮想敵国であるロシアを迎え撃つための主戦場となることが想定されており、アメリカの敵国視も満洲での利権の衝突が要因となっていました。そのうえで、「国防に要する帝国軍の兵備の標準は用兵上、最も重視すべき露・米の兵力に対し、東亜において攻勢を取り得るを度《のり》とす」として、ロシアとアメリカを凌《しの》ぐ兵力を装備することを目標としましたから、その装備を整えるためにも満洲の開発が必須《ひっす》の要件となってきます。こうして、満洲は日本の国防を図るために、欠くことのできない戦略的要地として重視されていくことになります。

しかし、それ以上に日本が存続していくために満洲の保持が不可欠だと思わせる重要な契機となったのは第一次世界大戦であり、この大戦によって従来の戦争形態が一変したことが日本に与えた衝撃の大きさを考慮する必要があるでしょう。この戦争ではじめて人類は、総力戦という戦争形態を体験しました。戦史研究の第一人者を自負していた石原莞爾は将来の戦争が「全国民の全力」を駆使した殲滅《せんめつ》・持久戦争になると確信し、それを戦い抜くだけの生産力の確保を重視していきます。そのなかでも当時の武器を生産するのに最も重要な資源である石炭と鉄の確保が絶対条件となりますが、それは日本にきわめて乏しく、安定的に供給できるのは満洲だけであり、そのためには満洲を排他的に確保しておく必要があると考えられるに至りました。

そういう意味で総力戦体制が与えた衝撃は甚大であり、満洲の日本にとってもつ意義は、そこから異なる段階に入ったのではないかと思います。日露戦争後に初代の満鉄総裁となった後藤新《しん》平《ぺい》の時代の満洲は、まずは予想される第二の日露戦争に勝利するために移民によって満洲の地を制圧しておくことが重要な課題でした。一九〇六年、後藤は一〇年以内に五〇万人を満洲に移民させることを主張しましたが、満鉄を経営するのもこの移民を推進してロシアを軍事的に牽制《けんせい》するためでもあったのです。その後、一九〇九年に小村寿太郎外相が満韓移民集中論を唱え、一九一〇年には二〇年間に一〇〇万人を満蒙に送ることを提唱したのも、後藤と同じ考えであったと思われます。もちろん、満鉄も企業体である以上、利益を上げる必要があり、大豆・高粱《コーリヤン》などの生産地としての満洲のもつ意義は大きかったわけですが、これに加えて第一次世界大戦後には撫《ぶ》順《じゅん》炭鉱や鞍山《あんざん》製鉄所を擁する満洲は総力戦を遂行するために必須の戦略物資の提供地になっていったわけです。すでに第一次世界大戦中の一九一八年には満洲などからの軍需資源の供給を前提として政府が軍需産業を統轄《とうかつ》する軍需工業動員法が公布され、軍需局も設置されていました。

しかし、もちろん満洲を戦略物資確保のための基地とみなしたからといって、この地域を日本が領有すべきだということには直接につながるわけではありません。同じように満洲の資源を重視したとしましても、別の考え方がありえます。石橋湛山《いしばしたんざん》が主張したように、領有するよりは通商や貿易による関係を維持していくほうが、結局、安定的に資源を確保できるというもので、これは満洲放棄論として提言されました。たしかに、膨大なコストをかけて植民地支配を続けるよりも、国際的な共同開発に参加し、貿易によって日本に輸入するほうが安く持続的に資源を確保できたかもしれません。ただし、それに対しては経済的覇権《はけん》を欧米に握られていたことやその後の経済ブロック化という流れを考えれば、必ずしも楽観視できなかったという反論も可能です。

実際、一九四一年に日本が南部仏印に進駐したとき、アメリカは石油や鉄の輸出を停止し、イギリスやオランダとともに日本資産を凍結しました。それは日本の軍事行動への経済制裁であったわけですが、自由貿易だけで資源確保が可能であったかどうかはやはり問題になります。そうした事態を勘案しますと、第一次世界大戦を観戦した田中義一《ぎいち》や石原莞爾などが満洲を植民地として領有しなければ鉄と石炭を安定的に確保できないと想定した歴史的理由も全く根拠のないものではありません。しかし、それは満洲領有以外に選択はなかったという意味ではけっしてありません。ただ、満洲を確保しなければ日本が存立できないと考えることは、第一次世界大戦後の世界史的状況のなかでは、あくまで軍事的観点から見るかぎり、ひとつの選択肢として想定されうる可能性であったことを看過《かんか》して、満洲問題を論じることはできないはずです。

問9 第一次世界大戦が日本や満洲に与えた衝撃は、総力戦の出現という問題だけだったのでしょうか？

総力戦への戦争形態の激変という事態とともに、第一次世界大戦後の国際秩序構成原理の変化という問題を無視しては、二〇世紀の世界史の流れを見失うことになると思います。それは、満洲においてもまた決定的に重要な意味をもちました。すなわちアメリカ大統領W・ウィルソンが提唱した民族平等・民族自決の原理が、満洲における抗日運動や国権回復運動の思想的駆動力となりました。そして、ウィルソンが提唱した民族自決思想によって喚起された一九一九年の五《ご》・四《し》運動以後の中国のナショナリズム思想、なかでも国民党の三民主義に対抗するものとして案出されたのが、本文九三―九四頁で書きましたように、民族協和という思想でもあったわけです。

また、朝鮮での三・一独立運動以降の民族自決思想の高まりに対して、その反日独立運動の策源地であった満洲との国境地帯を制圧しなければ朝鮮統治が脅かされるという危機感があったからこそ、満洲事変勃発《ぼっぱつ》とともに朝鮮軍が独断で国境を越えて出兵することになりました。

さらに、第一次世界大戦のなかで生まれたソヴィエト政権と共産主義思想が朝鮮さらに日本へ流入してくることへの防波堤として、つまり赤化防止の前線基地という役割を与えられたのが満洲であったことも重要な意義をもっています。こうして第一次世界大戦が生み出し、二〇世紀の世界史を動かすこととなった二つの枢要な思想ないしイデオロギーであった、民族自決思想と共産主義とに、最も尖鋭《せんえい》に対応したことの結果として満洲国が造られざるをえなかったという意味でも、満洲において第一次世界大戦が与えたインパクトは甚大なものだったといえるでしょう。

第一次世界大戦は、開戦当初、四〇日くらいで終わると予想されていたにもかかわらず、結局、四年に及ぶ泥沼の戦争になり、しかもあらゆる生産物資が注ぎ込まれ、銃後の婦人や子供までが戦争遂行の一端を担うことが強制されるに至りました。そのことの意味は当然、総動員体制をとった満洲国の兵営国家としてのあり方を考えるうえでも決定的に重要となるはずです。

問10　政府や軍部における政策的観点、あるいは世界史的観点から見た満洲像とは別に、日本の国民にとっての満洲イメージはどのように形成され、移り変わってきたのでしょうか？

日本人が満洲に移住するようになったのは、一八八〇年代のことでウラジオストクからハバロフスクを経て満洲北部に流入する場合が多かったといわれますが、その大半は当時「娘子軍《じょうしぐん》」「醜業婦」「芸娼妓《げいしょうぎ》」などと呼ばれた「北のからゆきさん」たちでした。

日本人の目が満洲に向けられるようになったのは、一八九〇年代に入ってからのことですが、やはりロシアによる満洲開発が重要な契機となりました。ロシアは一八九八年に満洲里からハルビン、綏芬河《すいふんが》（ロシア語では国境を意味するポグラニチナヤ）を結ぶ東清鉄道の建設に着手しましたが、この鉄道は九一年から建設中のシベリア鉄道と連絡してウラジオストクにつながるものでした。さらに九八年の旅順・大連租借条約によってロシアはハルビンから大連に至る鉄道の建設が認められました。こうした鉄道建設にともなって一八九八年にはハルビンの都市建設が、そして一八九九年にはロシア人サハロフの主導によって青泥窪《チンニーワ》と呼ばれていた一帯に「遠方」を意味するダリニー（日本軍により一九〇五年二月一一日以降、大連と改称されました）という港湾都市の建設が始まりました。そして、結果的にいえば、ロシア人が「皇帝は野蛮なる満洲に神の恩寵《おんちょう》によって文明を与えようと多くの犠牲を払われた」と自負したような建設事業の成果としてのハルビンや大連、そしてそれらをつなぐ南満洲鉄道を日本はロシアから受けつぐことになります。

このようにロシアによる満洲開発が本格化するなかで、初めて満洲への関心を誘った著作が、勝海舟《かつかいしゅう》に私淑していた小越平陸《おごしへいりく》の『満洲旅行記』（一九〇一年刊）でした。小越は満洲語で「漁網を乾かす所」を意味したハルビンの都市建設や東清鉄道沿線へのロシア人入植状況などを実見に即して記し、満洲に植民のための新天地が開かれつつあることを知らせました。その後、一九〇三年には戸水寛人《とみずひろんど》が見聞録として『東亜旅行談』を出します。戸水は日露開戦を主導する主戦論を吐いた東大七博士の一人であり、ロシアをしてバイカル以東を割譲させよ、と主張したことから「バイカル博士」の異名をとったローマ法学者でしたが、この旅行記のなかで満洲について「今日はまだ開けていない原野は沢山有るけれども、これを悉く《ことごと》開いたらば農作物のみについて言いましても満洲は世界の大富源といっても宜《よろ》しいのです……そのほかに鉱山も随分沢山有りますから、満洲を占領するものは宝の庫《くら》を掌握するものであります」と述べ、ここに満洲を「世界の大富源」、「資源の大宝庫」とみなし、その領有を促《うなが》す議論が流布していくことになります。

こうした未開拓の宝庫というイメージは、まずは満洲への日本人の農業移民を推奨するものであり、移民案内のガイドブックが出版されていくことになりますが、そのなかのひとつに一九一一年に刊行された『立身致富・海外渡航案内』という本があります。この本は、南米を含め世界全体を視野に入れて日本人が移住によって成功する可能性を説いたものですが、そこでは「邦人発展の地としての満洲」というタイトルを掲げて、満洲こそ日本人移住の最適地であることを力説していました。すなわち、「地味豊饒《ほうじょう》にして産物の夥《か》多《た》なる此の満洲は、実に東洋の大富源地である。天然物無限の宝庫である。年々五〇万の人口を増殖する日本人は、強いて遥々《はるばる》と南米や南洋まで出掛けなくとも、手近い所に満洲がある。満洲の宝を握るのは、日本人のほかには無いのである」として、人口問題の解決を図るためにも日本人の満洲移住を説き勧めていました。

しかし、一九三一年の満洲事変勃発当時の関東州・鉄道付属地・商埠地《しょうふち》を合わせた在満日本人数はおよそ二三万人、そのうち農業移民は一〇〇〇人足らずであったことを考えれば、「世界の大富源」といったイメージは農業移民を吸い寄せるだけの魅力をもちえなかったというべきでしょう。そのことは、当時の日本人が満洲にいかなるイメージを抱いていたかとも密接に関連するかと思いますが、たとえば一九〇九年に満鉄総裁中村是公《なかむらこれきみ》に招待されて満洲を訪れた夏目漱石は

『満韓ところどころ』で群れをなして蠢《うごめ》く蟻《あり》のごとく、生命力にあふれながらも「舌のない人間」のように黙々と働く存在として中国人苦力《クーリー》を描き、満洲では忍耐と精力とが「運命の影」となっていると観察しています。また、漱石は小説の中でも満洲から帰ってきた人を不気味で、ある種の破滅型の人間として描きましたように、満洲に対しては開発途上の動物的エネルギーには満ちているものの索漠《さくばく》たる空間として、名状しがたい違和感をもって見ていたように思われます。

ただ、そうした未開で生命力に満ちた空間というイメージを裏返せば、日本にはない自由な大平原の広がる満洲への憧憬《しょうけい》ともなり、拳銃片手に駆け抜けていく馬賊の活躍する荒野を連想させることになりました。そうしたイメージを喚起するにあたっては、「僕も行くから　君も行け」と歌い出して、二番で「思えば早も　十余年　今じゃ満洲の大馬賊　アジャ高嶺の間より　くり出す手下が　数千人」と高歌する宮島郁芳《みやじまいくほう》作曲の『馬賊の唄』などや、国文学者池田亀鑑《いけだきかん》が池田《いけだ》芙蓉《ふよう》の筆名で書いた少年小説『馬賊の唄』に添えられた高畠華宵《たかばたけかしょう》の美少年馬賊の挿絵などの影響が強かったと思われます。また、日本で最初に満洲でロケーションを行なった映画は、アメリカから帰ったヘンリー・小谷《こたに》が監督・撮影・出演を兼ねた一九二一年の『夕陽の村』ですが、馬賊のために危難に直面した日本の旅行者が、頭目の娘に助けられるというストーリーの恋愛活劇ドラマでしたし、一九二五年には大流行した『馬賊の唄』が本山裕児《もとやまゆうじ》監督・高田稔《たかだみのる》主演で映画化されましたが、これもまた美男の日本青年が馬賊に捕われて生命の危機にさらされた時、一目見て恋に落ちた頭目の娘に助けられるというアクション・メロドラマでした。つまり、満洲は馬賊の跋扈《ばっこ》する危険な荒野ではありますが、恋とロマンと冒険が待ち受けている大地というアメリカの西部劇に似たイメージで描かれ、大陸雄飛の夢を育《はぐく》むことになっていたのです。

さらにまた、満洲は日本が国運を賭《か》けて戦った日露戦争の戦場としての聖地というイメージがありました。すでに日露戦争時においても遼東半島は、さきの日清戦争によって「一旦、日本男子の血をもって購《あがな》った」（桜井忠温《さくらいただよし》『肉弾』）聖地として兵士たちは認識しており、その奪還を期して上陸していました。そして、日露戦争における旅順の激戦地二〇三高地は、勝典《かつすけ》と保典《やすすけ》の二子を戦死させた乃木希典《のぎまれすけ》によって「爾霊山《にれいさん》」と命名され、水師営《すいしえい》会見所や各地に建てられた忠霊塔や忠魂碑とともに観光旅行や修学旅行の名所となっていきました。このイメージが浸透していくにあたっては「ここはお国を何百里　離れて遠き満洲の　赤い夕日に照らされて　友は野末《のずえ》の石の下」という真下飛泉《ましもひせん》作詞の軍歌『戦友』、軍神とされた海軍の広瀬武夫《ひろせたけお》を歌った文部省唱歌『広瀬中佐』や陸軍の橘周太《たちばなしゅうた》を讃えた鍵谷徳三郎《かぎやとくさぶろう》作詞の『橘中佐』、乃木希典とロシアのステッセル将軍の会見を歌った佐佐木信綱作詞の『水師営の会見』などが広く口ずさまれたこと、そして桜井忠温の戦記小説『肉弾』（一九〇六年）などの影響も大きかったはずです。そのことは、満洲事変直後に作られた『満洲行進曲』に「過ぎし日露の戦いに　勇士の骨を埋《うず》めたる　忠霊塔を仰ぎ見よ　赤き血潮に色染めし　夕日を浴びて空高く　千里曠野《こうや》に聳《そび》えたり」と歌われていることとからも明らかです。ほぼ三〇年を経た満洲事変において兵士が容易にその空間を想像できるほどに日露戦争での犠牲は、「大和民族の聖地」満洲のイメージを浸透させていったわけです。

しかし、その結果として、石橋湛山の満洲放棄論などに対しては、「十万の生霊《せいれい》と二十億の国《こく》帑《ど》（国費）」によって贖《あがな》った神聖な大地を無償で手放すのか、という執着心に訴えた心情的な反論が出され、それに抗し切れませんでした。同様に、満洲こそ「明治天皇の御《ご》懿《い》徳《とく》」の最大のものであるというイメージが、日本の満洲政策に大きな足枷《あしかせ》となっていったことは否定できません。

問11 日露戦争から満洲国建国まで、この地域における日本の関与はどのような機構や制度によって行なわれていったのでしょうか？

時期によって違いますし、紙幅の関係で概観にとどまりますが、まず確認しておかなければならないことは、日露戦争によって日本が得た権益は、第一に旅順・大連など関東州の租借権であり、第二に長春《ちょうしゅん》から旅順に至る鉄道（南満洲鉄道）および支線の経営権とその付属地行政権、そして撫順・煙台《えんたい》炭鉱の採掘権などの付属権益が基本であったという点です。

この二つをどう維持・拡大していくかが、日本によるいわゆる「満洲経営」の課題となりますが、前者を管掌したのが関東総督府から関東庁・関東局へとつながる行政官庁であり、後者を担ったのが南満洲鉄道株式会社（満鉄）でした。そして、全般的な外交的事項と在満邦人保護に関しては、安東・瀋陽・吉林などに置かれた領事館や各地の領事館分館が扱いました。

このうち、軍政機関であった関東総督府は、三三一頁で触れました満洲問題協議会の決議をうけて一九〇六年に平時組織の関東都督府となります。関東都督府は関東州を管轄したほか鉄道付属地の行政・司法権を有し、鉄道線路保護のための兵力使用権や満鉄業務の監督権などを握っていました。関東都督府は朝鮮での三・一独立運動などに鑑《かんが》みて一九一九年に廃止され、その行政・警察権と満鉄に対する監督権は関東庁に、軍隊統率《とうそつ》権は新設された関東軍司令部に移管されました。関東庁の長官である関東長官は内閣総理大臣（一九二九年の拓務省新設以後は拓務大臣）の指揮下に、関東州や満鉄の業務監督などの政務を担当しました。軍務を担当することになった関東軍は、ポーツマス条約追加約款において鉄道線保護のために置くことが認められた一キロメートルあたり一五名、総計一万四四一九名以下の守備兵が前身でしたが、司令部が新設されたことによって行政機関である関東庁から独立し、陸軍の指揮下に行動を取りうるようになりました。

また、満鉄は基本的には鉄道会社でしたが、調査部や農事試験場・中央試験所・地質調査所などを備え、炭鉱・製鉄所などの付属事業、ホテル・病院・新聞社・映画製作所の経営、満洲医科大学をはじめとする教育機関の設置など広範な活動を展開しました。しかも、満鉄はその鉄道線路に沿う両側の土地や市街地を鉄道付属地とし、そこにおける教育・土木・衛生などに関する施設を主管し、居住民から手数料その他の費用を徴収する権限が与えられるなど、行政機関としても機能していました。その付属地は、一九〇七年ロシアから移譲されたときの総面積およそ一五〇平方キロメートルが、一九三一年の満洲事変当時には約四八三平方キロメートルに拡大していました。満鉄資本の半額は政府出資で国策代行のための半官会社でしたから、その総裁や理事は日本政府が任命し、経営に関しても厳密な監督を行なうことになっていました。

　このように満洲の経営には、監督権限の異なる関東庁・関東軍司令部・満鉄・領事館の四機関が当たったために多頭政治による対立や矛盾が生じ、統一性を欠くことが問題となりました。

　これに加えて、満洲統治を考えるときには、外務省管轄下の領事館などとともに、朝鮮総督府の存在も考慮に入れる必要があります。むろん、満洲に朝鮮総督府の権限が及ぶはずはないのですが、吉林省東部から豆満江をへだてて現在の朝鮮民主主義人民共和国に面した間島《カンド》地区の問題ともかかわって複雑な権力関係が存在していました。ここは朝鮮族の入植地として、その統治主体に関し清末以来、国際紛争が絶えず、一九〇五年の日韓協約によって外交権を管掌した日本が清国と交渉することになり、一九〇九年に清国領と認める間島協約を締結しました。この協約により竜井村《りゅうせいそん》や局子街《きょくしがい》などを外国人の居住・貿易に開放して、これらの地に日本の領事館・分館を置くこととし、在住朝鮮人の民事・刑事裁判には日本領事館員やその委任を受けた官吏が立ち会うことになりました。しかし、この間島地方こそ金日成《キムイルソン》らの抗日武装パルチザン活動の拠点として知られていますように、朝鮮統治や満洲国の安定化を図るためにも、ここでの強力な警察権力の行使には朝鮮総督府としても無関心ではいられなかったわけです。さらに間島地区のみならず、朝鮮族の統治に対しては朝鮮総督府のほうが長い経験と情報をもっていたために、満洲国建国後も一九三七年の治外法権撤廃までは満洲国国内の朝鮮人に対して、日本領事館と朝鮮総督府と満洲国政府とが三重の管掌権を行使するという複雑な問題が生じることになりました。

問12　一九一九年に正式に関東軍司令部ができてから一九三一年の満洲事変まで、一二年ほどの短期間に、なぜ関東軍が満洲で主導権を握るようになったのでしょうか？

満洲国成立以前には、よく逸話として語られますように満鉄総裁の宴会などでも関東軍の司令官や将校は末席を占めることが当然とみなされていたようです。そもそも、関東軍には満鉄の沿線の警備をするというだけの役割しか与えられていませんでしたが、第一次世界大戦後には、日本の総力戦体制と対ソ戦に備える兵站《へいたん》基地・満洲という位置づけがなされてくるなかで関東軍の地位も次第に高まってきます。さらに、第一次世界大戦後の民族自決思想の世界的な興隆のなかで中国においてもナショナリズムが高揚し、日貨排斥や旅順・大連の租借権否認といった国権回収運動が起こってきます。それに対し武力でもって抑えるという対応をとるかぎり、反日ナショナリズムが高揚すればするほど、日本もこれに対抗してさらなる権限の拡大を要求していき、それにともなって関東軍の軍備も増強されていくという相乗作用が生じました。

これに加えて、最大の仮想敵国であったソ連が一九二八年から第一次五ヵ年計画を開始したことは、対ソ戦を最大の任務としていた関東軍拡充の根拠となり、五ヵ年計画が完了する以前に満洲を領有しないかぎりソ連には永久に対抗できなくなるという見解の論拠とされました。

さらに、それまで満鉄の利益を確保するために、日本は中国に対して満鉄と並行して走る鉄道（満鉄並行線）の敷設を認めませんでしたが、中国のナショナリズムに後押しされる形で中国側も満鉄線を包囲する形での鉄道を作って、満鉄の独占支配に対抗しようとする動きが出てきます。そうしますと、経営を圧迫されることになる満鉄としても自らの利益を維持していくためにも、張作霖《チャンツウォーリン》・張学良《チャンシュエリアン》政権に対抗しうるパワーとしての関東軍への依存の度が高まっていくことになります。こうして差し迫った脅威が強調されるにつれて、関東軍がその武力を背景に関東庁や領事館を抑えて満洲における主導権をもち始めます。また、一九二九年からの世界恐慌のあおりを受けて満鉄は著《いちじる》しい営業不振に陥り、ここに満洲における四つのパワーの布置状態が変化してしまい、満鉄が起死回生を図るためにも関東軍による軍事的解決を支持せざるをえないという状況認識が生まれていったと思われます。

こうした背景を考えますと、満洲事変を主導したのが石原莞爾や板垣征四郎《いたがきせいしろう》ら関東軍参謀であったことは確かですが、満鉄社員と満鉄自体が背後で強力な支援をしていたことも看過できません。つまり、僅《わず》か一万四〇〇〇名ほどの兵員で短期間に満洲全土を制圧できたのは、何よりも「神速《しんそく》」と評されるほど迅速な兵の移動にあたって満鉄がフル回転したからですし、占領地行政におきましても日本人として現地の実情に最も精通していた満洲青年連盟や大雄峯会などの構成員をはじめとする満鉄社員の知識と情報が動員されたことも大きく寄与したと思われます。また、満洲国建設方針樹立のために関東軍は満鉄に経済調査会を組織させて経済参謀本部の機能を担わせ、「満洲国経済建設綱要」などを立案させています。満鉄が蓄えた情報と中国人人脈を利用することなしには、満洲国建国は画餅《がべい》に終わったことでしょう。当時の満鉄の総社員は約三万九〇〇〇人でしたが、武装自衛隊を組織して関東軍を支援した人などを含め、満洲事変での功労によって表彰された日本人社員が一万五八八四人、中国人などの外国人社員が六三七〇人にものぼり、建国とともに二四四名が退職して日系官吏の要職を占めたという事実が何よりもこの間の満鉄と関東軍の関係の変化、正確には相互依存関係の深化を象徴しているはずです。

なお、満洲国建国後には、満鉄総裁は日本政府が任命するポストとして残りますが、日本の外交権を管轄する役割をもつ駐満全権大使と、一九三四年関東庁に代わって設けられた関東局の長官の権限は、関東軍司令官が一手に掌握することになりました。満洲経営においては多頭政治の弊害が常に問題視されてきましたが、ここに「三位一体」体制を採ることによって関東軍司令官への権力集中が図られました。満洲国ができるまでは、関東軍以外はあくまでシビリアンによる統治だったわけですが、建国後には実質的な軍政主導へと転換していったわけです。

もちろん、そうした関東軍の排他的支配を認容することは、日本本国の統治体制の根幹を覆《くつがえ》すことになる懸念がありますから、日本政府は対満事務局や各種の日満協議会をつくったり、内地の官僚を送ったりしてコントロールを強める方法を模索しました。この政治過程は関東軍が独占している権力を日本側がどのように回復していくかというヘゲモニー闘争の歴史となりますし、それはまた、日本国内において軍部と官僚と議会との間の主導権争いとして現れていきました。

問13 関東軍による満洲国統治の歴史的な意味を、どうとらえたらいいのでしょうか？

総務庁次長を務めた古海忠之《ふるみただゆき》は、「満洲国というのは、関東軍の機密費作りの巨大な装置だった」とみていますが、満洲国のみならず、陸軍がアジア各地で広汎《こうはん》な活動ができたのも、満洲国が吸い上げる資金をつぎ込めたからだともいわれています。基本的な資金源はアヘンでした。これは台湾での統治体験からつながってくる問題ですが、アヘン吸引がやがて廃人に導くことを考えれば、その廃止は当然の要求になります。しかし、一挙に廃止すれば却《かえ》って社会的な混乱を招くという口実で、政府専売の形にして徐々に少なくする方針が採られます。満洲国でも一応そういう形をとりましたので満洲国の善政として自賛されていますが、実は密売されたアヘンが満洲国の財政を支えただけでなく、機密費の主要な資金源となりました。そのため満洲や蒙古各地で栽培させただけでなく、満洲国通信社社長であった里見甫《さとみはじめ》を使ってペルシャなどから満洲国に大量にアヘンを流し込んでいきました。それが莫大《ばくだい》な利益を生み、支那派遣軍などの謀略資金になります。甘粕正彦《あまかすまさひこ》が影の皇帝といわれるほどの権勢を満洲国でふるうことができたのもそうした裏金があったからです。甘粕はまた中国人労働者を満洲に雇い入れる斡旋《あっせん》事業においても、裏金の当時の額面で一〇〇〇万円（卸売物価の上昇率からみて現在の八〇億〜九〇億円にも相当します）をつくり出していました。岸信介《きしのぶすけ》にしても一介の官僚でありながら、甘粕の特務工作に対してその当時の額面で一〇〇〇万円を手渡したりしています。ただし、甘粕はこれらの資金を着服したりすることはなく、満洲国から華北や蒙疆《もうきょう》へと日本が進攻していくための特務工作に使用したといわれていますから、満洲国はそうした「第二の満洲国」造り工作の策源地であり、資金源であったということになります。

このような機密費や裏金の問題は、その本質上、資料的に正確に証明することはきわめて困難で、あくまで証言によって傍証しかできませんが、実証的に明らかにしていく必要があります。

他方、二六六頁以下で引用した『フォーチュン』誌などの論説に現れていますように、満洲国というのは日本陸軍の壮大な実験場であったという見方もできます。満洲で統治実験を行なったうえで日本陸軍は日本の総動員体制、国防国家体制の構築に利用したということですが、この体制を造り出すにあたっては陸軍のみならず満洲国統治を体験した岸信介や椎名《しいな》悦三郎《えつさぶろう》、美濃部《みのべ》洋次《ようじ》などの多数の革新官僚が担当しましたから、この観点は満洲国と日本との相互連関性を見るうえで不可欠のものといえるでしょう。また、その後の大東亜共栄圏形成においても関東軍参謀は指揮官やブレーンとして各地に派遣されていきます。満洲事変で石原莞爾を支えた和知鷹二《わちようじ》はフィリピンの軍政監という最高ポストに就きましたし、岩畔豪雄《いわくろひでお》はスマトラの総務部を管掌し、磯《いそ》谷廉介《がいれんすけ》は香港占領地の総督に、また今村均《いまむらひとし》はジャワそしてラバウル方面軍の司令官になるなど、関東軍参謀として植民地統治体験を経たことは大東亜共栄圏各地で重要な意味をもったことは否定できません。なお、総務庁長であった大達茂雄《おおだちしげお》がシンガポール占領後に作られた昭南《しょうなん》市の市長となるなど、大東亜共栄圏各地に赴いた満洲国日本人官吏であった人も少なくありません。

また、関東軍が内蒙古統治のために徳王《とくおう》に作らせた蒙古連盟自治政府においては、間島省長であった金井章次《かないしょうじ》、外交部次長であった大橋忠一《おおはしちゅういち》、総務庁長であった神吉正一《かんきしょういち》が相次いで総務庁長・最高顧問に就いており、自治政府が「第二の満洲国」そのものであったことがわかります。

問14　居住日本人にとって、満洲国での生活はどのような意味をもったのでしょうか？

満洲国における日本人の生活を考える場合は、満鉄沿線地帯にあった都市部と農村部に分けて考える必要があると思います。開拓団の多くは新聞や雑誌を読む機会もないような環境に置かれていた場合が少なくありませんが、政治的シンボルとして新たに計画的に作られた首都・新京《しんきょう》（長春）ではインフラの整備に資金が注ぎ込まれて下水道設備が完備し、公園の占有率も東京の二・八％に対し七・二％に当たるなど、当時の東京よりも快適な都市生活を送れた側面もあります。また、「北方の真珠」と称された大連には東洋一の規模を誇る満鉄病院があり、市街地はアスファルト舗装《ほそう》で水洗便所やセントラル暖房が装備されるなどの都市環境にありました。

そこで、まず確認しておきますと、満洲国の総面積は、およそ一三〇万平方キロメートルあり、これは台湾の三万六〇〇〇平方キロメートルや朝鮮の二二万平方キロメートルなどを含めた当時の日本帝国の総面積六八万平方キロメートルの二倍弱に相当するものでした。そのため農業恐慌から娘の身売りや親子心中が社会問題となっているなかで、「満洲に行けば一〇町歩の大地主になれる」という惹句《じゃっく》を人々が信じ、移民や開拓団として入植したとしましても、あながち無理はなかったのかもしれません。一〇町歩は三万坪にもなりますから、当時の疲弊した農村にあって耕す土地もなかった人にとっては、まさしく希望の大地、「北のエデン」とさえ思えたことでしょう。もちろん、満洲移民にも武装移民・集団移民・分村移民などのいろいろなケースがあり、入植した時期や形態によって事態は全く異なりますが、実際にはそれほどの農地が与えられたわけでもありませんし、農法も気候も異なる満洲で自ら耕作をすることには限界がともないました。そのため結局、現地の人を耕作のために雇うことも少なくなかったようです。

　また、入植地が満洲国の北部や東部がほとんどであったのも、ソ連の侵攻に対処する意味合いがあったからです。満洲開拓を推進した関東軍司令部付きの陸軍大佐東宮鉄男《とうみやかねお》は、開拓移民を「屯墾軍《とんこんぐん》」と位置づけ、その入植地の選定基準を対ソ戦のための要衝《ようしょう》の地に置いていました。一九四五年六月にはソ連の参戦が想定されていたにもかかわらず、関東軍が開拓団を退避させなかったのも、それによってソ連軍を呼び込むことになることを警戒したからでした。その意味では一九三二年から始まった武装移民や、一九三八年から敗戦まで八万七〇〇〇人に及んだ「昭和の防人《さきもり》」と呼ばれた満蒙開拓青少年義勇軍（満洲国では「軍」の名称を避けて義勇「隊」と称しました）による開拓なども、一九四五年の悲劇を用意するものでもありました。特に一九三九年のノモンハン事件以後は、対ソ防備強化のために軍事施設の周辺に入植することとなり、「大陸の鍬《くわ》の戦士」は、関東軍の南方への兵力移転が進むなか、案山子《かかし》の兵隊となって鍬でソ連の重戦車や機関銃に立ち向かうことを余儀なくされたのです。湯浅克衛《ゆあさかつえ》は、満洲移民についてブラジル移民などとは「根本的に違っていて、文字通り国家の盾として民草を植えているのだ」（『先駆移民』一九三八年）と書きましたが、こうして満洲国の盾として各地に植えられた最も弱い民草が、その国家の壊滅のなかで最も苛烈《かれつ》に国家の責めを負わされることになったのです。

なお、満洲農業移民には、このほか宗派・宗団によるものや品川区の武蔵小山《むさしこやま》商店街など東京の商工業者が物資欠乏から止《や》むなく商店や工場を閉めて満洲に移ったという事例などもあります。中小企業の整理事業というのは、岸信介らが満洲国から帰って推進した統制経済事業の一環ですが、そうした総動員体制作りのなかで弾《はじ》き出された農業経験のない人々までが数多く満洲に渡りました。さらに、忘れてならないのは、そこに被差別部落の集団移民が含まれていたことです。移民団は日本での絶望から逃れるための新天地を求めて満洲国に渡ったにもかかわらず、そこでも差別を受けて定着できないままに、追われるように次々と開拓地を移っていくしかなかったという事実は、日本社会の差別構造が植民地においても清算されないばかりか、満洲において拡大再生産されていったということを意味します。そして、同じ民族にさえ向けられたそうした差別や蔑視の眼差《まなざ》しは、さらに他民族に対しても、より冷たく向けられる視線でもあったはずです。

いずれにしましても、それぞれの人の渡満の動機や満洲国での生活体験は多様であり、簡単には総括できない難しさがありますが、開拓民が入植した地域は、大半が鉄道沿線からも遠く離れた僻遠《へきえん》の地で開拓団に一台のラジオさえない所も多く、文化的生活には無縁で娯楽といえば開拓地に建立された神社での祭礼や運動会などきわめて限られたものでしたから、「屯墾病」や「懐郷病」といわれるようなノイローゼやホーム・シックに罹《かか》った人も少なくなかったようです。

他方、大連や奉天、新京、ハルビンなどの主要都市では、デパートに流行の最先端をいく商品のほか、内地では入手できない洋酒などの輸入品も溢《あふ》れ、日本人商店には日本製品が並んでいました。新京には新京銀座といわれた吉野町や日本橋通り、奉天には春日通り、大連には浪速《なにわ》町や山県《やまがた》通り、ハルビンの三道街にはヤポンスカヤ（日本人町）などがあり、日本料亭や遊興場などでは内地の生活が再現できました。大連には鮨屋《すしや》もありました。また、ホテルや日本人専用の会館・クラブハウスなどでは社交ダンスや音楽会などが催され、劇場もまた観劇を兼ねた社交場として着飾った日本人が出入りし、昼はテニスやゴルフ、狩猟《ハンティング》に興じるなど植民地特有の文化が享受されていました。冬季にはスキーやスケートのほかホッケーなどのウィンター・スポーツもさかんでしたし、熊岳城《ゆうがくじょう》や五龍背《ごりゅうはい》などの温泉地には行楽客が集い、大連近郊の「東洋のニース」と呼ばれた星ケ浦には海水浴を楽しむための別荘が立ち並んでいました。さらに、浜洲《ひんしゅう》線の巴林《パリン》一帯は「満洲の軽井沢」と呼ばれて避暑客が集まり、松花江の中洲・太陽島にはヨットクラブもあってロシア人を含め束の間の夏を満喫《まんきつ》する人々で賑《にぎ》わいました。

こうした植民地特有の生活に「西洋文明のフロンティア」としての満洲というイメージが生まれる契機があったと思います。現在でも大連を歩きますと、その瀟洒《しょうしゃ》な洋館が残る南山麓《なんざんろく》の住宅街には往時を偲《しの》ばせる情緒を感じますし、「東洋の小巴里《パリ》」、「東洋のモスクワ」と称されたハルビンのキタイスカヤ街の石畳などには色濃くヨーロッパの雰囲気が漂っている気がします。

満洲国時代もまた、まさにそうした異国情緒が満洲国へ日本人を誘《いざな》うひとつの要因であったと思われます。たとえば、ハルビンを訪れた橘外男《たちばなそとお》が「哈爾賓《ハルビン》！　海のない上海‥　猟奇と小説的《ロマンティク》と冒険《アヴアンチユール》とが渦を巻いて、過去と未来がジグザグな交響楽を奏でている北満の国際都市！　そして落魄《うらび》れた露帝《ツアー》の大公爵が街角に行人の靴を磨き、帝室歌劇団の花形の踊り子が、老いて路傍に燐寸《マッチ》を売っている、もの悲しい都会！」（『哈爾賓の憂鬱《ゆううつ》』一九四〇年）と記していますように、ハルビンや大連の露西亜《ロシア》町などは、ヨーロッパの時の流れの重みを含んだ空気に満ちた、日本人が接しうる最も近い西洋であったのではないでしょうか。

問15　そうした曠野《こうや》と西洋とが出会うフロンティア空間としての満洲国に日本人が渡って行った理由として、経済的なもの以外に、どのようなものがあったのでしょうか？

王道楽土・五族協和という理想に共鳴して渡満した人が少なくなかったことも否定できません。

また、朝比奈隆《あさひなたかし》氏がハルビン交響楽団で指揮の修錬をされたように、海外留学しようにも外国に閉ざされていた戦時中の日本社会にとって西洋文明を吸収できる窓口であったことも忘れてはならないかと思います。同じくロシア語・ロシア文学に憧れてハルビン学院などに進学した人もありました。この他、日本では撮れない映画を作るために、潤沢な製作費用を使えた満洲映画協会（満映）に入った人もいれば、満洲写真作家協会の淵上白陽《ふちがみはくよう》や宇野木敏《うのきさとし》などのように日本にない被写体に満ちた満洲国に写真芸術革新の実験場を求めた人たちも少なくありませんでした。

　そうした西洋文明に接触する先端空間《フロンティア》であっただけでなく、日本の近代における政治空間というものの性格を考えた場合に、満洲はまた特別な意味をもっていたのではないかと思われます。日本近代史を顧みて重要な事実として挙げられるのは、佐野碩《さのせき》や岡田嘉子《おかだよしこ》、杉本良吉《すぎもとりょうきち》といったごくわずかな人たちを除いて、亡命者がほとんどいなかったということです。なぜ亡命者がこれほど少ないかということ自体、日本の近代史を解くうえで重要な課題だと思われますが、そのような日本近代史のなかで満洲は、擬似亡命空間として機能していたのではないかとも考えられます。

　満鉄にしても、左翼の転向者が多数渡っていき、それを許容する空間として存在していましたし、満映も共産党大森銀行襲撃事件の大塚有章《おおつかゆうしょう》などが自由に活動できる場所でした。そういう意味で満洲は、日本近代のなかにあった唯一のアジール（Asyl 庇護《ひご》空間）だったのかもしれません。王道楽土建設といった政治的な理想を含めて、満洲とは逼塞《ひっそく》した日本の空間から逃れて日本のなかで実現できなかったものを広大で自由な空間に求められるという点において、また共産主義の研究さえ可能であったという点でも、アジールという意味合いがあったのではないでしょうか。

このように満洲国には、落魄《らくはく》した身が流れ落ちていく国という非常に暗いイメージをもった「奈落《ならく》としての満洲」と、拘束や因習から脱して自由に飛翔《ひしょう》できる「アジールとしての満洲」という両極端の二つのイメージが共存していました。人によってはどちらかが極端に現れ、満洲国についてのイメージはどうしても分裂することになります。要するに、満洲という空間は、そこに理想に燃えて行った人が多いことも否定できませんが、他方で満洲ゴロ、満洲浪人、一旗組といった言葉もあったように、日本では身の置き所のなかった人たちが現状から逃れて新たなチャンスに賭ける場所ともみなされました。それが戦後にも残映として影を落とし、満洲から帰って来た人に対するある種の偏見と憧憬を含んだ違和感を生んだ要因であったのかもしれません。

問16 そのように奈落とアジールという相反するイメージが混在するなかで、女性にとって満洲国とは、いかなる空間として存在していたのでしょうか？

「日本植民地の開拓先駆者は女なり」(平林広人『満洲における邦人接客婦の勢力』一九三四年)という見方がいみじくもありましたように、日本人が満洲へ入っていく先駆けとなったのは、「北のからゆきさん」たちでした。すでに日露戦争前にはバイカル湖以東の都市で日本人女性がいない所はないとさえいわれており、シベリア開発や鉄道建設などに雇用されていた中国人や朝鮮人の労働者そしてロシアの軍民などを相手に商売をしていましたが、東清鉄道建設にともなって南下して満洲へ入っていったようです。日露戦争前にウラジオストクからハルビンに入った軍事探偵の石光真清《いしみつまきよ》なども、馬賊の内妻となっていたお君やお花などのからゆきさんであった女性たちから物心両面の援助を受けて活動したことが自伝の『曠野の花』に記されています。

こうした女性に次いで、日露戦争後には満鉄の発展に沿うかたちで満鉄職員やその妻となる人、あるいは進出した土木建築業・売薬業および商社や商人に雇用される女性、女中として働く女性などが増えていきます。さらに満洲国建国とともに、満洲国政府や県公署の事務員やタイピストなどに就く機会が開かれていき、日本国内ではきわめて限られていた女性の専門職への就職という希望も叶《かな》えられるようになります。また、日本人人口の増加とともに初等・中等教育における教員となって自らの教師としての成長を望んだ人もいましたし、異民族教育に携わって民族協和を実践したいといった夢をもって渡った女性がいたことも回顧録などから確認できます。

しかし、女性が満洲国に赴く一番大きな理由となったのは、やはり満洲開拓移民にともなうものでした。そのうち家族で渡った移民の場合は、最初から妻や母としての役割を自覚されていたと思われますが、その他に「開拓の聖業に一身を捧《ささ》げる若き拓士の良き妻」として満洲国へ渡った「大陸の花嫁」と呼ばれた女性たちがいました。

一九三二年に第一次移民が入った弥栄《いやさか》村では、翌年にはすでに「屯墾病」による退団者が続出し、幹部排斥運動が起きるなど移民の可能性について疑問の声が出る状況でした。そのため、東宮鉄男や加藤完治《かんじ》らは、「屯墾病」に悩む男性も結婚させて、家庭の慰安を得ることができれば満洲に定着するであろうと考えて、「大陸の花嫁」政策を推進しました。特に、一九三六年に策定された「二十カ年百万戸移住計画」によって大量移民政策が始まり、さらに三八年に開始された満蒙開拓青少年義勇軍の隊員が訓練を終えて入植していくことに対処するため組織的な花嫁の送出が図られることになりました。具体的には、満洲移住協会が中心となって日本各地に設けた花嫁訓練所や花嫁講習会、拓務省が主催した女子拓殖講習会、農林省が開設した農村花嫁学校などの参加者のなかから選ばれた女性が、満洲移民予定者や現地から花嫁捜しに一時帰国した人とのお見合いによって結婚して渡ったほか、花嫁候補として渡満する場合がありました。

そのほか、一九四〇年以降は結婚に先立って開拓女塾《じょじゅく》と称された女子義勇隊訓練所に入所して、満洲での生活を送るための訓練を受けてから現地で結婚する事例も増えていきました。女子義勇隊訓練所に入所した女性たちは、国内での花嫁募集に応じた人が大半でしたが、なかには女塾を花嫁学校や職業訓練学校と教えられて渡ったにもかかわらず、結婚しなければ日本に帰れないと半ば脅迫されて集団見合いなどで結婚に踏み切った人もいたようです。もちろん、戦争と貧困とに閉ざされた日本の日常から脱け出して、自力で自分の未来を切り拓いていきたいという希望を抱いていた人も少なくありませんでした。ただ、いずれにしても、その結婚は限られた選択肢のなかで、男女ともに自分の意志だけでは決定できない力が働いていたことは否《いな》めません。

ちなみに、この花嫁たちをテーマに「日本最初の女性映画監督」「共栄圏唯一の女性映画監督」と呼ばれた坂根田鶴子《さかねたづこ》が一九四三年に満映で撮った映画が『開拓の花嫁』であり、満洲国において対等に労働し、愛し合い、生まれる命を育んでいく若き夫婦の生活が描かれています。映画自体は、国策に沿ったものであったには違いありませんが、民族協和の前提に両性の協和を置いていたともみられます。なお、戦後日本では大学卒業生でなかったという理由だけで映画を撮ることができなかった女性監督第一号の坂根にとって、能力さえあれば監督として男性と対等に映画を作る場を提供してくれたのは満映という満洲国にあった空間だけだったのかもしれません。

いずれにしろ、こうしてさまざまな方途によって、満洲開拓に女性がリクルートされていきました。こうした満洲国における女性の存在意義を、日満両政府がどのように位置づけていたかを明確に示す文書として、「女子拓殖要綱」が発表された一九四二年に拓務省が作成した『女子拓殖指導者提要』があります。ここでは女性の役割として、「民族資源確保のため、先ず開拓民の定着性を増強すること」、「民族資源の量的確保と共に大和民族の純血を保持すること」、「日本婦道を大陸に移植し、満洲新文化を創建すること」、「民族協和の達成上、女子の協力を必要とする部面の多いこと」などを挙げています。満洲国での女性の任務が、自己の希望の実現や自己充実などではなく、あくまで開拓移民男性を満洲に定着させ、出産によって満洲国の指導民族としての大和民族を増殖させることに置かれていたことは明らかです。

たしかに、「民族協和の達成」も挙げられてはいますが、それはあくまで主体性のない補助的なものにとどまりました。しかも、〝大和民族の純血〟保持が強調されていますように、民族協和とはいいながら「一滴の混血も許さず、自ら進んで血液防衛部隊とならなければならない」として他の民族と通婚することは厳しく否定されていました。つまり、女性に期待されていたのは、満洲国において他民族と交流して協和を達成することでも、満洲新文化を創建することでもなく、「開拓農民の良き助耕者」「開拓家庭の良き慰安者」「第二世の良き保育者」として、満洲日本人社会のなかにあって、自らが良き労働力でありつつ、男性開拓民に慰安を与え、民族を増やす良き母という役割でした。そもそも「百万戸移民計画」自体が二〇年で満洲国の日本人人口を五〇〇万人にするという「産んで、殖《ふ》やして皇楯《みくにたて》」の人口増殖計画そのものであったわけですから、この計画の成否は、ひとえに「大陸の花嫁」の出産能力いかんにかかっていたわけです。

開拓団での生活は、日本内地とは違う厳しい気候条件のうえに、娯楽の少ない単調な生活でしたから幻滅感にとらわれたり、開拓団の共同生活になじめずに疎外感に悩んだ女性も少なくなかったようです。しかし、いかに絶望し厭悪《えんお》したとしても、満洲に嫁いだことで実家にも帰れず、帰国費用もないままに現地生活に適応していくしかないというのが実情だったのでしょう。

もちろん、満洲国の民族協和や王道楽土の理念に共鳴して、家庭の内外で中国人女性にその理念を浸透させ、日満親善を実現することを使命と考えた女性もいました。日本人が「匪賊《ひぞく》」と呼ぶのは「愛国軍」であり「満洲人、犬や猫ではない」と抗弁する一四歳の使用人・李桂玉《リークエイユイー》に「天皇様の御恩」を教え込むことこそ、「日満親善」を達成する「日本人の信《まこと》」だと信じ、『満洲人の少女』を書いた小泉菊枝《こいずみきくえ》もその一人でした。また、望月百合子《もちづきゆりこ》は将来の文化は両性の協和の上に創られるとして、満洲国の民族協和を担う在満日本女性を指導民族として教育するために大陸文化学園などを開いていました。彼女たちの活動が真に民族協和に適《かな》うものであったかどうかは、もちろん問題はありますが、少なくともそれが民族協和という理念を現実化するために日本女性としての自分ができる最善の方策であると信じて尽力したことだけは否定できないでしょう。

ただ、小泉や望月だけでなく、在満の女性も総力戦から自由ではありえませんでしたから、日本内地の女性と同じく戦争遂行に動員されました。満洲事変が起こるとともに関東長官武藤信義《むとうのぶよし》夫人の能婦子《のぶこ》の提唱によって全満婦人団体連合会が結成され、「婦人として平和と正義の理想郷を建設する大運動に参加」することが強制され、兵士ホームの開設や遊説班の日本派遣などの活動に駆り立てられました。また、日本内地にあった愛国婦人会や大日本国防婦人会からは満洲支部の設立が要請され、軍事援護と国防家庭建設を担い、併せて「中国婦人の日本化」を推進することが、満洲国の建国理念を実現するための在満日本女性の重要な任務とみなされたのでした。

問17　日本人以外の民族の人にとって満洲国はどういう意味をもったのでしょうか？

この問いにもすべてにわたって答えることはできませんが、まず確認しておかなければならないことは、中国では、満洲国の存続期間である一三年半を指して「東北淪陥《りんかん》十四年」と呼ぶということです。淪陥《ルウンシエン》とは、「陥落して敵に占領されていた」という意味ですから、その呼称自体に敵に踏みにじられたという屈辱感がこめられていることは当然でしょうし、それは反満抗日運動が勝利するまでの苦難の歳月であったということも同時に含意しているはずです。つまり、満洲国ができたことによって利権を得た協力者《コラボレーター》も皆無ではなかったにせよ、農民の多くは土地を安く買いたたかれて生活基盤を奪われましたから、小作になるか、苦力になって生活の糧を得るか、関内つまり中国本部に移るかといった選択を強いられることになりました。開拓団をつぶさに見て回った島木《しまき》健作《けんさく》は「雇われるものの第一は、今まで開拓地内にあった原住民であって、日本開拓民が入ってきたために、早晩この土地を去らねばならぬ運命にあるものである」(『満洲紀行』一九四〇年)と書いていますが、日本人が「匪賊」と呼んだ人々もこうした境遇のなかで反満抗日運動や共産主義運動に身を投じるか、これを支援した人々でした。また、中国人女性のなかには、日本人の内妻や妾となって「満妻《まんさい》」と呼ばれた人たちがいましたが、日本人男性が出入りする社会に受け入れられることはありませんでした。もちろん、満洲国の中国人女性も国家への忠誠が要求されて、満洲帝国国防婦女会のもとで軍事援護や対日協力のための組織化が図られました。一九三八年には日本人団体である国防婦人会満洲支部と合併して満洲帝国国防婦人会が結成され、満洲国総理張景恵《チャンジンホイ》夫人である徐芷卿《シュイジーチン》が名誉会長に推されて組織強化が進んでいきました。

こうした境遇の下に置かれた人々がどのような想いをもって過ごしたのかは、「淪陥」期に愛唱された張寒暉《チャンハンホウイ》作詞・作曲『松花江上《スンホアジャンシャン》（松花江のほとり）』に、故郷を追われ、見知らぬ土地をさすらい歩く日々の苦難を歌い、故地を奪還することを切々と誓った歌詞に窺《うかが》われます。また、周璇《チョウシュアン》が一九三七年の映画『三星伴月《サンシンバンユエー》』で歌い、日本では渡辺はま子や李香蘭《リーシアンラン》の歌唱で知られる『何日君再来《ホーリーチュインツァイライ》（いつの日、君また帰る）』が、「君《チュイン》」の歌詞を同じ発音の「軍《チュイン》」の意味に替えて歌われていたこともよく知られています。つまり、何時《いつ》の日、中国軍が満洲国の日本人を駆逐するために帰ってきてくれるのか、とその日を鶴首《かくしゅ》する抗日歌として流布していたのです。

朝鮮民族については、満洲国建国以前から水田耕作を行なっていた人々も日本の開拓移民のために農地を買い上げられ、小作にならざるをえない場合がありました。また建国後には、朝鮮総督府が耕地の乏しい朝鮮南部の農民を半ば強制的に鮮満拓殖会社などを通して移住させたことにより建国時の六七万人が一九四五年には二一六万人に増加し、それに応じて一九四〇年には満洲国朝鮮人官吏は二三〇〇名にのぼりました。さらに、一九四〇年以降は朝鮮青年義勇隊も入植して開拓に動員されました。在満朝鮮人は満洲国時代に日本人＝「東洋鬼子《トンヤングエイズー》」に次ぐ位置にあったことから「二鬼子《アルグエイズー》」として戦後は厳しい環境に置かれましたが経済的理由などで帰国もできず、一一二万人近くが残留を強いられました。朝鮮族は日本人に次ぐ「満洲国の重要なる構成分子」として国防の責務を課されましたが、同時に「皇国臣民」として徴兵・徴用されて中国・南方戦線に動員されて戦犯に問われたり、シベリアに抑留された人も少なくありません。しかし、敗戦後は日本国籍を失ったために、その保護や補償の対象からは外されました。

なお、私がお会いした満洲出身の朝鮮族の男性は、留学生として日本に渡って社会学を学び、戦後アメリカで研究者として評価されてヨーロッパに招かれるなどの人生を送られ、「私も満洲国の支配をけっしていいものとは思わなかった。しかし私の一生にとっては日本へ留学できたことが良いチャンスだった。そうでなければ私は一生農民として生きるしかなかったであろう」と語られました。もちろん、日本が満洲を統治しなければ、もっと違った可能性がさらに開かれていたかもしれませんので、この事例を一般化することには問題があります。しかし、たとえば貧しい農家の出身で韓国大統領となった朴正熙《パクチョンヒ》も満洲国の陸軍軍官学校や日本の陸軍士官学校に公費で学ばなければ、軍隊の中枢部に上り、政権を担うこともありえなかったかもしれません。

そういう限られた意味でのみいいますと、満洲国統治における民族協和ないし五族協和が、スローガンでしかなかったことは否めないにしても、しかしそのスローガンがあったことによって、学校や公的機関には、必ず一定割合の中国人や朝鮮族などを入れなければならない、といった基準が定められていました。確かに、日本の植民地統治がなければ、より多くの人にさらに多様で容易に飛躍できる機会があった可能性があります。しかし、虚構にすぎなかったにしろ、国是とした民族協和ということを掲げたかぎりにおいて、きわめて低率であったにせよ満洲国は否応なく日本人以外の人にも官公庁や教育機関において門戸を開かざるをえなかったことも事実です。

さらに、そのほかの民族についてみますと、それまで抑圧されていた少数民族のなかには満洲国建国とそこに掲げられた民族協和という理念に、民族自立の望みをかけた人もいました。

その一例としてブリヤート・モンゴル族のガルマエフ・ウルジンが挙げられます。ウルジンはシベリアのチタに生まれてロシアの職業軍人となり、ロシア革命に際してはシベリア出兵した日本軍が支援したコサックのグリゴーリイ・セミョーノフ軍に加わり、内蒙古シニヘイに敗走したのち、満洲国に入って興安《こうあん》省警備軍モンゴル人部隊の中枢となっていきました。満洲国壊滅後、ソ連に自首し、軍事法廷で日本の特務であったとの嫌疑で銃殺されて一生を終えました。ウルジンにとって満洲国の民族協和という理念が、どれほど現実味があったかはわかりませんが、強い反共意識もあってかモンゴル系部隊の反乱が起こるなかで最後まで興安軍軍官学校長としての義務を貫き通したようです。なお、セミョーノフも満洲国で反革命派の白系ロシア人を集めてソ連への反攻の機会を伺いましたが、満洲国壊滅後にソ連の軍事裁判にかけられて処刑されました。

このほかに三〇を超える民族の複合国家であった満洲国には、白系ロシア人やユダヤ人、ポーランド人なども住んでいました。満洲国では対ソ連情報を得るためにも反ソ意識の強い白系ロシア人や中央アジアから逃れてくるムスリムを保護する方針を採り、建国大学などには白系ロシア人学生も入学していました。このため白系ロシア人やムスリムにとっても満洲国は一種のアジールとなり、ソ連から圧迫された人々に生活拠点を提供しましたが、逆に敗戦後のソ連侵攻のなかで圧迫を受ける原因ともなりました。もちろん、満洲国政府が積極的にこうした人々に安住の地を提供しようとしていたわけではなく、シベリア鉄道を通じて世界史的な人の流れのなかに置かれていた満洲国が対ソ・対米戦争を準備し、遂行していくにあたって、ユダヤ人やムスリムやポーランド人をどのように利用しようとしたかという問題としてとらえていく必要があります。

問18　満洲国ではユダヤ人を定住させて「六族協和」をはかる構想があったといわれていますが、日本政府を含め実際にはどのようなユダヤ人政策を採っていたのでしょうか？

満洲国はロシア革命後に脱出してきた旧ロシアやポーランドのユダヤ人のほか、ヨーロッパでのナチスの迫害から逃れてきたユダヤ人の居住地として上海に次ぐ規模にあったといわれています。しかし、ハルビンなどではソ連共産党指導者にユダヤ人が多いとみなされていたこともあって白系ロシア人を中心に反ユダヤの気運も根強く存在していました。そのため満洲国での定住よりも、満洲国を経由してアメリカなどへの渡航を希望するユダヤ人が多いというのが実情でした。

こうした実態を踏まえ、満鉄総裁松岡洋右《まつおかようすけ》や満洲重工業開発会社社長鮎川義介《あゆかわよしすけ》らによって五万人規模のユダヤ人定住計画が検討され、ハルビン特務機関の樋口《ひぐち》季一郎《いちろう》や陸軍の安江《やすえ》仙弘《のりひろ》、海軍の犬塚惟重《いぬづかこれしげ》などの軍人やユダヤ教研究者の小辻《こつじ》節三《せつぞう》などの民間人が、その実施方法を模索していました。この定住計画は、アメリカからの資本導入を期待して日産コンツェルンの満洲国移駐を実行しながら糧道を断たれる形になっていた鮎川義介や、沈滞していた満洲経済の活性化を求めていた松岡洋右にとって、実現すればユダヤ人の資本と技術力を利用できるという効果をねらって発想されたものでした。併せて、アメリカにおけるユダヤ人のマスメディアや政界に対する影響力を利用して、満洲国否認政策を採るアメリカ政府に政策変更を促すことができるのではないかという目論見《もくろみ》もありました。さらにまた、ハルビンなどではユダヤ人誘拐事件や襲撃事件が頻発しており、それらを満洲国政府が背後から指導しているのではないかという国際的な疑惑を払うためにも定住による「六族協和」が実現すれば、有効な宣伝効果をもつと考えられていました。

満洲国におけるユダヤ人政策がこのような思惑で錯綜《さくそう》するなか、一九三七年一二月に第一回極東ユダヤ人大会がハルビンで開催されて「日満両国には弱小民族の圧迫なし」との宣言が採択され、三八年三月にはヨーロッパを脱したものの満洲国への入国を拒否されてソ連領オトポールで難民生活を強いられていた二万人弱のユダヤ人に通過許可が与えられることになりました。ただ、この通過措置を満洲国政府に採らせるために尽力した樋口季一郎が、ポーランドもソ連も通過許可を与えたにもかかわらず、『五族協和』をモットーとする、『万民安居楽業』を呼号する満洲国の態度は不可思議千万であった」(『アッツ・キスカ軍司令官の回想録』)と批判したように、満洲国外交部はドイツ政府への配慮からユダヤ人受け入れには終始、消極的立場をとり続けました。

他方、日本政府は一九三八年一二月、近衛《このえ》文麿《ふみまろ》首相の下で五相会議を開き、ユダヤ人排斥そのものは人種平等の原則に反するとしたうえで、「戦争の遂行、特に経済建設上外資を導入するの必要と対米関係悪化を避くべき観点」から、日本・満洲国・中国に居住するユダヤ人に対しては他国人と同様に公正に扱うこととし、積極的な排除策も招致策もとらないことを決定しました。

しかしながら、但し書きにおいては、「資本家、技術家の如き利用価値ある者はこの限りにあらず」として利用価値のあるユダヤ人は積極的に招致する方針をとることを明確にしていました。

しかし、一九四〇年九月に日独伊三国同盟が調印され、ユダヤ人を利用した対英米関係の好転が望めない状況になると、日本と満洲国にとってユダヤ・カードは有効性を失ってしまいます。こうして一九四〇年一二月に大連で開催予定だった第四回極東ユダヤ人大会は直前に中止となり、安江は大連特務機関長を解任され、樋口や犬塚もまたユダヤ工作から切り離されていきました。

そして、日米開戦後の一九四二年三月の日本政府の連絡会議決定では、もはや英米はじめ国際世論に顧慮する必要はないとして、満洲国はじめ日本占領地においては「ユダヤ人の渡来は特殊の事由あるものを除き一切これを禁止す」、「その居住営業に対し監視を厳重にすると共にその敵性策動はこれを排除弾圧す」、「ユダヤ人民族運動を支援するが如きは一切これをなさず」と決定しました。こうした決定をうけて満洲国においてユダヤ人移住区や自治区を設立することは、実現されることなく終わりました。その構想自体、きわめて政略的に発想されたものでしたし、日本国内でも一九三〇年代以降、四王天延孝《しおうでんのぶたか》や酒井勝軍《さかいかつとき》などによってソ連共産党の指導者の多くはユダヤ人であり、ユダヤ人は共産主義思想の日本への浸透を画策している「赤魔《せきま》」であるといった反共主義の一環としての反ユダヤ宣伝が声高に唱えられていましたから、満洲国で「六族協和」を実現することには限界があったと思われます。

問19　一九四五年八月九日のソ連の対日参戦によって満洲国にいた日本人は悲惨な境遇に陥りましたが、日本の敗戦処理に問題はなかったのでしょうか？

八月一四日のポツダム宣言の受諾通達をもって、戦争が自動的に終わったわけではなく、いかに日本軍を武装解除して降伏条件を実行するかについての交渉が必要となります。そのため日本では、連合軍総司令官D・マッカーサー将軍の本部所在地であったマニラに停戦協定作成にむけて河辺《かわべ》虎四《とらし》郎《ろう》中将らを全権委員として派遣し、一九四五年の八月二〇日に降伏文書を受領しています。その時、総司令部からソ連軍に関しては連合軍の指揮権下にはない、との通告を受けたにもかかわらず、日本は対ソ交渉を現地の関東軍に委《ゆだ》ね、ついにソ連極東軍総司令官マリノフスキー将軍のもとに全権代表を送りませんでした。この当然行なうべき停戦交渉を行なわなかったために、関東軍を日本政府の公式の代表とは認めないソ連軍の軍事行動は続き、旧満洲国のみならず朝鮮、樺太、千島に在留していた日本人や朝鮮人は苦難を強いられることになりました。

ただ、ヨーロッパ戦線の終結においては占領という事実をもとに米ソの支配地域が決定されるという〝占領地主義〟が採られていたため、ソ連としては占領実績を背景に北海道北部の占領をアメリカに要求するためにも、停戦交渉や停戦協定があってもそれを無視して戦闘を続行し、占領地域の拡張を図った可能性はあります。しかし、日本政府が交渉を関東軍に委ねて明確な意志表示をしなかったことは、ソ連に絶好の口実を与え、旧満洲では八月二〇日、樺太では八月二六日、千島では九月五日まで作戦上の侵攻が続き、死傷者や抑留者の増大を招くことになりました。

問20　満洲国崩壊後の日本人は、どのような状況に置かれたのでしょうか？

一九三一年九月の満洲事変勃発当時の在満日本人は約二三万人でしたが、一九四五年八月には六・七倍の約一五五万人に達しており、統治期間五一年の台湾における四〇万人、三六年の朝鮮における九〇万人に比べても短時日のうちに日本人は増加していたといえます。「混み合いますから満洲へ」、「千里の沃野《よくや》は招く、土の戦士を！」というキャッチフレーズには、人口増加と失業などに悩んでいた日本人の心情に訴えかける何かがあったのかもしれません。そのうち開拓移民は、約二七万人で、引き揚げ時におよそ八万人が命を失うという悲惨な結末を迎えました。

さらに、停戦交渉や武装解除の処理を誤ったことが、六〇万以上にも及ぶシベリア抑留という事態とそこでの死者六万余人という悲惨な結末を招くことになりました。もちろん、この抑留自体、「日本国軍隊は完全に武装を解除せられたる後、各自の家庭に復帰し、平和的かつ生産的の生活を営むの機会を得しめらるべし」というポツダム宣言に明確に違反するものでしたが、最長で一九五六年までの一一年間、この国際法違反行為の下に抑留者は置かれ続けたことになります。

なお、満洲国壊滅後、この地域では国民党軍と中国共産党軍との内戦状態に入って一進一退が繰り返されただけでなく、ソ連軍が影響力をもつという複雑な権力状況にありました。こうしたなかで敗戦国民である日本人は侵略の責めを負う「日僑俘虜《にっきょうふりょ》」として遣送《けんそう》（強制送還）の対象となりましたが、引き揚げ船の都合などもあって収容所などでの生活を余儀なくされました。その逃走中での自殺や虐殺、そして引き揚げまでの伝染病の蔓延《まんえん》や栄養失調などによって敗戦時の在満者一五五万人のうち一八万人にものぼる人々が、無惨にも命を奪われることになりました。

しかし、そうした生活のなかでも糊口《ここう》の糧を得るために、国民党や中国共産党などの機関で働いたり、現地の会社に雇用された人も少なくありませんでした。また、日本のそれまでの行為に対して個人的な贖罪《しょくざい》感から、自らの専門知識や技術を自主的に提供しようとする人も現れました。こうして新中国の建設のために徴用や募集に応じて、技術者や兵士、医師・看護師などが自発的に中国に残りました。こうした人々は「留用《りゅうよう》」者と呼ばれ、旧満蒙地域では家族を含め約二万人が残ったと推定されていますが、たとえば映画に関していえば、先に挙げた女性監督坂根田鶴子、帰国後に『飢餓海峡』や『宮本武蔵』などを撮った内田吐夢《うちだとむ》、『千羽鶴』などの反核映画で平和運動を推進した木村荘十二《きむらそとじ》などは、中国共産党が指導した東北電影公司に留用され、持永只仁《もちながただひと》もここで中国最初の人形アニメを製作し、その後は上海に渡って中国アニメ映画の再建に貢献していました。この留用の問題も、自己の意図に反して強制された人もあるなど非常に複雑な問題を含んでいますが、満洲以外の地域においても戦後アジア世界の再建に日本人がどういう形でかかわったのかという問題は、現地側からの評価とつき合わせながら考えていく必要があります。

問21 満洲国は一九四五年八月一八日に消滅しましたが、戦後のアジア世界にとってどのような意味をもったと考えるべきでしょうか？

まず、満洲国が壊滅したことによって、東アジア世界に新しい国際秩序が生み出された重要性を無視することはできません。中国共産党の正統性は、中国が満洲事変以来、一貫して日本の侵略に対抗し、その主権性を否認してきた「偽国家」としての満洲国を壊滅させ、一九三一年から四五年に及んだ抗日戦争に勝利したという点に重点があります。その意味で日本人が満洲国を「偽国家」ではなく、正統性をもっていたと主張することは、中国共産党の正統性あるいは新中国の成立根拠そのものを否定することにつながりかねないということを考慮する必要があります。

他方、同じく政権や国家の正統性ともかかわって微妙な問題を孕《はら》みますが、東アジア世界の戦後を考えるにあたって、朝鮮半島における満洲国の意味を無視することもまたできないはずです。

大韓民国では、朴正熙大統領以外にも、崔圭夏《チェギュハ》大統領などの大同学院出身者、姜英勳《カンヨンフン》首相や閔《ミン》機植《キシク》陸軍参謀総長などの建国大学出身者など、満洲国で育成された人材が戦後韓国政界の主要なアクターとなっていた時期があることは否定できません。この問題は「親日派」の歴史的意味をどう評価するかという複雑な問題とからんで、韓国で今後とも議論になっていくはずですが、日本に留学した人に比して満洲国を経た人のほうが自らの能力を生かし、自由なスタンスをとれたようにも思われます。また、朝鮮民主主義人民共和国でも、金日成政権の正統性は、なによりも満洲におけるパルチザンによる反満抗日戦争を指導して勝利したことにその根拠がありますし、そもそも金日成という名そのものが間島《カンド》地方の朝鮮人社会に伝わる伝説上の民族英雄の名前でもあったように、満洲とのつながりは民族的心性に深く根ざしている側面があります。

このように中国や朝鮮半島の戦後政治は、満洲国という要因を入れつつ、その政治空間としての総体的つながりのなかで考えていくことが必要なはずです。

問22　日本の官僚や政治家は、満洲国だけでなく中国各地に派遣されていたと思いますが、戦後政治との関連性をどう見るべきでしょうか？

吉田茂《よしだしげる》は外交官時代には天津や奉天の総領事を務めていますし、ミズーリー号での降伏文書に全権として調印し戦後も外務大臣として活躍した重光葵《しげみつまもる》は中華民国駐剳《ちゅうさつ》全権大使として南京《ナンキン》に駐在しています。また首相経験者で言いますと、岸信介の他、福田赳夫《ふくだたけお》は外務書記官の兼任として、また中華民国の経済顧問として二年あまり南京に、大平正芳《おおひらまさよし》は張家口《ちょうかこう》の興亜院蒙疆《もうきょう》連絡部に一年半勤務して内蒙古で戸口調査などに携わっていました。岸信介の場合、満洲国で勤務したのは三年間にすぎませんでしたが、そこで築き上げた人脈と資金力が戦後政界において大きな意味をもってきました。椎名悦三郎、根本龍太郎《ねもとりゅうたろう》、平島敏夫、始関伊平《しせきいへい》はじめ政権党には、満洲国において岸と統治体験を同じくした人々が少なくありませんでしたし、星野直樹や松田令輔、古海忠之、鮎川義介などが経済界にあって相互に支え合う体制となっていました。有名な話ですが、岸が満洲国から日本に帰ってくるときに語ったのは、「金というものは、濾過《ろか》して使えばいい」という考え方であり、これがその後の政治資金に対するスタンスを決めていきますし、A級戦犯であった岸を巣鴨プリズンを出て僅か八年で権力の頂点に押し上げたのも、この満洲人脈と資金力でした。その意味では、いまに至る政権党のある種の金権的政治体質は、満洲国にその起源をもっているともいえなくもありません。なお、戦後のインドネシア賠償などで岸とのつながりの深かった木下産商の木下茂も満洲事変直後に鉄材・鉄屑を扱うことによって出発していました。

　その岸は、一九六〇年の安保改定の際、アメリカに行く前にまず東南アジアを訪れています。その理由は、岸自身の言葉でいえば、日本がアメリカと伍《ご》して渡り合っていくためには、アジアの盟主としての立場をとる以外にはない。そうしてはじめてアメリカと対等な立場で安保が改定できる、というものでした。ここには、石原莞爾の東西文明の代表としての日米対決という発想に通じる世界観が窺えます。さらに岸は、インタビューに答えるなかで、「日本がアジアの盟主にならなければならないという、いまの私の意識は、じつは私が満洲国に行ったときの意識と同じだ。それは戦後においても断絶はなく一貫している。私に大アジア主義というものがあるとするならば、満洲国に行ったときといまの意識と完全につながる」と明言していました。

岸の大アジア主義なるものが、満洲国への赴任以来、果たして一貫していたかどうかは別としましても、日本が国際社会で生きていくためにはアジアに足を据えなければならないと考えていたことは事実でしょう。そして、吉田茂から岸、福田、大平という時期までの首相はアジアを肌で知っており、そうであればこそ、単なる対米追随ではない日本の位置づけをアジアに求めていたのではないでしょうか。一九七七年に福田赳夫は「日本はアジア諸国を真の友人として心と心の触れ合う相互信頼関係を築く」とした福田ドクトリンを提起し、一九八〇年に大平正芳は「太平洋地域が一つの地域社会となりうる」ための環太平洋連帯構想を提案しました。また、田中角栄内閣の外相として日中国交回復に尽力した大平が一九八〇年北京に設立した「全国日語《にちご》教師培《ばい》訓班《くんはん》」は、通称「大平学校」と呼ばれ、その後身の「北京日本学研究中心《センター》」とともに日本語教員・日本研究者・マスコミ関係者などの「知日家」育成において多大な成果を挙げてきています。

たしかに、岸らは植民地統治のために赴《おもむ》いたことは間違いありませんが、大陸の広さ、大陸の空気、民族の多様さ、人口の多さなどを肌で知ることによって、それを統治する怖さや異なった文化をもつ人を統御することの困難さも感じたに違いありません。もちろん、アジアに対する盟主意識から脱却できなかった理由もそれと表裏一体をなしている同根のものかもしれません。

なお、戦後政治における満洲国の影響を概観しておきますと、大同学院卒業の根本龍太郎が農林・建設大臣を、総務庁長であった大達茂雄や総務庁人事処科長であった荒木萬寿夫《あらきますお》が文部大臣を務めましたし、先に挙げた自民党の政治家のほか衆議院議員に菅太郎《かんたろう》、薄田美朝《すすきだよしとも》、塩原時三郎《しおばらときさぶろう》などが、また参議院議員に岸良一《きしりょういち》、楠見義男《くすみよしお》などがなっています。また、地方行政においても総務庁次長であった松木俠《まつきたもつ》が山形県鶴岡市長、人事処長であった木田清《きだきよし》が山形県新庄市長、警務総局長であった星子敏雄《ほしことしお》が熊本市長、総務庁次長であった源田松三《げんだまつぞう》が広島県加計《かけ》町長を務めるなど、満洲国が戦後政治に提供したものは少なくなかったといえるでしょう。もちろん、その歴史的意義については、今後さらに検証すべき課題であることはいうまでもありません。

問23　満洲国を研究するためには、どういう視角があり、そのことの意義をどのように考えたらいいのでしょうか？

満洲国の問題は、それがなによりもまず中国東北部という時空間のなかで展開した歴史的文脈においてとらえるということは当然に必要であり、満洲国消滅後を含めた現代中国史のなかで相対化してとらえ直すことは不可欠の作業となるはずです。こうした視角は、今後とも中国での研究の主流となっていくでしょう。

ただ、満洲そして満洲国という歴史的対象だけを取りあげて、いわゆる満洲国史という自己完結的な形でこれを問題にすることは、もはや意味をもたないと思われます。そこでは、なによりも近代世界史あるいは東アジア近代史の一環として見る視点が重要となります。私が研究対象として満洲国に本格的に関心を抱くに至ったのは、「思想連鎖」という視角からアジア近代を世界史の流れのなかに位置づけるための史料蒐《しゅうしゅう》集をしている過程で浮かび上がってきたものです。

他方、日本近代史のなかでとらえるとしましても、植民帝国・日本という統治体制《レジーム》総体の中での主要な構成要因として満洲国を位置づけなければならないはずです。満洲ないし満洲国が近代日本にとってもった意味は、「万国対峙《ばんこくたいじ》」の国際環境のなかで自己拡張を図るための植民地統治を軸としたものでしたから、この視点を欠く研究は事実の核心を覆い隠すことになりかねません。

翻って、これまでの日本帝国の研究を顧みますと、台湾、朝鮮そして大東亜共栄圏それぞれが個別的に取り上げられてはきましたが、満洲国とのつながりという視点は希薄でした。そうではなく満洲国がもっていた定点的な意味をとらえ、そこに先行した台湾、朝鮮における統治様式や統治人材が流れ込み、そして満洲国からその統治様式と人材が大東亜共栄圏内の諸地域に流れ出ていったことによって、植民帝国としての日本がアジアとつながるシステムを形成してきたという視点からとらえ直す必要があるように思われます。

しかも、そうした視角や方法的枠組みの問題とともに、私は満洲国研究が提起する問題として「空間」という視点をいかに取り込んでいくのかが今後は重要になってくるように思われます。

これまでの人文・社会科学の研究におきましては、時間という基軸でしか対象をとらえてきませんでした。それに対し、私は空間そのもののありかたや空間認識という観点から人文・社会科学研究の再構築を図ることが、二一世紀には緊要な課題として浮かび上がってきていると考えています。異なった自然環境や異なった風土において、人はどういった発想や思考をするのか、あるいはそもそも人間にとって空間とは何なのか、を根源的に考え直す必要があります。

問題を満洲国に引き戻していえば、日本におきましては閉じた空間のなかにとらわれがちになってしまいますから、そうした発想からではとらえられない空間感覚・空間心性があると想定してみることが、とりわけ日本精神史や日本人生活誌として満洲国を研究対象とする場合には必須の前提となるように思えます。

これはあくまでも一例にすぎませんが、安西冬衛《あんざいふゆえ》に「てふてふが一匹韃靼海峡を渡つて行つた」という、「春」と題する短詩があります。ここにとらえられた空間感覚は満洲という空間を実際に体感として知らなければけっしてわからないのではないでしょうか。それはまた私自身が初めて、その大地に立った時にとらわれた感覚であるとともに、あの空と大地の大きさと人間の限りない矮小《わいしょう》さという空間感覚の絶対的な格差についての痛覚を欠いていたことへの反省に他なりませんでした。見渡すかぎりの大平原の彼方、果てしなく続く地平線の向こうに深紅の夕陽が落ちていくという、日本に住んでいるかぎりは絶対に体験できない空間の広がりを体感できた空間にあるからこそ、時間感覚においても空間感覚においても日本で育まれた常識が通用しないような位相に立つことが可能となり、その異次元感覚に包み込まれ、吸い込まれていくような世界が言語化されえたに違いないのです。

他方、これも個人的な感想にすぎないのかもしれませんが、日本においては自然を含めて空間すべてが自らの身体の延長上にあって等身大にしか見えないような感じがあります。この自然と身体との間に生まれる距離感覚の差異こそが、満洲や満洲国をめぐる日本人のかかわりかたのさまざまな局面に関係しているように思えてなりません。この空間の問題は、もちろん満洲国研究に限られるわけではありませんが、逆に満洲国研究を手がかりとすることで、人文・社会科学研究における基軸としての空間を把握する方途が開かれていくのではないかという予感があります。

さらに、満洲国を研究対象とすることが、他の歴史研究と決定的に異なるのは、そこに思想や倫理という次元の持つ意味合いの比重がきわめて高いと思われる点にあります。一般的には、人文・社会科学の研究におきましては、客観性ないし価値自由ということが要求されます。研究に主観的な価値判断を交えないことによって、独断に陥らないことは、それが研究である以上、当然に要請される前提でしょう。しかし、そのことは満洲国に関するかぎり、理念や思想について、いっさい価値判断を避けなければならないということではないと私は考えています。少なくとも満洲国が王道楽土なり民族協和なりの理念を掲げて、人々を誘い、多くの人命を奪い取った歴史的存在であった以上、その意味を問いつめることは避けては通れないはずです。なぜなら、人を動かすものが言葉であり理念である以上、それがいかに人をとらえ、そして欺いていくのか、という問題から目を逸《そ》らすかぎり、同様のことが繰り返されるでしょうし、何よりもその視角は思想という人の営みの本質をどうとらえるかという課題と不可分のものであると思われるからです。

本書において、私が満洲国の歴史的意義についての評価をしていることにつきましては、その当否を含めて強い御批判があることも承知しています。実際に、本書に対する新聞書評のなかには、植民地統治である以上、民族差別や搾取《さくしゅ》があって当然であり、それを殊更《ことさら》に問題にすべきではないというものや、むしろ資本を投下して産業開発をしたことを評価すべきだという批判がありました。おそらく、私も満洲国が民族協和を掲げることなく、民族差別や搾取をしていたとしたら、それは植民地統治の常態であるといった訳知り顔の評価をしたかもしれません。しかし、これも立場を逆にして考えればすぐわかるはずのことなのですが、あなたと私は対等であり、私こそあなたのために犠牲《ぎせい》となって尽くしているのだと広言し自ら信じて疑わない人が、実は相手の意志や希望を踏みにじっているにもかかわらず、それに気づこうとさえしないことほど相手に苦痛を与える背信的行為はないのではないでしょうか。それはまさに「御為《おため》ごかし」の詭弁《きべん》としてしか相手の耳には響かないはずです。それよりも、利害が一致しないということを認識したうえで、どこまで共存できるのかを論理的に推し測っていくほうが情緒的に共感を押しつけるよりは、むしろ憤激を招かなかったのではないでしょうか。その問題は日本の植民地統治でのみ問題となるのではなく、「文明化の使命」や「白人の責務」を掲げた欧米の植民地支配に対するポスト・コロニアリズム研究において追求されている課題でもあります。理念や思想を額面通りに受け止めることは容易なことですが、掲げた理念が一見、高邁《こうまい》であればあるほど、人を魅了するものであればあるほど、その論理構造や内実がいかなるものであったかを鋭く問いつめる必要があるのではないでしょうか。まさに、そこにこそ歴史研究が避けてはならない核心的課題があると私は思っています。それはけっして神の高みに立って過去を裁き、他者の倫理的責任を問いつめることではありませんし、そんなことなどできようはずもないのです。

私が満洲国関係の史料や論説を読み進みながら、常に違和感を禁じえなかったのは、自分だけは民族協和という理念を信じて疑うことなく実践したという、その信念のなかに潜んでいる「善意惑溺《わくでき》」あるいは「自己への意識過剰」と一対となった「他者への無意識過剰」というべきものの存在でした。そして、それを意識しつづけることは、その論者への違和感という以上に、私自身が海外の研究者や留学生と交流するなかで、そうした「他者への無意識過剰」が自分のなかにも潜んでいないかということを見つめていくための鏡としてもあったのです。

もちろん、私が本書において最も意を用いたことは、なによりも客観的に「満洲国の肖像」を自分なりの視線で描き出したいということでした。しかし、研究者である以前に、ひとりの人間として、思想や理念というものが、いかなるレトリックにおいて自己欺瞞《じこぎまん》を生むメカニズムとなっていくのか、さらに満洲国の実態のなかから世界史を貫く道義性や倫理性をいかに見出していけるのか、を解明していくことは、いっそう重要な課題でもあると思えました。いかに御批判があろうと、満洲国研究がもつ、そうした意味合いを今後とも否定する必要はないと私は確信しています。ただ、それを他の方に強要するつもりも毛頭ありません。

問24　それでは最後に、消滅して半世紀以上を経た時点において、満洲国を考えていくことに、いかなる意味があるのでしょうか？

たしかに、物理的な時間の経過においては、満洲国が消滅して半世紀以上が経ちました。しかしながら、満洲国の問題は、いまだに処理を終えていない中国残留婦人・孤児問題だけではなく、中国東北部をはじめ旧日本軍によって各地に遺棄された化学兵器（日本側推定七〇万発、中国側推定一八〇万発）などの処理問題、そして七三一部隊細菌戦、平頂山《へいちょうさん》事件などの国家賠償訴訟問題として私たちの眼前につきつけられており、けっして過去の問題として消え去ったわけではありません。また、残留婦人や残留孤児の方々にとっては、帰国によって問題が解決したわけではなく、同伴帰国した家族ともども日本社会にいかに適応していけるのか、また年金などの保障もなく話し相手もいない老後の生活をいかに維持していくのか、などの問題が非情なまでの日常として立ちはだかっています。すでに永住帰国者は約二万人になりますが、帰国孤児の八割を超える人が、国は速やかな帰国措置と帰国後の自立支援を怠ったとして国家賠償を求める集団訴訟を起こしています。こうして満洲国に関しましては、戦争責任さらに戦後責任の問題も含めて多層的に考えなければならないことがらが山積しているというのが「現実」です。

さらに、現在でも満洲国を実地で体験した人は、日本だけでなく中国、朝鮮、台湾にも少なくありませんし、各地で学校や軍隊などの同窓会などもなお活潑に活動しています。そのなかには中国における植林運動に携わったり、中国や韓国からの留学生のお世話をするといった形で満洲国体験を問い直したり、戦後日本で生まれた満洲国関係者の子弟が父祖たちの体験を再現すべく後代同士で交わるといったさまざまな形での「民際」交流を創り出す試みも現れてきています。

そうした現実的な課題とともに、満洲国とは何であったのかを考えることは、最終的に国家と人間、国家と個人の関係とは何か、という私たちの「いま」を考える問題に行きつくと思います。たとえば、満洲国の壊滅後の一年半あまりを瀋陽《シャンヤン》ですごした安部《あべ》公房《こうぼう》に『けものたちは故郷をめざす』という小説があります。この小説では満洲国というものが崩壊したなかでの体験から、何よりも国家というものはいつでも壊滅するものだという「壊れものとしての国家」の実相がつきつけられております。しかし、それにとどまらず、国家や民族や階級から切り離されて裸になってしまった人間が自らの戻るべき空間を求めて彷徨《ほうこう》した果てに、結局はどこにも行きつく場所はないという救いのない存在についての実存主義的省察を突き出してみせた小説であるように私には思えます。それは、社会のあらゆる基準というものが徹底的に崩壊し、恒常的なものがなにものもなくなった状態において、毎日が生命の危機にさらされることが常態となったとき、人は人たりうるのか、それをいかなる社会状態がまとめあげていくのか、という問題に他なりません。まさにT・ホッブズがその政治学における至上課題としたように「万人が万人に対して狼となる」自然状態に対して国家という状態をいかに考えるべきかという問題を、満洲国壊滅後の日本人は歴史上初めて自らに差し迫った痛切な問いとして体験したに違いないのです。しかし、その問いに対して、その問いが生まれざるをえなかった犠牲の重さにふさわしいだけの内実を備えた回答として出しえてきたのか、については大いに懐疑的にならざるをえないというのが真情ではないでしょうか。私たち日本人にとって国家や社会は常にすでにあって与えられるだけのものとしてしか観念されませんが、しかし、それらは本来、「創られる」という契機を孕《はら》んでいるはずなのです。そして、まさにそのように満洲国は創られ、崩壊していったのです。私が満洲国の人工性、人為性という局面にこだわりつづけているのも、その問題にかかわっているからなのです。

もちろん、そうした政治哲学としての問いにまで立ち戻らなくとも、こうした事態が関東軍という本当は国家を守り、国民を守るべき責務を負ったはずの人たちが最初に逃げていってしまったことから生じた問題として、私たちの現実のなかに呼び戻して考えることも可能でしょう。そこには国家における軍隊とはそもそも何なのか、という問題を考えるヒントが潜んでいるように思われます。精鋭を誇った関東軍の選択が明確に示していますように、軍隊というものは戦いに勝つことを至上課題として存続するものですから、最終的に守るものは軍隊自身であると自己目的化してしまい、自らの損害を極小化するような方向にしか動かない本質をもっています。

もちろん、それはあくまでも一つの視点にすぎませんが、満洲国というのは、国家や軍隊が個人をどういうふうに扱うのか、あるいは個人は国家にどうかかわるのかという問題にとどまらず、その異民族による人為的な建国からはじまって、大量の移民が流入し、そしてまた異なった民族の軍隊によって消滅させられたという意味で、国家というものをめぐる人類史において稀有《けう》な歴史実験でもあったのではないでしょうか。満洲国壊滅後の死者一八万人、それに死者六万人以上を出したシベリア抑留六〇余万人という事態を含めれば、それはあまりにも大きすぎた犠牲をともなった歴史的実験であったともいえます。しかし、そうであればこそ、二〇世紀の人類のなかにおいて国家というものがもった意味、そしてそこにおける個人のありかたとはいかなるものとしてありうるべきなのかという問題を含めて、二一世紀において国籍を超えた人々との多民族の共存という私たちが直面している課題を考えていくための思想的な糧として、満洲ないし満洲国をとらえていく必要があるのではないかと思います。

すでに消滅してしまった満洲という空間、満洲国という国家を取りあげることは、ある種の時代錯誤だと感じられるかもしれませんが、無惨すぎた犠牲に少しでも報い、そこからいささかなりとも人類の叡智《えいち》を引き出し、伝え遺《のこ》していくためにも私たちはそれを過去のものとして忘却などできはしないのではないでしょうか。

満洲国がそうした思想課題を孕んでいる以上、それは「永遠の今」としてあり続けるはずです。

増補版のためのあとがき

『キメラ』という本は、決して心楽しい本ではなくて、読むほどに気が重くなる本であります。そういう陰うつな本であるにもかかわらず、私の意の足りないところを過分にも認めていただき、お礼を申し上げたいと思います。この本は四年がかりで書きましたが、とりわけ最後の半年は、私の一生の中で二度と返って来ないであろう精神の緊張と高揚の中にありました。精も根も尽き果てて、泥のように眠るという日々を初めて送ったわけでありますけれども、そういう生活を支えていた一つの文章があります。

それは今から三十年前、一九六三年の十月、故竹内好先生が発表された「満州国研究の意義」という小さな一文です。竹内先生はその中で「日本国家は満州国の葬式を出していない。口をぬぐって知らん顔をしている。これは歴史および理性に対する背信行為だ」。また、「どんなに主観的に嫌悪を伴おうとも、目をつむって責任を回避するわけにはいかぬ」とお書きになりまして、最後に、「満州国とは何であったか。日本人はいつか、この問いに答えねばならない」という形で一文を結ばれておりました。

私はその文章が天空から響いてくる叱咤《しった》激励であるように感じました。日本人にとって満州国は何であったのか、ということを押さえなければ日本人の理性も道義性もやはり損なわれてしまうのではないか。そういう思いが、この本を書かせる大きな力になったように思っております。

日本人が歴史上、初めて経験いたしました多民族国家の形成と、そのユートピアの無残な失敗というものから、今後の二十一世紀の日本人がどういう形で共存していけるのか、どういう社会をつくっていくべきなのか。その悲惨な体験を明日の行動の指針とし、他民族の方々とも歴史を共有していくためにも、さらに、研究を進めていかなければならないと思っています。

これは、本書が吉野作造賞を戴《いただ》いた授賞式での御礼の言葉の一部を『朝日新聞』(一九九三年一〇月二一日夕刊)の「ことば抄」という欄において森聡記者に紹介して戴いたものです。あれから一〇年余を経て、ここにありますような想い――すなわち「満洲国とは何であったか」という問いは、自分が日本人のひとりとして生まれてきた以上、逃れることを許されないものとして鋭く突きつけられており、その問いには一生かけて答えていかなければならないという想い――は、日々に強まりこそすれ、一日たりとも念頭を去ったことはなかったように感じてきました。

もちろん、この本を執筆する直接的な契機となったのは、初版「あとがき」に書きましたように、『中央公論』一九八九年六月号に掲載された「最後の『満州国』ブームを読む」でした。私自身としましては、その標題に示しましたように満洲国の形成や運営に意識的に参与されたり、そこで青壮年期を過ごされた方々の年齢などの条件から否応なく訪れたはずの満洲国に関する著作の最後の波の高まりを受けた形で、一つの墓標を刻むつもりで本書を記したつもりでした。

しかしながら、たしかに満洲国体験者による回顧録や手記などの出版ブームはピークを越したものの、鈴木隆史『日本帝国主義と満州』（塙書房）、山本有造編『「満洲国」の研究』（京都大学人文科学研究所）など相前後して刊行された研究書、また安彦良和《やすひこよしかず》氏の漫画『虹色のトロツキー』（潮出版社）、そして劇団四季の『ミュージカル李香蘭』のヒット、さらにはソ連崩壊によって可能となった満洲映画協会（満映）のフィルムのビデオ化などとも相まって、まさにメディア・ミックス的な現象となって満洲国への関心を喚起し、さらなる満洲国論の出現を促す呼び水になるという意想外の事態に直面することとなってしまい、やや戸惑った記憶があります。中国でも「偽満」という評価は崩さないものの、歴史としては直視しなければならないという意識の現れを示しているかのように新史料の刊行が相次いでおり、むしろ中国での研究は、ようやく緒に就いたばかりだと見るべきであるのかもしれません。そして追録しました文献や論文などに明らかなように、その後も日本のみならず韓国、アメリカなどで新たな研究が次々と生まれています。こうして、今や満洲国は一つの歴史研究の分野として確立したものの、その反面で満洲国を同時代として体験したことのない研究者がそれを研究対象とするにあたって、自らの研究動機やその研究の存在理由を問いつめる必要さえ感じなくなっているという状況が確実に現れてきています。

その是非はともかく、私自身にとりましても、本書を書いたことにより、その後の人生航路は確実に大きく舵《かじ》をきることになりました。むろん、それが良かったのかどうかは、結局わかるはずもないのでしょうが、今はとにかく自分なりに思想連鎖という視角から「近代世界史において満洲国とは何であったのか」という問いに結末をつけずに終わるわけにはいかない、という覚悟だけは新たにしています。そうした想いが年を逐《お》って強くなってきていますのは、初版の刊行以来、今なお読者の方々から戴いている反応に励まされ、刺激されてきたことに因っています。

本書に関しても多くの雑誌や新聞で書評を掲載して戴いたほか、読者の方々から強い反論を含めて多くの反響を戴きました。新聞書評のなかには、身分制をひいた江戸幕府や飢饉《ききん》の時も米を食べていた将軍を例に挙げて、満洲国における民族差別も当然であり、それを問題にすること自体が失当であり意味をなさない——という、ただ我が目を疑い、首を傾《かし》げるしかないほどに歴史感覚を欠いた歴史研究者のものもありましたが、民族差別に真剣に悩んだ人々がいたことを問題にしたにもかかわらず、そうした浅薄な反応しか呼び起こさなかった自らの行文《こうぶん》の拙劣さを恥じ入るばかりです。却って読者の方々の御批判や所感のなかにこそ、人間心理の深奥や生起した真実に直截《ちょくせつ》に迫ろうとする鋭い眼差しが光っていることを痛感することが多く、「歴史研究を専門の職業とするとはいったい何なのであろうか」と自省せざるをえませんでした。

戴いた多くの書信のなかには、満洲国牡丹江省寧安県石頭《シートウ》での戦車第一連隊・見習士官としての自らの体験と満洲国への見解とを重ねて記された司馬遼太郎氏からの鄭《てい》重《ちょう》なる御芳信もありまいしたし、満洲国で青少年期を生きられた体験をもつ方からは「これで当時から、疑問に思っていながら合点のいかなかった事がらの多くについてようやく納得でき、嘘《うそ》を抱いたまま死なずにすみます」というお手紙を戴いたこともありました。また、ある読者の方から、「目で読み始め、頭で読み進み、心で読み終えました。今、涙が止まりません」とだけ鮮やかな濃い黒インクで記され、所々に滲《にじ》んだ水跡のある書簡を戴いた時は、その便箋《びんせん》をもつ手の指先から震えがきて全身に鳥肌が立ってくるような、私の生涯のなかでも稀有《けう》な体験をさせて戴いたこともありました。

さらに、本書を読まれた国内外の満洲国関係者の方々から貴重な体験談を伺うという得難い機会にも恵まれました。そのなかにはすでに鬼籍に入られた方も多く、その面影を偲《しの》びつつ心からご冥福をお祈り申し上げる次第です。他方、建国大学のある同窓会の席上で、「あの著者だけは、けっして許してはおけない」と指弾の激語を発された方があった由、伝聞したこともありました(増補版刊行後、建国大学出身の方々から、当該発言はあくまで個人的なものとの御芳信を戴きました。満洲国や建国大学に対して出身者の間に多様な見解があることは私も直接に見聞しており、この点、誤解なきよう御願いするとともに、関係者にお詫び申し上げます)。

また、個人的には、昨年になって初めて父の口から父の姉夫婦が満洲国で軍需関係の工場を経営していたということを聞きました。私自身は、それまで肉親や縁故者には満洲国にかかわった人はいない、と勝手に思いこんでいましたから、些《いささ》かならず衝撃を受けました。しかし、北九州で育った父によれば朝鮮半島や満洲国へ渡った人は周囲に珍しくもなかったし、特に詳しい話を聞いたこともなかったため、ことさらめいて話すこともなかっただけだということでした。ただ、父が満洲国についてあまり良い印象を抱いてはいないらしいことは、姉夫婦が満洲国での事業に成功して一時はきわめて羽振りが良かったものの、引き揚げ後はそうした栄耀《えいよう》と贅沢《ぜいたく》な生活が忘れられなかったのか、いくつもの投機的な事業に手を出しては成功と失敗を繰り返すことになったこと、従業員に対する接し方が満洲国時代に覚えた言動から抜けきれなかったような気がするといったことなどを話した後で、ぽつりと「あの人たちも満洲で人生を狂わされたのかもしれないなあ」と呟《つぶや》いたことからも窺われたように思いました。父の言葉を聞きながら、たしかに引き揚げという悲惨な体験だけでなく、満洲国で暮らしたということによって、その後の行動パターンやライフスタイルを大きく左右された人たちが戦後日本で生きていくということは、いかなる意味をもつものであったかについても考えていく必要があることを改めて痛感していました。

とはいえ、私が本書を出したにもかかわらず、敢《あ》えて一〇年近くも姉夫婦のことを父が切り出さなかったのは、むろん母の看病に明け暮れていたこと、そして私が聞きもしなかったということもあるのでしょうが、あるいは満洲に全く何のかかわりも持たず法律学や政治学を専攻しているはずの私が満洲国などに拘《こだわ》っていること自体が、父にとっては訝《いぶか》しく不可解なことであり続けていたのかもしれません。ひとつの家族にかかわる歴史的体験というものが、親子の間であってさえ伝えられていくことがいかに困難なものであるのかを、垣間見たように感じた想い出として、この夜の会話は記憶に残っていくはずです。

ところで、満洲国体験をもとに自らの母親をモデルに『赤い月』を書かれた、なかにし礼氏は、藤原作弥氏との対談「満洲体験が私の人生を形成した」(『潮』二〇〇一年一〇月号)のなかで、しかし、拙著に関して皇国史観とも唯物史観とも関係なく書かれたものとの理解を示されたうえで、しかし、「やはりどうしても現地で生きた者の感覚とは温度差が生じてしまう」との感想を表明されています。これに対して藤原氏も「歴史的事実という普遍的なるものと、個人的な体感と実感との融合が必要だということですよね」と応じておられます。お二人の発言は、おそらく両氏に限らず多くの満洲国体験者が感じられていらっしゃることなのでしょうし、そうした疑念はきわめて当然に出てくる御批判として首肯せざるをえないものです。それは何よりもまた、私自身が戦後の日本社会について書かれた、同時代を体験されなかった人の著作に対して抱く感慨と同じ質のものだと思われるからです。しかし、自分自身の体験に鑑《かんが》みていえば、その時代を生きたということは必ずしも、その時代を総体として知っていたということを毫《ごう》も意味しないと私自身は感じています。なかにし氏も先の対談のなかで「満洲で生きた人の苦労話というのは自分の苦労話ですから総体的な歴史とはあまり関係ないし、政府や軍関係の当時の資料は自分たちの都合にあわせてありますから」と指摘されておりましたように、その時代に自分の体験があるということは、却ってそのことで視野が拘束されたり、自己正当化してしまう可能性も強いからです。

言うまでもなく、国家の肖像などは、その見る視角によっては、いかなる相貌《そうぼう》をも見せるはずのものですから、私としましても、この本に書いた満洲国の肖像だけが唯一なものなどとは思ったこともありません。しかし、他方で、その時代を体験していないがゆえに、自らの経験に拘泥《こうでい》することなく、対象から長い焦点距離を取って全体像を映し撮ることができる可能性も皆無ではないという思いがあることも否定できません。そうでなければ、歴史を綴《つづ》るという営みは、存在意義を失うでしょう。その意味では、今後も満洲国についての歴史像は、さまざまな相貌を見せながら変転を重ねていくはずですし、満洲国について叙述するということは個人的な体験や実感のない者がいかにして歴史的実像に迫りうるかが問われる試金石になっていくのかもしれません。

いずれにしましても、初版刊行後のこれらの反響の一端や研究状況、さらに私自身の満洲国をめぐって同時代的に抱いた感慨を綴った文章や関連図書についての書評などは、前記の「最後の『満州国』ブームを読む」を含め、拙著『ユーラシアの岸辺から――同時代としてのアジアへ』（岩波書店、二〇〇三年）に収めておりますので、篤志の方には手に取って戴ければ幸いです。

なお、今回の増補版をもとにした形で、本書の英訳版がジョシュア・フォーゲル氏（カリフォルニア大学サンタバーバラ校）によって、またハングル版が尹大石《ユン・デソク》氏（ソウル大学）によって訳出されることになっています。これらの翻訳によって満洲国に対し、それぞれに異なったスタンスを取った国々の人々から寄せられるはずのさまざまな反応や御批判を真摯《しんし》に受け止めながら、私自身の満洲国研究に最終的なまとまりをつけなければならないと考えています。両氏には、本来自らの生産的な仕事に充てられるべき貴重な御時間を費消して、拙著の翻訳に多大な時間と労を取って戴き、それによって日本語という境域を越え出て、より多くの方々に拙著を届けて戴ける御厚配に対しまして、衷心より御礼申し上げます。本当にありがとうございます。

ところで、初版「あとがき」の最後で母と父について記したことに関し、『産経新聞』コラム「斜断機」（一九九三年一一月一八日）の「謝辞と私事」と題された匿名記事におきまして、全体的な評価とは別に「小さな瑕疵《かし》がある」としたうえで、「山室の両親の健康祈念と情愛の称讃は、作品成立といささかも関係がないではないか」、「気持ちはわからないではない。しかし、これは全くの私事ではないか」との御批判を受けました。たしかに、それ自体は正当な御指摘だと存じます。ただ、どうしてもそれを書かざるをえないような想いに囚《とら》われていたのは、ちょうど本書の執筆中に母は生死の境をさまよう闘病生活を続けており、しかし執筆のために見舞いにも帰れないという日々、電話がかかるたびに心臓が止まるような毎日を送っているなかで、私としましては初めて肉親の生死と情愛という問題に直面せざるをえない情況にあったからでした。そうした肉親の死への怯《おび》えということが、満洲国によって命を奪われた人々や引き揚げのなかで引き裂かれた親子・兄弟姉妹たちの運命に寄せる想いと無縁ではありえないように感じられてならなかったのです。本書に対して野家啓一氏が「一種パセティックな趣のある文体」（『図書新聞』一九九三年一二月二五日号）という評言を与えられましたが、それはおそらく、こうした母の死への懼《おそ》れと向き合いながら時間との争いのなかで急《せ》き立てられるように本書の執筆を続けていた心情が、無意識の裡《うち》に満洲国に生きた人々への想いと重なって、文体に深く影を落としている点を鋭く看取されたのかもしれません。とはいえ、それも単なる感傷であり、歴史叙述においては有害な感情移入である、という御批判に対しては何の言い訳にもならないことは否定できませんし、それもまた本書の誕生とは無縁な「私事」であり、客観性を自ら損なうことを示すだけの「私情」にまつわる弁明にすぎないと言われれば、それまでのことなのですが……。

最後になりましたが、ここで敢えて私事を記させて戴きますと、母は一一年余の闘病生活の末に安らかに浄土に旅立ちました。享年七四、奇《く》しくも、母を荼毘《だび》に付した火葬場から、前掲の『ユーラシアの岸辺から』の校了確認の電話をかけました。

小学校低学年のころ、ラジオ放送の落語のまくらで覚えた「親孝行、したい時分《じぶん》に親はなし。さりとて墓に着物も着せられず」という言葉を私が口まねするのを、笑いながら聞いてくれた母。仕事に追われて帰省もままならなかった私に「元気で頑張ってくれていれば、それが一番の孝行なのだから」と却って私の健康を気遣いながら、にこやかに応え続けてくれた母。

その母が逝《い》って早一年、母の闘病とともに成り、死に至るまでともにあった本書の、その増補版を仏前に供えることを亡母は、あの静かな微笑をもって迎え喜んでくれるのでしょうか。

二〇〇四年四月

桜舞う季節のなか、幼き日、母と見上げた刹那の散華の薄紅色の向こうに

涯もなく広がっていた天空の蒼さを憶い出しつつ、今《いま》はそこに在す母へ

山室信一

主要引用・史料・参考文献

一　主な引用文献

満洲国史編纂刊行会編『満洲国史・総論』満蒙同胞援護会、一九七〇年。

満洲回顧集刊行会編『あゝ満洲―国つくり産業開発者の手記』同会刊、一九六五年。

古海忠之「満洲国の夢は消えない」、古海・片倉衷『挫折した理想国―満洲国興亡の真相―』現代ブック社、一九六七年。

片倉衷『回想の満洲国』経済往来社、一九七八年。

星野直樹『見果てぬ夢―満洲国外史―』ダイヤモンド社、一九六三年。

武藤富男『私と満洲国』文藝春秋、一九八七年。

伊東六十次郎『満洲問題の歴史』上・下、原書房、一九八三―四年。

角田順編『石原莞爾資料・国防論策』原書房、一九六七年。

小林龍夫・島田俊彦編『現代史資料・7・満洲事変』みすず書房、一九六四年。

稲葉正夫・小林龍夫他編『太平洋戦争への道・別巻・資料編』朝日新聞社、一九六三年。

林久治郎著、馬場明解説『満洲事変と奉天総領事　林久治郎遺稿』原書房、一九七八年。

外務省編『日本外交文書・満州事変』一九七七―八一年。

小林龍夫・島田俊彦・稲葉正夫編『現代史資料・11・続満洲事変』みすず書房、一九六五年。

エドガー・スノー著、梶谷善久訳『極東戦線』筑摩書房、一九八七年。

周君適『偽満宮廷雑憶』一九八一年（鄭然権訳『悲劇の皇帝　溥儀』恒文社、一九八四年）。

石原莞爾『満洲建国と支那事変』東亜聯盟協会関西事務所、一九四〇年。

満洲青年聯盟史刊行委員会編『満洲青年聯盟史』一九三三年（原書房、一九六八年復刻）。

宮内勇編『満洲建国側面史』新経済社、一九四二年。

矢内原忠雄『満洲問題』岩波書店、一九三四年。

池田秀雄『満洲統治論』日本評論社、一九三四年。

高須祐三編『満洲事変と満洲青年聯盟』満洲青年聯盟懇話会、一九七三年。

仲摩照久編『満洲国の解剖』新光社、一九三二年。

溥儀『私の前半生（我的前半生）』、小野忍・野原四郎他訳『わが半生』筑摩書房、一九七七年。

平野零児『満州の陰謀者』自由国民社、一九五九年。

R・ジョンストン著、入江曜子・春名徹訳『紫禁城の黄昏』岩波書店、一九八九年。

駒井徳三『大満洲国建設録』中央公論社、一九三三年。

石射猪太郎『外交官の一生』太平出版社、一九七二年。

古海忠之『忘れ得ぬ満洲国』経済往来社、一九七八年。

満洲帝国政府編『満洲建国十年史』原書房、一九六九年。

国際善隣協会編『満洲建国の夢と現実』国際善隣協会、一九七五年。

山口重次『満洲建国の歴史―満洲国協和会史―』栄光出版社、一九七三年。

小磯国昭『葛山鴻爪』中央公論事業出版、一九六三年。

佐々木到一『ある軍人の自伝』普通社、一九六三年（増補版、勁草書房、一九六七年）。

李念慈『満洲国記実』一九五四年（沈雲龍主編・近代中国史料叢刊続編第八二輯）。

菊池貞二『秋風三千里―中国四十年の回顧』南北社、一九六六年。

J・グルー著、石川欣一訳『滞日十年』毎日新聞社、一九四八年。

山口重次『消えた帝国満洲』毎日新聞社、一九六七年。

木戸日記研究会編『木戸幸一関係文書』東京大学出版会、一九六六年。

神尾弌春『まぼろしの満洲国』日中出版、一九八三年。

平塚柾緒編『目撃者の語る昭和史・第3巻・満州事変』新人物往来社、一九八九年。

小山貞知編『満洲国と協和会』満洲評論社、一九三五年。

横山臣平『秘録　石原莞爾』芙蓉書房、一九七一年。

武藤富男『甘粕正彦の生涯―満洲国の断面』西北商事株式会社、一九五六年。

森島守人『陰謀・暗殺・軍刀』岩波新書、一九五〇年。

岸信介・矢次一夫・伊藤隆『岸信介の回想』文藝春秋、一九八一年。

馬場明『日中関係と外政機構の研究』原書房、一九八三年。

フォーチュン編集部編、熊沢安定訳『「大日本帝国」の研究』現代史出版会、一九八三年。

小山貞知『満洲協和会の発達』中央公論社、一九四一年。

劉恵吾・劉学照主編『日本帝国主義侵華史略』華東師範大学出版社、一九八七年。

山口淑子・藤原作弥『李香蘭・私の半生』新潮社、一九八七年。

林懐秋・石上正夫編『中国少年の見た日本軍』青木書店、一九八五年。

朝日新聞山形支局編『聞き書き　ある憲兵の記録』朝日文庫、一九九一年。

満史会『満州開発四十年史』満洲開発四十年史刊行会、一九六四―五年。

太田青丘他選『昭和萬葉集』巻三、講談社、一九七九年。

満洲国史編纂刊行会編『満洲国史・各論』満蒙同胞援護会、一九七一年。

愛新覚羅浩『「流転の王妃」の昭和史』主婦と生活社、一九八四年。

高宮太平『順逆の昭和史』原書房、一九七一年。

湯治万蔵編『建国大学年表』建国大学同窓会、一九八一年。

なお、紙幅の関係上、ここでは割愛した第一次史料を含む国内外の満洲国に関する資料や文献の所在、およびその意義については、井村哲郎「『満洲国』関係資料解題」（山本有造編『「満洲国」の研究』京都大学人文科学研究所、一九九三年）において詳細かつ明晰な紹介・分析がなされている。

二　主な史料文献

外務省編『日本外交年表竝主要文書』日本国際連合協会、一九五五年（原書房、一九六五年復刻）。

満洲帝国協和会中央本部『建国之精神』（第七版）一九四三年。

満洲国国務院総務庁『満洲国政府公報』（周光培主編『偽満洲国政府公報』遼瀋書社、一九九〇年）。

満洲国史編纂委員会編『満洲国年表』満蒙同胞援護会、一九五六年。

政協吉林省委文史資料委員会編『偽満洲国大事記』大連出版社、一九九〇年。

帝国地方行政学会編『満日対訳・満洲国六法全書』同会刊、一九三三年。

加藤豊隆編『満洲国治安関係法規集成』元在外公務員援護会、一九七九年。

長谷鎮廣『満洲帝国主要法令解説』清水書店、一九四〇年。

本庄繁『本庄日記』原書房、一九六七年。

駐日満洲国大使館『満洲国関係詔書及国政資料』一九四二―三年。

外務省情報部編『満洲国政府要人調』一九三三年。

今村俊三他著『満洲国人傑紹介号』日支問題研究会、一九三六年。

満洲国国務院総務庁編『満洲国官吏録』一九三三―四一年。

『康徳元年版・満洲国名士録』人事興信所、一九三四年。

中西利八編『満洲紳士録』満蒙資料協会、一九四〇年（日本図書センター、一九八九年復刻）。

橘樸・山口慎一編『最新満洲辞典』「改造」一九三二年七月号付録。

陸軍省調査班『満洲国の容相』一九三二年七月、同『第一続編』一九三三年五月。

太平洋問題調査会『満洲問題研究』日本評論社、一九二九年。

保々隆矣監修『打倒日本・支那排日教材集』邦文社、一九三一年。

H・スティムソン著、清澤冽訳『極東の危機』「中央公論」一九三六年一一月号付録。

信夫淳平『満蒙特殊権益論』日本評論社、一九三二年。

大連商工会議所『満洲事変前に於ける我が権益侵害事例』同所刊、一九三二年。
旭範彦『日本の大陸建国』平凡社、一九三二年。
金崎賢『満洲経綸の精神』満洲文化協会、一九三二年。
橘樸他著『建国批判論集』満洲評論社、一九三二年。
片倉衷『天業・満洲国の建設』満洲評論社、一九三二年。
浮田和民編著『満洲国独立と国際連盟』早稲田大学出版部、一九三二年。
東亜事局研究会編『大満洲国』上・下、一九三三年。
武田胤雄他著『満洲問題の基調』創建社、一九三三年。
古賀元吉『支那及満洲に於ける治外法権撤廃問題』日支問題研究会、一九三三年。
中央委員会編『建国一年回顧録』一九三三年。
日満実業協会『建設途上の満洲国』一九三四年。
布勢信平『満洲国をめぐる各国国籍法』東亜法制研究所、一九三四年。
帝国在郷軍人会本部編『対満観念の確立と機構の調整に就て』一九三四年。
国務院総務庁情報処『満洲国大系・民政篇』一九三五年。
国務院総務庁情報処『躍進過程の満洲帝国』一九三五年。
木村武盛編『日満関係の現在及将来』満洲日日新聞社、一九三六年。
国務院総務庁情報処『満洲建国五年小史』一九三七年。
国務院総務庁情報処『満洲帝国施政の実績と第二期建設計画の展望』一九三七年。
南満洲鉄道株式会社調査部編『満洲・五箇年計画立案書類』一九三七年。
織田五郎『建国七年の満洲帝国』満洲国通信社出版部、一九三九年。
太平洋問題調査部『満洲国の政治と経済』日本国際協会、一九三九年。
満洲産業調査会編『満洲国政指導綜覧』一九四三年。

満洲日報社編『満洲年鑑』一九三三—四五年。

拓務大臣官房文書課『満洲と朝鮮人』一九三六年。

能勢政秀『日本人発展報告書』満洲日日新聞社、一九三三年。

満洲帝国協和会中央本部調査会『国内に於ける鮮系国民実態』一九四三年。

南満洲鉄道株式会社編『満洲事変と満鉄』一九三四年（原書房、一九七四年復刻）。

満洲国民政部警務司編『満洲国警察概要』一九三五年。

満洲国治安部警務司編『満洲国警察史』一九四二年（元在外公務員援護会、一九七五年復刻）。

満洲開拓史復刻委員会『満洲開拓史』全国拓友協議会、一九八〇年。

国務院総務庁統計処編『満洲帝国年報』一九三六年。

満洲事業案内所編『満洲帝国概覧』一九四〇年。

岡崎雄四郎『建国十周年記念版・光輝満洲・政治篇』満洲事情案内所、一九四二年。

満洲帝国協和会編『満洲帝国協和会組織沿革史』一九四〇年（不二出版、一九八二年復刻）。

矢野仁一『満洲国歴史』目黒書店、一九三三年。

ロ田康信『新東洋建設論』建設社、一九三三年。

稲葉岩吉『満洲国史通論』日本評論社、一九四〇年。

徳富蘇峰『満洲建国読本』明治書院、一九四〇年。

田崎仁義『皇道日本と王道満洲国』満洲行政学会、一九四〇年。

小関巳太郎『満洲国論』大同印書館、一九四三年。

金井章次『満蒙行政瑣談』創元社、一九四三年。

作田荘一『満洲建国の原理及び本義』満洲冨山房、一九四四年。

工藤忠『皇帝溥儀—私は日本を裏切ったか—』世界社、一九五二年。

高碕達之助『満州の終焉』実業之日本社、一九五三年。

藤本治毅『石原莞爾』時事通信社、一九六四年。

成澤米三『石原莞爾』経済往来社、一九六九年。

伊藤武雄『満鉄に生きて』勁草書房、一九六四年。

片倉衷『戦陣随録』経済往来社、一九七二年。

山口重次『満洲建国―満洲事変正史―』行政通信社、一九七五年。

金井章次・山口重次『満洲建国戦史』大湊書房、一九八六年。

山田昭次編『近代民衆の記録・6　満州移民』新人物往来社、一九七八年。

高崎隆治編『十五年戦争極秘資料集・第一集』龍溪書舎、一九七六年。

加藤豊隆『満洲国警察小史』満蒙同胞援護会愛媛県支部、全三巻、一九六八、七四、七六年。

満洲国軍刊行委員会『満洲国軍』蘭星会、一九七〇年。

楳本捨三『大関東軍史』国書刊行会、一九八四年。

長尾和郎『関東軍軍隊日記』経済往来社、一九六八年。

林三郎『関東軍と極東ソ連軍』芙蓉書房、一九七四年。

笠木良明遺芳録出版会編『笠木良明遺芳録』笠木良明遺芳録刊行会、一九六〇年。

藤原彰・功刀俊洋編『資料日本現代史・8　満洲事変と国民動員』大月書店、一九八三年。

福田實『満洲奉天日本人史』謙光社、一九七六年。

藤川宥二『実録・満洲国県参事官』大湊書房、一九八一年。

大同学院史編纂委員会編、大同学院同窓会刊『大いなる哉　満洲』（一九六六年）、『碧空緑野三千里』（一九七二年）、『渺茫として果てもなし』（一九八一年）。

中国帰還者連絡会編『三光』光文社、一九八二年。同会編『私たちは中国でなにをしたか』三一書房、一九八七年。

小澤征爾編『父を語る』小澤さくら発行、一九七二年。

前野茂『満洲国司法建設回想記』私家版、一九八五年。

木島三千男編『満州 一九四五年』地久館、一九八六年。

趙欣伯『新国家大満洲』東京書房、一九三二年。

黄竹堂『新興満洲国見聞記』台北・満洲国見聞記発行所、一九三三年。

鄭孝胥『鄭総理大臣王道講演集』福文盛印書局、一九三四年。

臧式毅「満洲国の使命と施政方針」『旬刊講演集』(東京講演同好会刊)一九三五年一〇月号。

王子衡「日寇在偽満進行掠奪的三光政策」、谷次亨「所謂〝北辺振興計画〟的内幕」(文史資料研究委員会編『文史資料選輯』第三九輯、一九六三年、所収)。

中央檔案館他編『日本帝国主義侵華檔案資料選編―九・一八事変』中華書局、一九八八年。

遼寧省檔案館他編『「九・一八」事変前後的日本与中国東北』遼寧人民出版社、一九九一年。

遼寧省檔案館編『「九・一八」事変檔案史料精編』遼寧人民出版社、一九九一年。

王慶祥『偽帝宮内幕』長春市政協文史資料研究委員会、一九八四年。

遼寧省檔案館編『溥儀私蔵偽満秘檔』檔案出版社、一九九〇年。

武強主編『東北淪陥十四年教育史料』吉林教育出版社、一九八九年。

東北抗日連軍闘争史編写組『東北抗日連軍闘争史』人民出版社、一九九一年。

James A. Scherer, *Manchukuo; A bird's-eye view*, The Hokuseido Press, 1933.

Heinrich Schnee, *Völker und Mächte im Fernen Osten*, Deutsche Buch-Gemeinschaft, 1933. 金森誠也訳『「満州国」見聞記』新人物往来社、一九八八年。

Owen Lattimore, *The Mongols of Manchuria*, 1934. 後藤富男訳『満洲に於ける蒙古民族』善隣協会、一九三四年。

George Bronson Rea, *The Case for Manchukuo*, 1935. 田村幸策訳『満洲国出現の合理性』日本国際協会、一九三六年。

三　主な参考文献

㈠著書

浅田喬二・小林英夫編『日本帝国主義の満州支配』時潮社、一九八六年。

浅田喬二『日本植民地研究史論』未来社、一九九〇年。

安藤彦太郎編『近代日本と中国』汲古書院、一九八九年。

伊藤隆『十五年戦争』小学館、一九七六年。

井上清・衛藤瀋吉編『日中戦争と日中関係』原書房、一九八八年。

今井清一編『体系・日本現代史・2　十五年戦争と東アジア』日本評論社、一九七九年。

臼井勝美『満州事変』中公新書、一九七四年。

栄沢幸二『日本のファシズム』教育社歴史新書、一九八一年。

江口圭一編『体系・日本現代史・1　日本ファシズムの形成』日本評論社、一九七八年。

江口圭一『十五年戦争の開幕』小学館、一九八二年。

NHK〝ドキュメント昭和〟取材班編『皇帝の密約』角川書店、一九八七年。同班編『十字架の上の日本』角川書店、一九八七年。

緒方貞子『満州事変と政策の形成過程』原書房、一九六六年。

岡部牧夫『満州国』三省堂選書、一九七八年。

小野信爾『人民中国への道』講談社現代新書、一九七七年。

上笙一郎『満蒙開拓青少年義勇軍』中公新書、一九七三年。

北岡伸一『日本陸軍と大陸政策』東京大学出版会、一九七八年。

栗原健編著『対満蒙政策史の一面』原書房、一九六六年。

桑島節郎『満州武装移民』教育社歴史新書、一九七九年。

小林英夫『「大東亜共栄圏」の形成と崩壊』御茶の水書房、一九七五年。

小峰和夫『満洲』御茶の水書房、一九九一年。

佐治芳彦『石原莞爾』上・下、現代書林、一九八四年。

佐藤誠三郎『「死の跳躍」を越えて』都市出版、一九九二年。

澤地久枝『もうひとつの満洲』文春文庫、一九八六年。

島田俊彦『関東軍』中公新書、一九六五年。

鈴木隆史『日本帝国主義と満州』上・下、塙書房、一九九二年。

竹内実『日本人にとっての中国像』岩波書店、一九九二年。

田中武夫『橘樸と佐藤大四郎―合作社事件・佐藤大四郎の生涯』龍溪書舎、一九八〇年。

田辺敏雄『追跡　平頂山事件』図書出版社、一九八八年。

筒井清忠『昭和期日本の構造』有斐閣、一九八四年。

角田順『満州問題と国防方針』原書房、一九六七年。

角田房子『甘粕大尉』中公文庫、一九七九年。

仲條立一・菅原一彪編『石原莞爾のすべて』新人物往来社、一九八九年。

西村成雄『中国近代東北地域史研究』法律文化社、一九八四年。

野村浩一『近代日本の中国認識』研文出版、一九八一年。

秦郁彦『軍ファシズム運動史』河出書房新社、一九六二年。

馬場明『満州事変（日本外交史・第一八巻）』鹿島研究所出版会、一九七三年。

馬場伸也『満州事変への道』中公新書、一九七二年。

古屋哲夫編『日中戦争史研究』吉川弘文館、一九八四年。

古屋哲夫『日中戦争』岩波新書、一九八五年。

細川嘉六『植民史』東洋経済新報社、一九四一年。

松沢哲成『アジア主義とファシズム』れんが書房新社、一九七九年。

松沢哲成『日本ファシズムの対外侵略』三一書房、一九八三年。

松本栄一・香内三郎他著『満洲　昨日今日』新潮社、一九八五年。

松本俊郎『侵略と開発』御茶の水書房、一九八八年。

満州史研究会編『日本帝国主義下の満州』御茶の水書房、一九七二年。

満州移民史研究会編『日本帝国主義下の満州移民』龍溪書舎、一九七六年。

三輪公忠編『日本の一九三〇年代』彩光社、一九八〇年。

森正孝編著『中国の大地は忘れない』社会評論社、一九八六年。

山口猛『幻のシネマ・満映―甘粕正彦と活動屋群像―』平凡社、一九八八年。

山本秀夫『橘　樸』中央公論社、一九七七年。

山本秀夫編『橘樸と中国』勁草書房、一九九〇年。

山本有造編『日本植民地経済史研究』名古屋大学出版会、一九九二年。

山本有造編『「満洲国」の研究』京都大学人文科学研究所、一九九三年。

依田憙家『日本帝国主義と中国』龍溪書舎、一九八八年。

和田春樹『金日成と満州抗日運動』平凡社、一九九二年。

易顕石『日本の大陸政策と中国東北』六興出版、一九八九年。

易顕石・張徳良他著『「九・一八」事変史』遼寧人民出版社、一九八二年（早川正訳『九・一八事変史―中国側から見た「満洲事変」』新時代社、一九八六年）。

王魁喜・常城他著『近代東北人民革命闘争史』吉林人民出版社、一九八四年（志賀勝訳『満州近現代史』現代企画室、一九八八年）。

王承礼主編『中国東北淪陥十四年史綱要』中国大百科全書出版社、一九九一年。

『東北淪陥十四年史研究』第一輯（吉林人民出版社、一九八八年）、第二輯（遼寧人民出版社、一九九一年）。

姜念東・伊文成他著『偽満洲国史』吉林人民出版社、一九八〇年。

金静美『中国東北部における抗日朝鮮・中国民衆史序説』現代企画室、一九九二年。

崔菜主編『朝鮮族簡史』一九八六年（高木桂蔵訳『抗日朝鮮義勇軍の真相』新人物往来社、一九九〇年）。

石剛『植民地支配と日本語』三元社、一九九三年。

張輔麟『漢奸秘聞録』吉林教育出版社、一九九〇年。

方正・兪興茂他編『張学良和東北軍』中国文史出版社、一九八六年。

朴永錫『万宝山事件研究』第一書房、一九八一年。

馬越山『「九・一八」事変実録』遼寧人民出版社、一九九一年。

兪辛焞『満洲事変期の中日外交史研究』東方書店、一九八六年。

李剣白主編『東北抗日救亡人物伝』中国大百科全書出版社、一九九一年。

Gavan McCormack, *Chang Tso-lin in Northeast China, 1911-1928*, Stanford Univ. Press, 1977.

Edward Bear, *The Last Emperor*, Bantam Books, 1987. 田中昌太郎訳『ラスト・エンペラー』早川書房、一九八七年。


㈡論文（前掲の著書に収められた論文については原則として省いた）。

栗屋憲太郎「日本ファシズムと官僚制」（江口朴郎他編『世界史における一九三〇年代』青木書店、一九七一年、所収）。

五百旗頭真「満洲事変の一面」『政経論叢（広島大学）』二一巻三号、一九七一年。

池井優「一九三〇年代のマスメディア―満州事変への対応を中心として」（三輪公忠編『再考・太平洋戦争前夜』創世記、一九八一年、所収）。

井上清「『満州』侵略」（『岩波講座日本歴史・20』岩波書店、一九七六年、所収）。

今井清一「総動員体制と軍部」（『ファシズム期の国家と社会・6』東京大学出版会、一九七九年、所収）。

尹健次「植民地日本人の精神構造」『思想』一九八九年四月号。

岡田英樹「『満州国』における『文化交流』の実態」『外国文学研究（立命館大学）』六二号、一九八四年。

尾形洋一「瀋陽における国権回収運動」『社会科学討究』七二号、一九八〇年。

岡部牧夫「植民地ファシズム運動の成立と展開」『歴史学研究』四〇六号、一九七四年。

岡部牧夫「笠木良明とその思想的影響」『歴史評論』二九五号、一九七四年。

奥村弘「『満州国』街村制に関する基礎的考察」『人文学報（京都大学）』六六号、一九九〇年。

梶村秀樹「一九三〇年代満州における抗日闘争にたいする日本帝国主義の諸活動」『日本史研究』九四号、一九六七年。

河村一夫「鄭孝胥と交渉のあった日本各界の人々」『政治経済史学』二四三号、一九八六年。二九〇号、一九九〇年。

姜在彦「在満朝鮮人の抗日武装闘争」『朝鮮民族運動史』五号、一九八八年。

北岡伸一「陸軍派閥対立（一九三一―三五）の再検討」『年報近代日本研究・1』一九七九年。

金賛汀「『満州』・そこに打ち捨てられし者」『世界』一九八七年二、三、五月号。

黒沢文貴「満蒙侵略と国家改造」『紀尾井史学』五号、一九八五年。

小林英夫「日本の『満州』支配と抗日運動」（野沢豊他編『講座中国近現代史・6』東京大学出版会、一九七八年、所収）。

島川雅史「現人神と八紘一宇の思想」『史苑』四三巻二号、一九八四年。

清水秀子「対満機構の変遷」『国際政治』三七号、一九六七年。

須崎慎一「アジアの中のファシズム国家」（『講座日本歴史・10』東京大学出版会、一九八五年、所収）。

鈴木隆史「満州国協和会史試論(1)(2)」『季刊現代史』二、五号、一九七三、七四年。

副島昭一「中国東北侵略と十五年戦争の開始」（藤原彰・今井清一編『太平洋戦争史・1』青木書店、一九八八年、所収）。

中塚明「朝鮮支配の矛盾と『満州事変』」『季刊現代史』一号、一九七二年。

野村章「旧『満洲国』の皇民化教育」『教育研究』二二号、一九八七年。

野村浩一「満州事変直前の東三省問題」『国際政治』一五号、一九六一年。

西澤泰彦「『満洲国』の建設事業」（前掲、山本編『「満洲国」の研究』所収）。

浜口裕子「一九三〇年代半ばの対満政策立案に関する一考察」（中村勝範編『近代日本政治の諸相』慶応通信、一九八九年、所収）。

浜口裕子「満洲事変と中国人」『法学研究』六四巻一一号、一九九一年。

判沢弘「『満州国』の遺産は何か」『中央公論』一九六四年七月号。

平野健一郎「満州事変前における在満日本人の動向」『国際政治』四三号、一九七〇年。

平野健一郎「満州国協和会の政治的展開」『日本政治学会年報・一九七二年』一九七三年。

松野周治「半植民地―『満州』―」（小野一一郎編『戦間期の日本帝国主義』世界思想社、一九八五年、所収）。

御厨貴「国策統合機関設置問題の史的展開」『年報近代日本研究・1』一九七九年。

三谷太一郎「満州国家体制と日本の国内政治」（若林正丈編『近代日本と植民地・2』岩波書店、一九九二年、所収）。

緑川勝子「万宝山事件および朝鮮内排華事件について」『朝鮮史研究会論文集』六号、一九六九年。

村田裕子「『満洲国』文学の一側面」（前掲、山本編『「満洲国」の研究』所収）。

安冨歩「『満洲国』経済開発と国内資金流動」（前掲、山本編『「満洲国」の研究』所収）。

柳沢遊「一九二〇年代『満州』における日本人中小商人の動向」『土地制度史学』九二号、一九八一年。

山室信一「『満洲国』の法と政治―序説」『人文学報（京都大学）』六八号、一九九一年。

山室信一「『満洲国』統治過程論」（前掲、山本編『「満洲国」の研究』所収）。

Gavan McCormack, Manchukuo; Constructing the past, *East Asian History*, No.2, Australian National University, December, 1991.

四　増補版に際しての文献一覧

㈠史料

新井利男・藤原彰編『侵略の証言—中国における日本人戦犯自筆供述書』岩波書店、一九九九年。

磯田一雄他編『在満日本人用教科書集成』全一〇巻、柏書房、二〇〇〇年。

井村哲郎編『満鉄調査部—関係者の証言』アジア経済研究所、一九九六年。

内原訓練所史跡保存会事務局編・刊『満州開拓と青少年義勇軍—創設と訓練』一九九八年。

王慶祥編、銭端本ほか訳『溥儀日記』学生社、一九九四年。

大村益夫・布袋敏博訳『旧「満洲」文学関係資料集』全二巻、大村益雄、二〇〇〇—二〇〇一年。

荻野富士夫編『特高警察関係資料集成』第二〇巻、不二出版、一九九三年。

解学詩監修『満洲国機密経済資料』全一八巻、本の友社、二〇〇〇—二〇〇一年。

外交時報社編『中国及び満洲関係条約及公文集』上・下、龍渓書舎、一九九三年。

川村湊監修『日本植民地文学精選集・満州編』全一二巻、ゆまに書房、二〇〇〇—二〇〇一年。

貴志俊彦・松重充浩・松村史紀編『二〇世紀満洲歴史事典』吉川弘文館、二〇一二年。

北博昭『十五年戦争重要文献シリーズ・14　満州建設勤労奉仕隊関係資料』不二出版、一九九三年。

吉林省図書館偽満洲国史料編委会編『偽満洲国史料』全三三冊、全国図書館、二〇〇二年。

『旧植民地家計調査集』2—4（満州編1—3）、青史社、二〇〇〇年。

『旧日本植民地および「満洲」関係統計資料目録』一橋大学経済研究所附属日本経済統計情報センター、二〇〇一年。

全国政協文史資料委員会編『改造戦犯紀実』中国文史出版社、二〇〇〇年。

孫邦・主編『偽満史料叢書』吉林人民出版社、一九九三年。

竹中憲一編『「満州」植民地日本語教科書集成』全七巻、緑蔭書房、二〇〇二年。

中央檔案館他編『偽満憲警統治』中華書局、一九九三年。

中央檔案館他編『偽満傀儡政権』中華書局、一九九四年。

中央檔案館編『偽満洲国的統治与内幕』中華書局、二〇〇〇年。

中華民国司法行政部編、清水金二郎、張源祥訳『支那満洲民事慣習調査報告』総則・物権編（アジア学叢書六六）、債権編（アジア学叢書六七）、大空社、一九九九年。

東京文理科大学・東京高等師範学校紀元二千六百年記念会編『現代支那満洲教育資料』大空社、一九九八年。

東洋協会調査部編『東洋協会調査資料』全五巻、日本図書センター、二〇〇二年。

内務省警保局編『外事警察資料』第一巻、不二出版、一九九四年。

野村章編『「満洲・満洲国」教育資料集成』全二三巻、エムティ出版、一九九三年。

服部龍二編著『満洲事変と重光駐華公使報告書―外務省記録「支那ノ対外政策関係雑纂『革命外交』」に寄せて』日本図書センター、二〇〇二年。

林銑十郎著・高橋正衛解説『満洲事件日誌』みすず書房、一九九六年。

林道夫訳、小林英夫・兒島俊郎編解説『七三一細菌部隊・中国新資料』不二出版、一九九五年。

松野誠也編『十五年戦争極秘資料集・補巻20・満洲国軍ノ現状』不二出版、二〇〇三年。

『満州国国務院国勢調査報告』第一冊―第一五冊・補遺、文生書院、二〇〇〇年。

満洲帝国協和会編『協和運動―満洲帝国協和会機関誌―』（『日本植民地文化運動資料七』）、緑蔭書房、一九九四年。

『満洲ニュース映画』（ビデオ・全一〇巻）、テンシャープ、一九九五年。

『満洲農業移民文献目録』索文社図書、二〇〇一年。

『満洲文藝年鑑』葦書房、一九九三年。

満鉄経済調査会編『満洲産業統計一九三一―一九三二』文海出版、一九九三年。

南満州鉄道産業部編『経済調査会立案調査書目録』全三巻、本の友社、一九九六年。

『美濃部洋次満州関係文書目録』一橋大学経済研究所附属日本経済統計情報センター、二〇〇〇年。

山口猛監修『満州の記録―映像の証言―』（ビデオ・全三〇巻）、テンシャープ、一九九四年。

山下晋司他編『アジア・太平洋地域民族誌選集』（満州関係・二九―三四）、クレス出版、二〇〇二年。

遼寧省檔案館『南満州鉄道株式会社社報』（マイクロフィルム・全八〇巻）、柏書房、一九九四年。

遼寧省檔案館、小林英夫編『満鉄経済調査会史料』全六巻、柏書房、一九九八年。

遼寧省檔案館『満鉄与侵華日軍』全二一巻、廣西師範大学出版社、一九九九年。

労祖徳・整理『鄭孝胥日記』全五冊、中華書局、一九九三年。

呂元明、鈴木貞美、劉建輝監修『満洲浪漫』全六巻、ゆまに書房、二〇〇二年。

㈡著書

相庭和彦ほか『満洲「大陸の花嫁」はどうつくられたか―戦時期教育史の空白にせまる』明石書店、一九九六年。

蘭信三『「満州移民」の歴史社会学』行路社、一九九四年。

岩野裕一『王道楽土の交響楽―満洲・知られざる音楽史』音楽之友社、一九九九年。

尹輝鐸『日帝下「満洲国」研究』（ハングル）一潮閣：ソウル、一九九六年。

上田誠吉『司法官の戦争責任―満洲体験と戦後司法』花伝社、一九九七年。

臼井勝美『満洲国と国際連盟』吉川弘文館、一九九五年。

江成常夫『まぼろし国・満洲』新潮社、一九九五年。

王智新編『日本の植民地教育・中国からの視点』社会評論社、二〇〇〇年。

岡田英樹『文学にみる「満洲国」の位相』研文出版、二〇〇〇年。

解学詩『偽満洲国史新編』人民出版社、一九九五年。

解学詩・江田憲治・松村高夫編『満鉄労働史の研究』日本経済評論社、二〇〇二年。

風間秀人『満州民族資本の研究―日本帝国主義と土着流通資本』緑蔭書房、一九九三年。

河田宏『満洲建国大学物語―時代を引き受けようとした若者たち』原書房、二〇〇二年。

川村湊『満洲崩壊―「大東亜文学」と作家たち』文藝春秋、一九九七年。

姜在彦『文学から見る「満洲」―「五族協和」の夢と現実』吉川弘文館、一九九八年。

川村湊『満州の朝鮮人パルチザン―一九三〇年代の東満・南満を中心として』青木書店、一九九三年。

韓錫政『満洲国建国の再解釈―傀儡国の国家効果一九三二~一九三六』（ハングル）東亜大学校出版部：プサン、一九九九年。

韓晳曦『日本の満州支配と満州伝道会』日本基督教団出版局、一九九九年。

許雪姫『日治時期在「滿洲」的台灣人』中央研究院近代史研究所：台北、二〇〇二年。

久保尚之『満州の誕生―日米摩擦のはじまり』丸善ライブラリー、一九九六年。

クリストファー・ソーン『満州事変とは何だったのか―国際連盟と外交政策の限界』草思社、一九九四年。

軍事史学会編『再考・満洲事変』、錦正社、二〇〇一年。

小池聖一『満州事変と対中国政策』吉川弘文館、二〇〇三年。

胡昶・古泉著、横地剛・間ふさ子訳『満映―国策映画の諸相』発行・パンドラ、発売・現代書館、一九九九年。

小林金三『白塔―満洲国建国大学』新人物往来社、二〇〇二年。

小林英夫編『近代日本と満鉄』吉川弘文館、二〇〇〇年。

駒込武『植民地帝国日本の文化統合』岩波書店、一九九六年。

小山貞知『小山貞知と満洲国』上・中・下、信山社出版、一九九六年。

呉養鎬『日帝強占期満洲朝鮮人文学研究』文藝出版社、一九九六年。

斉紅深著、竹中憲一訳『「満洲」オーラルヒストリー―〝奴隷化教育に抗して〟―』皓星社、二〇〇四年。

嵯峨井建『満洲の神社興亡史―日本人の行くところ神社あり』芙蓉書房出版、一九九八年。

佐藤慎一郎選集刊行会編・刊行『佐藤慎一郎選集』一九九四年。

山大柏『我是日軍翻訳官―偽満〝江上軍〟親歴記』春風文芸出版社、二〇〇〇年。

徐敏民『戦前中国における日本語教育―台湾・満州・大陸での展開と変容に関する比較考察』エムティ出版、一九九六年。

沈潔『「満洲国」社会事業史』ミネルヴァ書房、一九九六年。

陣野守正『歴史からかくされた朝鮮人満州開拓団と義勇軍』梨の木舎、一九九八年。

杉山春『満州女塾』新潮社、一九九六年。

鈴木健一『満洲教育史論集・古希記念』山崎印刷出版部、二〇〇〇年。

蘇崇民著、山下睦男ほか訳『満鉄史』葦書房、一九九九年。

宋斗会『満洲国遺民』風媒社、二〇〇三年。

太平洋戦争研究会『図説満州帝国』河出書房新社、一九九六年。

高橋泰隆『日本植民地鉄道史論』日本経済評論社、一九九五年。

高橋泰隆『昭和戦前期の農村と満州移民』吉川弘文館、一九九七年。

高橋幸春『絶望の移民史―満州へ送られた「被差別部落」の記録』毎日新聞社、一九九五年。

拓殖大学創立百年史編纂室編『満州開発論』拓殖大学、二〇〇三年。

武田徹『偽満州国論』河出書房新社、一九九五年。

竹中憲一『「満州」における教育の基礎的研究』柏書房、二〇〇〇年。

竹葉丈、三浦乃利子『異郷のモダニズム―淵上白陽と満州写真作家協会』名古屋市美術館、一九九四年。

田中恒次郎『「満州」における反満抗日運動の研究』緑蔭書房、一九九七年。

張輔麟『偽満末日』吉林教育出版社、一九九三年。

鄭雅英『中国朝鮮族の民族関係』アジア政経学会、二〇〇〇年。

塚瀬進『満洲国—「民族協和」の実像』吉川弘文館、一九九八年。

中村勝範『満州事変の衝撃』勁草書房、一九九六年。

西澤泰彦『図説「満州」都市物語—ハルビン・大連・瀋陽・長春』河出書房新社、一九九六年。

西澤泰彦『図説満鉄—「満洲」の巨人』河出書房新社、二〇〇〇年。

西村成雄『張学良—日中の覇権と「満洲」』岩波書店、一九九六年。

日本社会文学会編『近代日本と「偽満州国」』不二出版、一九九七年。

野村章『「満洲・満洲国」教育史研究序説』エムティ出版、一九九五年。

馬場明『日露戦後の満州問題』原書房、二〇〇三年。

浜口裕子『日本統治と東アジア社会—植民地期朝鮮と満洲の比較研究』勁草書房、一九九六年。

ピーター・ドウス、小林英夫編『帝国という幻想』青木書店、一九九八年。

溥傑著、金若静訳『溥傑自伝—「満州国」皇弟を生きて』河出書房新社、一九九五年。

藤原作弥『満洲の風』集英社、一九九六年。

藤原作弥『わが放浪—満洲から本石町まで』時事通信社、二〇〇一年。

淵上白陽、満洲写真作家協会撮影『淵上白陽と満洲写真作家協会』岩波書店、一九九八年。

古屋哲夫・山室信一編『近代日本における東アジア問題』吉川弘文館、二〇〇一年。

毎日ムック『満洲国の幻影』(シリーズ二〇世紀の記憶・大日本帝国の戦争1)、毎日新聞社、一九九九年。

幕内満雄『満洲国警察外史』三一書房、一九九六年。

松本俊郎『「満洲国」から新中国へ』名古屋大学出版会、二〇〇〇年。

満州帝国協和会編『協和—思い出・記録』一・二、協和会、二〇〇二年。

『満洲とは何だったのか』「環:歴史・環境・文明」一〇、藤原書店、二〇〇二年。

満州日本人四十年心史研究会『かなしみの花と火と』上・中・下、沢々社、一九九五年。

水口春喜『大いなる幻影―満州建国大学―』光陽出版社、一九九八年。

宮沢恵理子『建国大学と民族協和』風間書房、一九九七年。

安田敏明『帝国日本の言語編成』世織書房、一九九七年。

安冨歩『「満洲国」の金融』創文社、一九九七年。

山内昌之ほか編『帝国とは何か』岩波書店、一九九七年。

山口猛『哀愁の満州映画―満州国に咲いた活動屋たちの世界―』三天書房、二〇〇〇年。

山田豪一『満洲国の阿片専売―「わが満蒙の特殊権益」の研究―』汲古書院、二〇〇二年。

山根幸夫『建国大学の研究―日本帝国主義の一断面―』汲古書院、二〇〇三年。

山本有造『「満洲国」経済史研究』名古屋大学出版会、二〇〇三年。

山本有造編『帝国の研究―原理・類型・関係―』名古屋大学出版会、二〇〇三年。

山室信一ほか『満州の記録―満映フィルムに映された満州―』集英社、一九九五年。

芳地隆之『ハルビン学院と満洲国』新潮社、一九九九年。

李相哲『満州における日本人経営新聞の歴史』凱風社、二〇〇〇年。

ルイーズ・ヤング著、加藤陽子ほか訳『総動員帝国―満洲と戦時帝国主義の文化―』岩波書店、二〇〇一年。

Prasenjit Duara, *Sovereignty and Authenticity; Manchukuo and the East Asian Modern*, Rowman and Littelfield, 2003.

Rana Mitter, *The Manchurian Myth Nationalism, Resistance and Collaboration in Modern China*, University of California Press, 2000.

(三)論文

安孫子麟「『満州』移民政策における分村送出方式の意義」『季刊中国』七六号、二〇〇四年。

飯島満「満洲国における『軍警統合』の成立と崩壊」『駿台史学』一〇八号、一九九九年。

飯島満「『満洲』における警察業務の統一過程と『憲警統合』政策」『明治大学人文科学研究所紀要』四七号、二〇〇〇年。

飯島みどり「ある『親日国』の誕生―『満洲国』問題と一九三〇年代エル・サルバドル外交の意図 一」『岐阜大学教養部研究報告』三二号、一九九五年。

尹輝鐸「『満洲国』の『二等公民』」『歴史学報』(ハングル・ソウル)一六九号、二〇〇一年。

岡田英樹「満州国首都警察の検閲工作」『立命館文學』五六七号、二〇〇一年。

岡田英樹「消し去られた文字―『満州国』における検閲の実相」『立命館平和研究』三号、二〇〇二年。

岡村敬二「日満文化協会にみる『満州国』の文化活動」『人間文化研究』七号、二〇〇一年。

小都晶子「『満洲国』政府による日本人移民政策実施体制の確立と『日満一体化』」『現代中国』七七号、二〇〇三年。

川瀬千春「『満州国』と国策宣伝の年画」『中国研究月報』一号、五三巻一九九九年。

韓錫政「地域体系の虚実―一九三〇年代朝鮮と満洲の関係」『韓国社会学』(ハングル・ソウル)三七集五号、二〇〇三年。

熊谷正秀「満洲と朝鮮人移民について」『兵庫史学研究』四七号、二〇〇一年。

神戸輝男「東北抗日聯軍第一路軍の指導者楊靖宇」『大分大学教育福祉科学部研究紀要』二四巻二号、二〇〇二年。

木場明志「満州国の仏教」『思想』九四三号、二〇〇二年。

志々田文明「『満洲国』建国大学に於ける銃剣道教育」『武道学研究』三二巻一号、一九九九年。

志々田文明「『満洲国』建国大学に於ける騎道教育」『武道学研究』三四巻三号、二〇〇二年。

周一川「『満洲国』の留学政策と留日学生―概況と事例研究」『アジア教育史研究』八号、一九九九年。

中奎燮「初期『満洲国』における朝鮮人統合政策」『日本植民地研究』九号、一九九七年。

中奎燮「在満朝鮮人の『満洲国』観および『日本帝国』像」『朝鮮史研究会論文集』三八号、二〇〇〇年。

沈潔「日中戦争期における『満洲国』の婦人活動について」『歴史評論』五五二号、一九九六年。

沈潔、魯岩「『満洲国』における女性団体の構成及び対抗」『高知女子大学紀要・社会福祉学部編』五二号、二〇〇三年。

鈴木健一「満洲国政権の成立と社会教育政策」『アジア教育史研究』一一号、二〇〇二年。

孫江「宗教結社、権力と植民地支配―『満州国』における宗教結社の統合」『日本研究』二四号、二〇〇二年。

高嶋弘志「満州移民と北海道」『釧路公立大学地域研究』一二号、二〇〇三年。

竹内桂「満洲国の白系ロシア人」『駿台史学』一〇八号、一九九九年。

竹内桂「満洲事変における北満政策」『年報・日本現代史・6』、二〇〇〇年。

田中隆一「『満洲国』における憲法制定問題」『日本史研究』四四九号、二〇〇〇年。

田中隆一「『満洲国』協和会の『在満朝鮮人』政策と徴兵制―青年文化運動との関連から」『帝塚山学院大学日本文学研究』三三号、二〇〇二年。

田中隆一「『満洲国民』の創出と『在満朝鮮人』問題―『五族協和』と『内鮮一体』の相剋」『東アジア近代史』六号、二〇〇三年。

田中隆一「『満洲国』と日本の帝国支配―その方法論的探求」『歴史科学』一七三号、二〇〇三年。

中城正堯「中国年画と『満州』」『季刊民俗学』二〇巻二号、一九九六年。

西田もとつぐ「キメラの国の俳句―中国東北部（旧満州国）俳句史序論」『俳句文学館紀要』九号、一九九六年。

任城模「日本帝国主義と満洲国」『韓国民族運動史研究』(ハングル・ソウル)二七号、二〇〇一年。

早川紀代「女性の対抗するアイデンティティー」『ジェンダー研究』五号、二〇〇二年。

平井廣一「『満州国』特別会計予算の一考察—一九三二—一九四一」『経済学研究』四八巻三号、一九九九年。

平井廣一「『満州国』地方財政における『省地方費』の成立」『経済学研究』五三巻三号、二〇〇三年。

廣岡浄進「在満朝鮮人の『皇国臣民』言説—総力戦下の満洲国協和会を中心に」『朝鮮史研究会論文集』四一号、二〇〇三年。

広川佐保「モンゴル人の『満州国』参加と地域社会の変容—興安省の創設と土地制度改革を中心に」『アジア経済』四一巻七号、二〇〇〇年。

古川隆久「張燕卿と『満洲国』に関する覚書—『式部六蔵日記』を中心に」『横浜市立大学紀要・人文科学系列』八号、二〇〇一年。

劉含発「満州移民の入植による現地中国農民の強制移住」『現代社会文化研究』二一号、二〇〇一年。

劉含発「日本人満洲移民用地の獲得と現地中国人の強制移住」『アジア経済』四四巻四号、二〇〇三年。

Borjigin Sergelen「満州国の東部内モンゴル統治」『本郷法政紀要』一一号、二〇〇二年。

Moya Maria de los Angeles「満州占領(一九三一—四五年)下の日本のプロパガンダ—戦時下初期における『楽土』の表象」『社会学研究科年報』八号、二〇〇一年。

ヤ　行

ラ　行

ワ　行

マ　行

サ　行

タ　行

カ　行

人名索引

配列は、姓名を日本語読みしたときの五十音順。カッコ内は中国語、ハングル、モンゴル語による読みの原音に近い表記である。

ア 行

山室信一（やまむろ・しんいち）

1951（昭和26）年，熊本市に生まれる．
1975年，東京大学法学部卒業．衆議院法制局参事，東京大学助手，東北大学助教授，京都大学人文科学研究所教授を経て，京都大学名誉教授．法政思想連鎖史専攻．
著書『法制官僚の時代―国家の設計と知の歴程―』（木鐸社，1984年，毎日出版文化賞受賞）
『思想課題としてのアジア――基軸・連鎖・投企』（岩波書店，2001年，アジア太平洋賞特別賞受賞）
『ユーラシアの岸辺から――同時代としてのアジアへ』（岩波書店，2003年）
『日露戦争の世紀』（岩波新書，2005年）
『憲法９条の思想水脈』（朝日選書，2007年，司馬遼太郎賞受賞）
『複合戦争と総力戦の断層――日本にとっての第一次世界大戦』（人文書院，2011年）
『アジアの思想史脈――空間思想学の試み』（人文書院，2017年）
『モダン語の世界へ――流行語で探る近現代』（岩波新書，2021年）

キメラ―満洲国《まんしゅうこく》の肖像《しょうぞう》
中公新書 *1138*

1993年７月25日初版
1999年９月25日６版
2004年７月25日増補版初版
2025年６月30日増補版11版

著　者　山室信一
発行者　安部順一

日本音楽著作権協会（出）許諾
第9910585-013号

本文印刷　三晃印刷
カバー印刷　大熊整美堂
製　本　フォーネット社

発行所　中央公論新社
〒100-8152
東京都千代田区大手町 1-7-1
電話　販売 03-5299-1730
　　　編集 03-5299-1830
URL https://www.chuko.co.jp/

Published by CHUOKORON-SHINSHA, INC.
Printed in Japan　ISBN978-4-12-191138-4 C1231

中公新書刊行のことば

一九六二年一一月

いまからちょうど五世紀まえ、グーテンベルクが近代印刷術を発明したとき、書物の大量生産は潜在的可能性を獲得し、いまからちょうど一世紀まえ、世界のおもな文明国で義務教育制度が採用されたとき、書物の大量需要の潜在性が形成された。この二つの潜在性がはげしく現実化したのが現代である。

いまや、書物によって視野を拡大し、変りゆく世界に豊かに対応しようとする強い要求を私たちは抑えることができない。この要求にこたえる義務を、今日の書物は背負っている。だが、その義務は、たんに専門的知識の通俗化をはかることによって果たされるものでもなく、通俗的好奇心にうったえて、いたずらに発行部数の巨大さを誇ることによって果たされるものでもない。現代を真摯に生きようとする読者に、真に知るに価いする知識だけを選びだして提供すること、これが中公新書の最大の目標である。

私たちは、知識として錯覚しているものによってしばしば動かされ、裏切られる。私たちは、作為によってあたえられた知識のうえに生きることがあまりに多く、ゆるぎない事実を通して思索することがあまりにすくない。中公新書が、その一貫した特色として自らに課すものは、この事実のみの持つ無条件の説得力を発揮させることである。現代にあらたな意味を投げかけるべく待機している過去の歴史的事実もまた、中公新書によって数多く発掘されるであろう。

中公新書は、現代を自らの眼で見つめようとする、逞しい知的な読者の活力となることを欲している。

現代史

中公新書

現代史

中公新書

世界史

- 2683 人類の起源　篠田謙一
- 1353 物語 中国の歴史　寺田隆信
- 2780 物語 江南の歴史　岡本隆司
- 2392 中国の論理　岡本隆司
- 2728 孫子―「兵法の真髄」を読む　渡邉義浩
- 7 宦《かん》官《がん》(改版)　三田村泰助
- 15 科《か》挙《きょ》　宮崎市定
- 2852 二十四史《にじゅうしし》―『史記』に始まる中国の正史　岡本隆司
- 12 史記　貝塚茂樹
- 2099 三国志　渡邉義浩
- 2669 古代中国の24時間　柿沼陽平
- 2303 殷―中国史最古の王朝　落合淳思
- 2396 周―理想化された古代王朝　佐藤信弥
- 2542 漢帝国―400年の興亡　渡邉義浩
- 2667 南北朝時代―五胡十六国から隋の統一まで　会田大輔
- 2769 隋―「流星王朝」の光芒　平田陽一郎
- 2742 唐―東ユーラシアの大帝国　森部豊
- 2804 元朝秘史―チンギス・カンの一級史料　白石典之
- 1812 西《せい》太《たい》后《こう》　加藤徹
- 2030 上海　榎本泰子
- 1144 台湾　伊藤潔
- 2581 台湾の歴史と文化　大東和重
- 925 物語 韓国史　金両基
- 2748 物語 チベットの歴史　石濱裕美子
- 1367 物語 フィリピンの歴史　鈴木静夫
- 1372 物語 ヴェトナムの歴史　小倉貞男
- 2208 物語 シンガポールの歴史　岩崎育夫
- 1913 物語 タイの歴史　柿崎一郎
- 2249 物語 ビルマの歴史　根本敬
- 1551 海の帝国　白石隆
- 2518 オスマン帝国　小笠原弘幸